TEAP
攻略問題集

［新装版］

Reading

Listening

Writing

Speaking

教学社

はじめに

　この本は、**英語4技能試験**として生まれた**TEAP**の攻略本です。

　無味乾燥になりがちな資格試験対策を、本書では、受験者が試験本番でハイスコアを獲得できるように、徹底的に分析したうえで、各問題のポイントをわかりやすくまとめました。受験者の味方になり、心を込めて執筆しました。

　たしかに、「英語力」がなければいくら試験対策をしても目標のスコアには届きません。しかし、受験者が持っている英語力で、できるだけ高得点を取るためには、試験形式に慣れ、どのような内容が試験に出るのかを理解し、「得点につながる英語力」を優先的に身につけなくてはいけません。

　そこで本書では、具体的に「どういうところに目をつけるのか？」「どういう出題が多いのか？」そして、「きちんとした英語力とは、この**TEAP**という試験に照らし合わせて考えたときに、どの程度の単語・熟語・文法・構文・英文の読みの深さ・読むスピード、一言で言うと、どのくらいの英語力のことなのか？」といった疑問に対して、ハッキリと鮮明に答えるべきだという信念のもとに、**TEAP**の問題分析・オリジナル問題の作成・解説、すべて魂を込めて、「血の通う」攻略本を書き上げました。

　TEAPを受験する方々が、目標スコアを獲得し、志望大学に合格する、そして自分の夢を叶えるために、本書を存分に活用していただければと思っています。

監修・オリジナル問題作問　Karl Rosvold

‐ TEAP ってどんな試験？ ‐

　TEAPは「大学生活のすべてが英語で行われたとして、それに対応できる語学力がどのくらいあるか」を測定する試験です。これまで難関大学で出題されてきたような、いわゆる「難しい」英語（たとえば19世紀のイギリス文学の引用や、やたらに難しい哲学に関する論文の解読など）は出題英文に含まれません。**TEAP**で扱われるのは、たとえば次のような内容です。

- 大学での授業や教科書で出てきそうな内容
- クラスメートとの会話
- 履修登録で困ったときの対応
- 大学関係者や教授との相談
- 留学の相談
- 大学の課題として出そうな論文を読んで要約や評価をできる能力があるかどうか

　これらすべてが、「読む・聞く・書く・話す」の4つの技能から測定されます。この本で、しっかり不安を解消して、試験にのぞみましょう！

目次

●TEAP徹底分析

●実戦問題の解答・解説

実戦問題 ①（TEAP運営事務局提供）

実戦問題 ②（本書オリジナル）

問題編──別冊

マークの問題の音声を専用サイトにて配信しています。→詳しくは、別冊問題編の2ページを参照。

※実戦問題①は、日本英語検定協会 TEAP運営事務局より提供された内容を二次利用しています。

※実戦問題②は、詳細な試験分析に基づき、本書で独自に作成している、演習に最適なオリジナル問題です。

本書の活用法

1st Step!

TEAP とは何かを知る

① p.5～10 では、TEAP の概要を説明しています。まずは、攻める相手を知りましょう。

② p.11～39 では、4技能それぞれの出題パターンごとに、内容を分析しています。

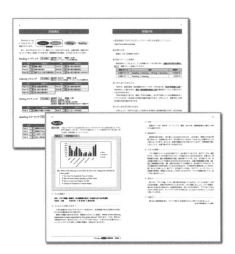

2nd Step!

別冊の問題を解いてみる

本書は、模試のように活用できるよう、問題編を別冊としています。

Reading / Listening / Writing Section

➡ 巻末の解答用紙を利用し、時間を計って解いてみましょう。

Listening / Speaking Section

➡ 音声サイトを活用してください。
（サイトの詳細は別冊問題編 p.2 参照）。

3rd Step!

解答解説編でチェック

問題編の英語を見ながら、答えあわせ、苦手分野の克服をしましょう。
解答解説編では、「ポイント」をしっかり確認しましょう。

TEAP とは？

● TEAPって何ですか？

TEAPとは、Test of English for Academic Purposesの略語で、上智大学と公益財団法人 日本英語検定協会が共同で開発した、大学で学習・研究する際に必要とされるアカデミックな場面での英語運用力を測定するテストです。

総合的な英語力を正確に把握することができるよう「読む」「聞く」「書く」「話す」の4技能のテストで構成されています。

● 4技能を総合的に測るのがTEAP！ ➡ テスト内容の詳細は「TEAP徹底分析」p.11参照

TEAPでは、すべての技能が、各100点満点で、まんべんなく評価されます。

テストの種類	解答方式	解答時間
Reading Test	マークシートによる択一選択方式	70分
Listening Test	マークシートによる択一選択方式	約50分
Writing Test	解答用紙への記入	70分
Speaking Test	1対1の面接方式	約10分

● 受験対象者

高校1年生以上

受験資格：受験年度で高校1年生となる生年月日以前の生まれであること
例：2024年度に受験する場合（2009年4月1日以前の生まれであること）

● TEAPの特徴

① 出題分野

TEAPでは、英語で講義を受ける、英語の文献を読み解く、英語で発表を行うなどの場面を想定した設定・出題内容となっており、アカデミックな英語に特化しています。（→TEAP頻出語句リストp.40参照）

② 年に複数回の実施

一度で合否が決まる従来の入試と異なり、受験機会が年に3回あります。

③ フィードバック

TEAPは「合否」を判断するテストではありません。受験者には、試験結果をまとめた成績表が発行され、4技能すべてが「スコア」と「バンド」でフィードバックされます。今後の英語学習につなげるための効果的なフィードバックが記載されているのです。成績表を参考に苦手分野を克服し、総合的な英語力を磨きましょう！

問題構成

TEAPのテストは、4つのカテゴリーで構成されています。

また、それぞれのカテゴリーで、細かくパート分けされています。出題内容は「徹底分析」（p.11〜）で詳しく説明していきますが、問題構成の全体像は、以下のようになっています。

Reading リーディング　100点満点

試験時間：70分　　問題数：60問
解答方式：マークシートによる選択方式

大問		問題形式	大問		問題形式
Part 1	20問	語彙・語法	Part 2C	10問	短い英文の読み取り
Part 2A	5問	図表の読み取り	Part 3A	8問	長い英文の読み取り
Part 2B	5問	掲示・Eメールなどの読み取り	Part 3B	12問	長い英文の読み取り（図表も含む）

Listening リスニング　100点満点

試験時間：約50分　　問題数：50問
解答方式：CDによる放送・マークシートによる選択方式

大問		問題形式	大問		問題形式
Part 1A	10問	短い会話の聞き取り	Part 2A	9問	長い会話の聞き取り
Part 1B	10問	短い英文の聞き取り	Part 2B	16問	長い英文の聞き取り
Part 1C	5問	短い英文の聞き取り			

Writing ライティング　100点満点

試験時間：70分　　問題数：2問
解答方式：解答用紙への記入
評価方法：認定された採点者による採点
注意事項：問題に関する冊子内の指示文はすべて英語です

大問		問題形式	大問		問題形式
Task A	1問	課題文の要約（70語程度）	Task B	1問	エッセイ（200語程度）

Speaking スピーキング　100点満点

試験時間：約10分　　問題数：4問
解答方式：Examinerとの1対1の面接方式
評価方法：認定された採点者による採点
注意事項：試験内容は録音され、採点に利用されます

大問		問題形式	所要時間
Part 1	1問	受験者の生活に関する質問（質問は複数）	準備時間なし　約2分
Part 2	1問	受験者がExaminerにインタビュー（ロール・プレイ型）	準備時間30秒の後約2分
Part 3	1問	1つのテーマに沿ったスピーチ	準備時間30秒の後約1分
Part 4	1問	Q&A（質問は複数）	準備時間なし　約4分

受験詳細

※最新情報はTEAPの公式ウェブサイト等で必ず確認してください。

https://www.eiken.or.jp/teap/

● 試験の日程

試験は、年に3回実施されます。

● 受験パターンと受験料

使用目的やニーズによって、2つの受験パターンから選べます。**出願大学の求める要件に応じて**、受験パターンを選んでください。

受験パターン	技能	受験料
4技能パターン	Reading / Listening + Writing + Speaking	15,000円
2技能パターン	Reading / Listening	6,000円

● 大学入試での使われ方

TEAPは、英語の資格・検定試験の中の1つです。大学入試では、**TEAP利用型の入試**で判定材料として使われます。**資格・検定試験利用型の入試**の選択肢の1つとして設定されている大学もあります。

TEAP利用型の入試では、事前にTEAPを受験し、各大学で設定している出願基準点をクリアしていれば、入試本番では英語の試験が免除されます。大学によって、複数学科への同時出願も可能な場合があります。

● 大学入試利用の際の注意点

大学によって、TEAPが入試として利用される学部や入試形態は異なります。自分の目指す大学／学部／学科への出願には、4技能のうち、どの技能が必要なのか、出願時期はいつか、そのためにはいつまでにスコアを取得できればよいのか、また、希望する大学／学部／学科で設定されているTEAPのスコアは何点なのか、といったことを必ず確認してから受験計画を立てましょう。それにより、年3回ある試験のうち、いつ・何回受験をするのか考えます。また、それぞれの試験では、申し込み期間が限られていますので、充分に余裕をもって申し込みをすることをおすすめします。

●受験の流れと申し込み方法

インターネット申し込み ➡ 受験票ダウンロード ➡ 受験 ➡ 試験の結果

TEAPの受験申し込みは、インターネットから行います。TEAPウェブサイトでIDの登録をし、受験日・受験地域・受験パターンを選択し、受験料を支払います。

受験票は送付されないので、受験者自身がTEAPウェブサイトより、自分の顔写真つきの受験票をA4用紙に印刷し、持参する必要があります。

※早めの申請が必要ですが、目や耳・肢体などが不自由な方には、特別措置が講じられます。

【TEAP受験に関する問い合わせ先】
英検サービスセンター TEAP運営事務局
TEL　03-3266-6556
（平日9:30〜17:00　土日祝日を除く）

試験当日

◆ **試験会場**　　自分の受験する会場の場所、アクセス方法を事前に確認しておきましょう。

◆ **試験の時間割**

9:10	集合時間（受付締め切り）
9:40〜10:50	Reading Test（70分）
10:52〜11:42頃	Listening Test（約50分）
11:42頃〜12:20	昼食休憩
12:20	午後集合時間
12:50〜14:00	Writing Test（70分）
14:20から順次	Speaking Test（試験時間は約10分）

* Speaking Test は受験番号によりブロックAとブロックBに分かれ、開始時刻が異なります。Speaking Test の最終終了予定時刻は17:15前後となります。

◆ **試験当日の持ち物**

試験当日は、忘れずに次のものを持参しましょう。

＜持ち物リスト＞

☐ 受験票（A4用紙に自分でプリントアウトしたもの。モノクロもカラーも可）
☐ 身分証明書（顔写真・生年月日が記載されている学生証、パスポートなど）
☐ 筆記用具（HBの黒鉛筆またはシャープペンシル、消しゴム）
☐ 腕時計（携帯電話を時計として利用することは禁止されています）
☐ 飲み物（ラベルをはがした無色透明のペットボトルの水なら持ち込み可）

 ☐ 昼食　　*4技能パターンで受験する場合、昼食の用意もしていきましょう。

成績表の見方

試験の結果はウェブサイト、および郵送で届く成績表で確認することができます。リーディングとリスニングの結果は試験後約1週間、ライティングとスピーキングの結果は試験後約2週間後に、ウェブサイト上で確認できます。また、試験後約1ヶ月後に成績表が届きます。

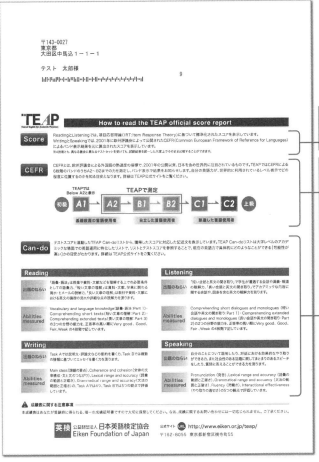

TEAPで用いられる「スコア」について説明されています。

外部基準である「CEFR」について説明されています。「CEFR」とは、Common European Framework for Languagesの略で、世界的に利用されているレベル表示です。6段階のバンドのうちTEAPではA2～B2までの力が測定されます。

Can-doリスト

現在の受験者の英語力で、どのようなことができるのか示されています。

成績表サンプル

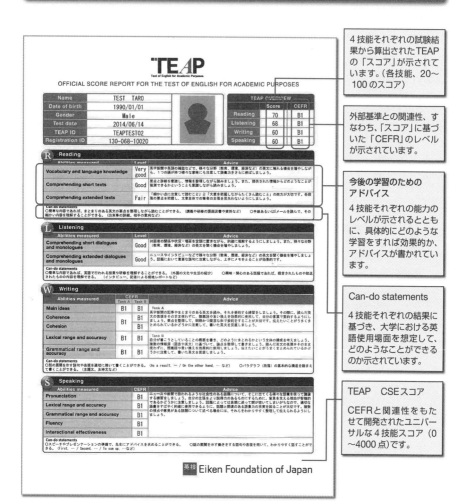

4技能それぞれの試験結果から算出されたTEAPの「スコア」が示されています。(各技能、20〜100のスコア)

外部基準との関連性、すなわち、「スコア」に基づいた「CEFR」のレベルが示されています。

今後の学習のためのアドバイス

4技能それぞれの能力のレベルが示されるとともに、具体的にどのような学習をすれば効果的か、アドバイスが書かれています。

Can-do statements

4技能それぞれの結果に基づき、大学における英語使用場面を想定して、どのようなことができるのか示されています。

TEAP CSEスコア

CEFRと関連性をもたせて開発されたユニバーサルな4技能スコア(0〜4000点)です。

※スコアの有効期限

　スコアは取得後2年度の間、有効なので、取得翌年度及び翌々年度の大学入学に利用可能です。

TEAP 徹底分析

📖 Reading Section

Part 1

指示文の訳 下記に20のごく短い文があります。各文には、空所が1つあります。4つの選択肢の中から、空所を埋めるのに最も適した語句を選んでください。答えは解答用紙にマークしてください。

問題見本

→解答は12ページ右下

All students in Professor Ramsey's American literature class are expected to ( ) their opinions and support them with examples from the reading.

1 express   **2** revise   **3** build   **4** concede

---

(1) どんな問題？

種類：**語彙問題／空所補充**   問題数：**20問**   目標時間：**6分40秒（1問20秒）**

(2) どんなことが問われるの？

文脈に合った単語を選ぶ問題。文法的・語法的観点から解答を絞れることもありますが、大半は「単語の意味」から正解を出す、純粋に単語力を問う問題です。設問のほとんどは大学生活に関する内容です。また、最後の数問は熟語の知識が問われます。2問から4問ぐらいで、実際の試験により変動します。

(3) 難易度は？

英検でいうと2級から準1級くらい、大学入試でいうと、センター試験よりは難しく、難関私大（明治・青山学院・立教・中央・法政）レベルの難易度です。語彙のレベルをわかりやすく理解してもらうために英検で明示すると、2級レベルからは50%～60%、準1級レベルからは30%～40%、残りは準2級や1級から出るものもあります（1級の語彙は1問あるかないかです）。

熟語問題に関しては、**put together** ～「～をまとめる」や、**decide against** ～「～しないことに決める」など、熟語というほどのものでもない（直訳で十分意味がわかる）ものも出題されているので、一見難しそうに思えても、すぐにあきらめず考えてみる（直訳してみる）ことをお勧めします。

(4) 対策は？

大学生活で頻繁に使われる表現は、正解になっていなくても、設問に含まれるので、確実に覚えておく必要があります。これを本書のTEAP頻出語句リスト（p.40～42）にまとめましたので、ぜひ活用してください。大学で出会う人、キャンパス内の場所、授業の科目だけでなく、論文で見られる学術的な表現もリストに載せました。

※もし普段の単語帳だけで不安がある場合は、英検準1級用の単語帳を使うのもいいでしょう。

Part 2A

指示文の訳 下記に５つのグラフまたは図表があります。それぞれのグラフまたは図表の後には、それに関する問題が１つあります。それぞれの問題に対して、４つの選択肢の中から最も適した答えを選び、解答用紙にマークしてください。

問題見本　〔 実戦問題② (24) 〕

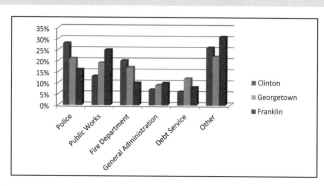

(24) Which of the following is most likely the title of the webpage that included the above graph?

　　1 How Your City Spends the Taxes it Collects
　　2 Why We Need Greater Spending on Public Works
　　3 How to Lower your Property Tax Bill
　　4 Changes to Georgetown's Annual Budget

(1) どんな問題？ ··

種類：グラフ問題／設問文（30 語程度の英文）の内容に合うものを選択
問題数：**5 問**　　目標時間：**7 分 30 秒（1 問 90 秒）**

(2) どんなことが問われるの？ ··

　大学の授業の中で出てきそうなグラフを見ながら、30 語程度の英文の設問文の内容に合うものを選択肢の中から選びます。
　設問文で頻繁に使われるものの、受験者にわかりにくい表現に、**Which of the following statements is best supported by the graph above?** があります。これは、要するに「選択肢の中から"答えはこれだ。だってグラフ見てみなよ！"と言えるものを選びなさい」ということです（これを使った実際の問題は、別冊p.8 にあります）。

(3) 分野

問題のテーマは、経済学、マーティング、農業、地方行政、国際関係論など幅広い分野から出題されます。

(4) 難易度は？

選択肢の英文は短く、特に難しいものはありませんが、上記の通り、質問文の内容が理解できないと、当然解けないので、「何が問われているのか？」をきちんと把握することが大事になってきます。幸いにも、設問の種類がかなり限られているので、実戦問題で慣れておくことで、本番で解きやすくなるはずです。

(5) グラフの種類

グラフ問題でメインとなるのは棒グラフ、折れ線グラフなどです。棒グラフでは、複数のグループがいくつかの条件やカテゴリーで比較されているものが出ます。本書では、実戦問題①の(21)、(23)と実戦問題②の(22)、(24)が棒グラフです。また、折れ線グラフは、ある数値が時間ごとにどう変動するのかを示すものが出ます。本書の実戦問題①の(22)、(24)、(25)と実戦問題②の(21)、(23)、(25)が折れ線グラフの問題です。折れ線グラフの中には、左右の縦軸が別々の単位を表しているものがあるので、どの線が何の情報を表しているのか、慌てずによく見ましょう。棒グラフ、折れ線グラフの他に、円グラフ、レーダーチャート、時間割や時刻表、帳簿などが出ることも考えられますので、グラフの種類が違っても、慌てず取り組みましょう。

(6) 解き方

慌てずに、グラフの軸、ラベル（線や棒が何を表しているのか）、タイトルを見て、全体の状況を想像し、設問で何が問われているのかをしっかり理解しましょう。グラフ問題は、基本的には消去法で解きます。各選択肢を読み、「仮にそれが正解なら、グラフはどうなるはずか」を考えながら、そしてグラフがその予想と合っているかどうかをチェックしながら解いていきます。

(7) 対策は？

繰り返し実戦問題を解き、グラフで使われる表現もきちんと押さえておきましょう。

（p.40 の頻出語句リスト参照）

Part 2B

指示文の訳 下記に5つの短い文（通知、広告、ポスターなど）があります。それぞれの文の後には、問題が1つあります。それぞれの問題に対して、4つの選択肢の中から最も適した答えを選び、解答用紙にマークしてください。

問題見本 〔 実戦問題② (30) 〕

Student Counseling Center

The Murphy College Student Counseling Center provides a variety of services to help university students cope with emotional and academic concerns that can result from a stressful campus life. Students can schedule an appointment to meet privately with one of our professional counselors, attend one of our many group workshops for dealing with common problems, or post and receive messages anonymously in our online forums. Call or stop by the Center for more information.

---

(30) What is NOT one of the ways that students can receive help?
  1 Meeting with a professional counselor.
  2 Discussing their issues online.
  3 Attending a workshop with other students.
  4 Speaking with a counselor by telephone.

---

(1) どんな問題？

種類：読解問題／70語程度の英文／内容一致、あるいは設問文に続く適切なものを選択
問題数：5問　　　　目標時間：7分30秒（1問90秒）

(2) どんなことが問われるの？

キャンパスライフ（大学での日常生活）の中で見かける学業に関わる短い文章（個人の学生宛てのメール・クラス全員宛てのメール・広告・告知文・掲示板など）の英文を読んだ後、その内容を理解しているかが問われます。

(3) 難易度は？

英文は大学生活に関わるものだけに、慣れない語句や高校までに習ったものとは異なる意味で使われている表現も出てきます。その分難しく感じることもあるでしょう。語彙を増やしておく必要はありますが、極端に複雑な構文が出たりすることはありません。

(4) 対策は？

日常的に使われる語彙の例として、たとえば図書館の掲示文であれば、**status**という単語が出てきます。普段なら「地位」という意味ですが、図書館では「（貸し出しの）状況」となりますので、よく出そうな語彙は**p.40～42**でチェックしておくとよいでしょう。

他のPart同様、このPartのポイントも、大学でのシーンを想像できるかどうかです。教授は学生にどういうときに連絡をするのか、キャンパス内にどういったアルバイトの募集があるのか、などです。キャンパス内で使われる語彙だけでなく、キャンパス内でよくあるやり取りを知っておくことも大切です。ですから、問題の正解を確認するだけでなく、その問題が表しているシーンをしっかり読み込んでおくと、よくあるやり取りが自然と身につくはずです。

Part 2C

指示文の訳　下記に 10 の短いパッセージがあります。それぞれのパッセージの後には、問題が1つあります。それぞれの問題に対して、4つの選択肢の中から最も適した答えを選び、解答用紙にマークしてください。

問題見本　〔 実戦問題② (39) 〕

The Highland College Philosophy Club provides a forum for students to gather to discuss life's big questions. One member is selected each week to lead a discussion on a topic announced the week before. Unlike most philosophy courses, which often focus on classical texts, our discussions focus on current issues in modern society. All students are welcome, both philosophy majors and non-majors alike.

(39)　Which of the following is true according to the passage?

1 The first meeting of the club was held one week ago.
2 Each week the club president leads a discussion about an important issue.
3 Discussions at club meetings are about up-to-date topics.
4 Only philosophy majors are eligible to join the club.

(1) どんな問題？

種類：読解問題／ 70 語程度の英文／内容一致、あるいは設問文に続く適切なものを選択
問題数：**10 問**　　目標時間：**15 分（1 問 90 秒）**

(2) どんなことが問われるの？

大学入試でおなじみの読解問題と同じです。英文の内容は様々で、大学で使われる教科書からの抜粋や大学の講義でのテーマの紹介文が一番多く、大学のPR文章（広告・ポリシー）、雑誌の記事、地元のニュース記事などの英文が出たりします。「英文をしっかり読めるかどうか？」が問われる純粋な読解問題です。

(3) 難易度は？

英文に使われる語彙や文法を少し難しいと思う人もいるかもしれませんが、Part 2A（グラフ問題）やPart 2B（キャンパスライフでの英文）と違って、このPart 2Cの英文は、大学受験でよく出る内容・レベルなので、こちらのほうが取り組みやすいと感じる受験生が多いでしょう。

(4) 対策は？

ごく普通の長文対策です。ただし、語彙力・文法力・構文力・読解力・速読力など、英文読解のすべての要素が問われるので、どれも普段から手を抜かないようにしましょう。

TEAPでは純粋な文法問題が出題されないので、文法は少し手を抜いてもいいとか、あまり細かい部分は触れなくて大丈夫だと考える受験生は少なくないのですが、これはとんでもない誤解です。そもそもTEAPで出る英文はそれなりにレベルの高いものですから、基本文法（センター試験レベル、もしくは高校で習う文法事項）は「完璧」にしておくのが絶対条件です（これはTEAPに限らず、大学入試でも同じです）。

それに、文法力がないと、特にTEAPの読解問題では「選択肢の意味を取り違える」というミスをしてしまいます。「文法は手を抜いてもいい」なんていう都市伝説を絶対に信じないように。さらに文法力は、WritingやSpeakingのPart 2で露骨に問われます。

Part 3A

指示文の訳 下記に2つのパッセージがあります。それぞれのパッセージには、空所が4つあります。4つの選択肢の中から空所を埋めるのに最も適した語句を選んでください。

問題見本 〔 **実戦問題② (41) 〜 (44) より一部抜粋** 〕

Vera Brittain

Vera Brittain was a writer, a feminist, and a peace activist in Britain in the early 20th century. Growing up, she felt it was unfair that her parents treated her brother Edward differently than her. (　41　), in 1913 she was accepted to Oxford University to study English literature, and her parents ultimately approved. Edward was also accepted at Oxford, and the two planned to study there together. （以下 略）

(41) | **1** By coincidence, | **2** In addition
| **3** For example | **4** Luckily

((42) 〜 (44) 略)

(1) どんな問題？

種類：読解問題／270語程度の英文／空所補充
問題数：英文2題／設問8問　　　目標時間：8分（英文1題につき4分）

(2) どんなことが問われるの？

大学入試でおなじみの読解問題で、英文の4箇所が空所になっています。英文の内容は、2つあるパッセージのうち、1つは「人物中心（たいてい作家の伝記的なもの）」で、もう1つのパッセージは「出来事中心（歴史上の出来事・最先端の技術に関する話）」がよく出ます。答えのヒントは前後の文にあります。そこで、ディスコースマーカー（接続副詞などの表現）が非常に大切です（p.41参照）。さらには、各パッセージに1問程度、ディスコースマーカーそのものが答えになることもあります。

⑶ 難易度は？ ···

　TEAPの他の問題と比べて、英文自体に難易度の差はありませんが、このPart 3から英文の量が増えるので、やっかいに感じる受験者が多いでしょう。

⑷ 対策は？ ···

　ごく普通の長文対策です。ただし、「接続副詞」がおそらく毎回問われるので、p.41でしっかりチェックをしておきましょう。

　また、空所を含む1文（もしくはその前後の英文）を読むだけで解ける問題がほとんどなので（全文を読まなくても解ける問題が多い）、時間切れになりそうな人は、ひとまずPart 3Bを解いて、Part 3Aを解く時間が十分に確保できそうなら「きちんと全文を読む」、時間がなければ「空所を含む文の前後だけ読む」のがよいでしょう。

Part 3B

[指示文の訳]　下記に2つの長いパッセージがあります。それぞれのパッセージの後には、問題が6つあります。それぞれの問題に対して、4つの選択肢の中から最も適した答えを選び、解答用紙にマークしてください。

[問題見本]

→解答は18ページ右下

Film Noir

　In the early 20th century, the new medium of film was undergoing rapid change. In the 1890s the first motion picture cameras had just been invented and the first film studios established. Movie theaters followed shortly after the turn of the century. For several decades movies were silent, but in 1927, the first major motion picture with sound, *The Jazz Singer*, was released. It was a big hit, and by the 1930s, "talkies," as these films were called, were common. Major world events such as two world wars and the Great Depression influenced culture, literature, and movies, too. One style of film to emerge from these trends is called "film noir."

　The term "film noir," literally "black film" in French, was first used by French film critic Nino Frank in 1946. He used it to describe certain Hollywood crime dramas. In these films, the main male character is typically a private investigator, a policeman or another solitary type. The main female character is a "femme fatale," literally a "deadly woman." She tries to get help from the main male character to achieve her hidden goals. She may use her beauty, lies or weapons to do this. Yet another characteristic of film noir is its use of dim lighting and shadows. This adds to the gloomy mood of the films.

　One problem with the term "film noir," however, is that the term was not used by the filmmakers themselves. Most of what is now called "film noir" was called "melodrama" at the time it was made. This has led to an ongoing debate about which films should be considered "film noir" and which should not. Movies that are considered "film noir" usually have some, or even most of the characteristics of the style, but rarely have all of them, and this fact has contributed to critics being unable to come to consensus about film noir.

(以下 略)

(49) According to the passage, what is significant about *The Jazz Singer*?

1 It was the first major film noir to be made.

2 It was the first movie to be shown in a theater.

3 It used a new technology that would later become popular.

4 It was an early example of films set in the Great Depression.

(50) What is true about film noir according to the second paragraph?

1 Its use of shadow helps to create a gloomy mood.

2 The main female character is often a private investigator.

3 Filmmakers followed Nino Frank's guidelines to plan their films.

4 The plots rarely involve violence.

(51) According to the third paragraph, what is a problem with the term "film noir?"

1 Only some makers of films noir used that term to describe their films.

2 There is no set of characteristics that all films noir share.

3 There are many alternatives to Nino Frank's definition.

4 It took many years for critics to come to a consensus about which films fit that category.

(52 〜 54 略)

(1) どんな問題？

種類：**読解問題／ 600 語程度の英文／内容一致**
問題数：**英文 2 題（うち 1 題はグラフ問題あり）／設問 12 問**
目標時間：**24 分（英文 1 題につき 12 分）**

(2) どんなことが問われるの？

　大学入試でおなじみの読解問題で、長い英文の後に、6 つの設問があります。1 題目のパッセージにはグラフは出てきませんが、世論調査に基づいた数字が多く含まれるものがあります。また、文化的な内容（美術史のテーマ・異国特有の文化や習慣など）がよく出ます。2 題目のパッセージにはグラフがあり、数字が扱われますが、科学的な研究に関する内容だけでなく、歴史の話などが出ることもあります。ただし、グラフ自体は Part 2A よりずっと簡単なので、Part 2A 対策をしておけば心配する必要はありません。

(3) 難易度は？

　英文の量は、この試験の中で一番長くなりますが、設問が 6 問もありますので、決して「たくさん読んだのに、配点が低い」ということはありません。英文の難易度も他の読解問題と変わりません。設問はほとんど英文の順番と同じです（最初の 1 問のみ、最後まで読まないと解けないことがたまにあります）。また、本文の表現が、選択肢で「言い換えられている」というのがよくあるパターンです。

⑷ 対策は？ ⋯⋯⋯⋯⋯⋯⋯⋯⋯⋯⋯⋯⋯⋯⋯⋯⋯⋯⋯⋯⋯⋯⋯⋯⋯⋯⋯⋯⋯⋯⋯⋯⋯⋯⋯⋯⋯

　このPart 3Bは、選択肢のひっかけが少しだけ巧妙になるので、量に圧倒されて速く読むことを意識しすぎてしまい「なんとなく」で読むと、ダミーの選択肢にすぐにひっかかってしまいます。常に普段から「きちっと読みこむ力」を意識して勉強しましょう。細かい部分にも手を抜かず、精読できる力が必要です。

　それと同時に、全体を要約する力も必要になります。「結局この段落は何を言ってるの？」に答えられるように、きっちりと、かつ時間内に読み込む練習をしてください。

　また、英文中に出てくる「未知語（普通の受験生が知らない単語）」を文脈から理解する力が問われます。対策としては、「用語を説明・定義する表現」が出てくるたびにしっかりマスターすることです。重要なものを下記にまとめておきます。これらの表現はリスニングでも役立ちますので、しっかりチェックしておきましょう。

＜用語を説明・定義する表現＞

① **イコール表現（"＝" の意味になるもの／すべて mean と同じ意味を持つ）**

> be ／ mean ／ involve ／ include ／ show ／ represent ／ refer to

② **regard 型の動詞（ V A as B「A を B とみなす」という意味になる）**

> regard ／ look on ／ think of ／ see ／ take ／ view ／ identify

③ **term**

term は多義語で**「用語」**という意味があります。当然何かの用語を説明するときに出てくることが多いので、しっかり意味を覚えておきましょう。

🎧 Listening Section

Part 1A

指示文の訳　このパートでは、10 の短い会話が放送されます。それぞれの会話の後には、問題が1つ放送されます。それぞれの問題の後の10秒間で最も適した答えを選び、解答用紙にマークしてください。会話と問題は一度しか放送されません。それでは始めます。

問題見本　〔 実戦問題② No. 7 〕

No. 7
1　The course is already full.
2　He will be taking a trip in the near future.
3　He didn't sign up before the semester started.
4　He has taken the course once before.

放送英文　　　　　　　　　　　　　　　　　　　　🧑: man　🧑: woman

🧑 Excuse me, but are you Professor Li?
🧑 That's me. What can I do for you?
🧑 I would like to audit your introductory Chinese history course.
🧑 That's an honors seminar for history majors. Are you a history major?
🧑 No, I'm not. I'm majoring in Chinese language. I'll be studying in Shanghai next semester, so I'd like to learn about China before I go, but I already have a heavy course load.
🧑 OK. Please come to the first day of the course. If there are any spaces left, I'll sign your audit permission slip.
🧑 Thank you very much. I'll see you then.
🧑 You're welcome.

Question: Why does the man want to audit the class?

(1) どんな問題？

種類：**対話問題／ 100 語程度の対話（1問 30 ～ 40 秒）**　　問題数：**10 問**

(2) どんなことが問われるの？

　2人の対話を聞いて、設問に答えます。英文の内容は、欧米の大学に留学しているという設定で、大学キャンパスにおける友人との授業に関する会話や、教授との会話などがよく出ます。片方は学生で、もう片方は学生、教授、カウンセラーなど様々です。

(3) 難易度は？ ••

　英検でいうと2級から準1級くらい、大学入試でいうとセンター試験より難しいレベルです。設問が印刷されていないので（選択肢のみ印刷）、何が問われるかわからず、慣れていないとかなり苦労するでしょう。

　言葉がわかっても、キャンパスライフ、特に外国の大学におけるキャンパスで起きることという背景知識がなければ、何の話をしているのか想像しにくいかもしれません。

(4) 対策は？ ••

　教授との会話が多く、状況がかなり限られるので、実戦問題を解くときは、答えを確認するだけではなく、スクリプトをしっかり読み込み、そこに出てくる単語は完璧にしておきましょう。たとえば、**assignment**「宿題」という単語や、**research paper on** 〜「〜に関する研究論文」などがわからないと、まったく手が出なくなってしまいます。このような「授業に関する語句」はp.42でチェックしておきましょう。

　また、このように設問文を先読みできない問題で、特に狙われやすいところがあります。本文を聞くときに特に注意しておきたいところは、p.22にまとめました。

Part 1B

[指示文の訳]　このパートでは、10の短いパッセージが放送されます。それぞれのパッセージの後には、問題が1つ放送されます。それぞれの問題の後の10秒間で正解を選び、解答用紙にマークしてください。パッセージと問題は一度しか放送されません。それでは始めます。

[問題見本]　〔 実戦問題② No. 12 〕

No. 12　**1** Global climate change.

　　　　　2 Choosing a career.

　　　　　3 How to become a popular author.

　　　　　4 The writing process.

[放送英文]

Good afternoon, class. Next week we are very fortunate to have as a guest lecturer, best-selling science fiction novelist, Charles Pike. Mr. Pike is going to talk about how he selects themes when he writes his novels. He worked as a climate scientist for many years before he changed careers, and he frequently writes about climate and the environment in his stories, so his two careers are not as unrelated as you might imagine.

Question: What will the guest lecturer talk about?

(1) どんな問題？

種類：**ナレーション問題／70 語程度の英文（1 問約 30 秒）**　　問題数：**10 問**

(2) どんなことが問われるの？

Part 1Aは 2 人の対話でしたが、Part 1Bは 1 人で話します。英文の内容は、講義（講義内容の紹介・課題の説明・ゲスト講師の紹介など）や博物館でのガイドの説明などです。Part 1A同様、欧米の大学に留学した想定で聞けば、場面を想像しやすくなるかもしれません。

(3) 難易度は？

選択肢がやや長くなりますが、Part 1Aと特に変わりません。やはり、設問が印刷されていないのがかなりやっかいです。

(4) 対策は？

対策はPart 1Aと同じです。また、講義内容の英文の場合、長文での読解力がもろに影響しますので、復習するときにスクリプトを丁寧に読み込むことが必要です。

Part 1A　Part 1B　超重要事項！

【 設問で狙われやすい内容 】

問題文を先読みできない問題で、以下のことが出てきたときは特に意識するorメモすること！

★ 主張

講義の内容が出る場合、論説文と同じで「主張部分」が重要なわけですから、not A but Bの、Bの部分や強調構文などは問われやすくなります。

★ 理由・目的

due to ～「～が原因で」などの因果表現は特に注意が必要です。理由・目的は特に問われやすい箇所です。

★ 提案・宿題・次の行動

recommendなど何かを提案したときは、その内容もよく問われます。また、宿題の内容も問われることが多いです。提案にしろ、宿題にしろ、「次に何をするのか」が問われます。

★ 注意喚起表現・感情表現

Rememberで始まる文は、話者が「覚えておきなさい」と命令しているわけですから、当然重要な内容が続きます。
また、Surprisingly「驚くことに」やMiraculously「奇跡的に・不思議なことに」などにも感情豊かに反応してください。重要なこと、意外なことが続き、設問で頻繁に狙われます。

Part 1C

指示文の訳 このパートでは、5つの短いパッセージが放送されます。それぞれのパッセージの後には、問題が1つ放送されます。それぞれの問題に対して、4つのグラフまたは表がテスト冊子に示されています。10秒間で正解のグラフまたは表を選び、解答用紙にマークしてください。パッセージと問題は一度しか放送されません。それでは始めます。

問題見本

→解答は 24 ページ右下

1

Puddleton Literature Festival		
	Room 301	Room 412
9:00-12:00	Author Alan Watson	Professor Marcy Petersen
	His latest novel: *Updraft*	Goethe's *Faust*
12:00-1:00	Lunch Break	
1:00-4:00	Professor Charles Kelly	Professor Marcus Harris
	Introduction to Performance Poetry	Female Detectives

2

Puddleton Literature Festival		
	Room 301	Room 412
9:00-12:00	Professor Charles Kelly	Professor Marcus Harris
	Goethe's *Faust*	Female Detectives
12:00-1:00	Lunch Break	
1:00-4:00	Professor Marcy Petersen	Author Alan Watson
	Introduction to Performance Poetry	His latest novel: *Updraft*

3

Puddleton Literature Festival		
	Room 301	Room 412
9:00-12:00	Professor Marcy Petersen	Author Alan Watson
	Goethe's *Faust*	His latest novel: *Updraft*
12:00-1:00	Lunch Break	
1:00-4:00	Professor Marcus Harris	Professor Charles Kelly
	Female Detectives	Introduction to Performance Poetry

4

Puddleton Literature Festival		
	Room 301	Room 412
9:00-12:00	Professor Marcy Petersen	Author Alan Watson
	Goethe's *Faust*	His latest novel: *Updraft*
12:00-1:00	Lunch Break	
1:00-4:00	Professor Marcus Harris	Professor Charles Kelly
	Introduction to Performance Poetry	Female Detectives

放送英文

Welcome to the Puddleton Literature Festival. The schedule for today is as follows:

Professor Marcy Petersen's talk about Goethe's *Faust* will begin at 9:00 A.M. in room 301. Author Alan Watson will give a lecture about his latest novel,

Updraft in room 412 at the same time. In the afternoon session, starting at 1:00, Professor Marcus Harris will give an introduction to performance poetry in room 301, and Professor Charles Kelly will present on female detectives in room 412.

Question: Which schedule best matches the description given?

(1) どんな問題？

種類：**グラフ問題／70語程度の英文（1問約30秒）**　　問題数：**5問**

(2) どんなことが問われるの？

グラフに関する英文を聞いて、その内容に合致するグラフを選ぶ問題です。大学の授業などで扱われるであろう資料（講義予定・成績のつけ方など）を理解する力が問われます。

(3) 難易度は？

英文を聞きながら、4つのグラフを処理して、正しいものを選ぶ作業はかなり大変で、形式に慣れておくことに特に重要な問題です。そのグラフが何を表しているのか、縦軸・横軸・折れ線・円グラフの中身などが、それぞれ何を示しているのか瞬時に理解する作業も必要なので、大変かもしれませんが落ち着いて英文を聞くことに集中しましょう。

(4) 対策は？

最重要事項は、リーディングのPart 2A対策と同じで、グラフで使われる表現を完璧にマスターすることです。リーディングの場合、グラフ特有の表現を知らなくても、なんとなく意味が予想できることはありますが、リスニングの場合は前に戻って考えることが不可能なので、知らない表現が出ただけで英文の意味がさっぱりわからなくなる可能性が大きいです。p.40の表現をしっかりチェックしておきましょう。なかなかグラフを絞り込めない複雑な問題もありますが、シンプルに選べるものもあるので、あきらめずに取り組みましょう。

放送が始まる前に、時間の許す限りグラフに目を通しておくだけで、解きやすさがかなり変わります。さらに、英文を聞きながらグラフに○や×を書き込むとよいでしょう。

また、数字の聞き分け（fifteen と fifty など）も大事ですから、数字は復習するときに何度も聞き込んでおきましょう。

Part 2A

指示文の訳 このパートでは、A、B、Cの3つの長い会話が放送されます。それぞれの会話の前には、状況設定の短い説明が放送されます。状況設定はテスト冊子にも書かれています。それぞれの会話の後に、3つの問題が放送されます。問題はテスト冊子にも書かれています。それぞれの問題に対して、10秒間で正解を選び、解答用紙にマークしてください。会話と問題は一度しか放送されません。それでは始めます。

問題見本 〔 実戦問題② C より一部抜粋 〕

Situation: Two students are talking to their professor in his office.

No. 32 Why did the students come to see the professor?

1 To ask questions about a summer internship.
2 To ask for a letter of recommendation.
3 To discuss changing their majors.
4 To talk about study abroad programs. (No. 33、No. 34 略)

C

放送英文   👤: man1 👤: woman 👤: man2

Situation: Two students are talking to their professor in his office.

👤 Hi, Misaki and Ken. Please come into my office. What can I do for you today?

👤 Thank you, Professor Walker. We'd like to talk to you about our plans for next semester.

👤 That's right. We both want to study abroad, but if we're overseas, we're worried that it'll make searching for a job difficult. We were hoping you could give us some advice.

👤 I see. If you did study abroad, where were you thinking of going? (以下 略)

Questions:

No. 32   Why did the students come to see the professor?
No. 33   What are the students concerned about?
No. 34   What will the students probably do next?

(1) どんな問題？

種類 ：対話問題／300語程度の対話（1題90～120秒）
問題数：英文3題／設問9問

(2) どんなことが問われるの？

最初の2題は2人、最後の1題は3人での対話で、その内容に関する設問に答えます。必ず1人が学生で、他の人は教授やアドバイザーやカウンセラーなどの大学関係者。学生同士の対話の場合もあります。

設問そのものは他のPart同様、次にする行動、理由、詳細について問うことが多いです。

(3) 難易度は？

　英文自体の難易度は他の問題と変わりませんが、英文は長く、さらに 3 人の会話に慣れていないとかなり難しく感じると思います。

(4) 対策は？

　対策自体は他の問題と変わりません。ただ、この Part 2 から設問が事前に印刷されています。「対話の音声が始まる前に設問文を読む」ことで、何を注意して聞けばよいかがわかりますので、必ず「設問文の先読み」をしてください。1〜4 の選択肢まで読む時間の余裕はないと思いますし、4 つの選択肢のうち 3 つはウソの情報ですから、無理に読む必要はありません（もし余裕があるなら、軽く目を通すのもアリです。その辺りは個人の好みですから、練習の段階でいろいろ試してみてください）。また、設問では p.22 にまとめた内容が狙われることが多いです。

Part 2B

指示文の訳　このパートでは、D、E、F、G の 4 つの長いパッセージが放送されます。それぞれのパッセージの前には、状況設定の短い説明が放送されます。状況設定はテスト冊子にも書かれています。それぞれのパッセージの後に、4 つの問題が放送されます。問題はテスト冊子にも書かれています。それぞれの問題に対して、10 秒間で正解を選び、解答用紙にマークしてください。パッセージと問題は一度しか放送されません。それでは始めます。

問題見本 〔 実戦問題② G より一部抜粋 〕

Situation: A professor is giving a lecture on consumer behavior.

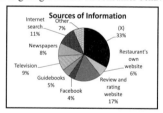

No. 47 | What is the purpose of the lecture?
1 To help students plan a strategy.
2 To explain why the Internet is so popular.
3 To encourage consumers to read more.
4 To compare the cost of different kinds of advertising.

No. 48 | What does the speaker say about guidebooks?
1 Information in them becomes old rapidly.
2 Their reviews are the most reliable.
3 They are published frequently.
4 They are very comprehensive.

(No. 49、No. 50 略)

G

Situation: A professor is giving a lecture on consumer behavior.

Good afternoon, class. Today we're going to talk about the sources of information consumers use to decide what restaurants to eat at. I'm telling you this information so you can use it to decide your advertising strategy in your business case study.

In the past, people often turned to printed material such as reviews in newspapers and guidebooks to get information written by professionals. According to a recent survey, however, the percentage of consumers who now say these are their primary source of information are only 8% and 5% respectively. One problem with guidebooks in particular is that there are new restaurants all the time, so they quickly become outdated.　　　　(以下 略)

Questions:

No. 47　**What is the purpose of the lecture?**
No. 48　**What does the speaker say about guidebooks?**
No. 49　**Please look at the chart. Which of the following is represented by the letter X?**
No. 50　**Why will information obtained on smartphones be more important in the future?**

(1) どんな問題？

種類　：ナレーション問題／220語程度の英文（1題約90秒）
問題数：英文4題（うち1題はグラフ問題あり）／設問16問

(2) どんなことが問われるの？

　1人が話す内容を聞いて、その内容に関する問いに答えます。講義の内容がよく出ます。講義の科目は文学、歴史、自然科学、経営学など実に幅広いですが、どれも大学の授業で出てきそうな話題です。講義以外では、学会でのアナウンスや心理学実験が始まる前の指示などがあります。

(3) グラフ問題の特徴（英文4題中1題）

　この問題で示されるグラフ自体は複雑ではありません。グラフについて設問で必ず1問は狙われます。たとえば、よく出される質問として、以下のものがあります。
Please look at the chart. Which of the following is represented by the letter X?
「図を見てください。次のうちXで示されているものはどれでしょうか」
What is the purpose of the graph?　「グラフの目的は何ですか」

(4) 難易度は？

　英文自体の難易度は他の問題と変わりませんが、英文が長いことと、講義の内容ということから、論説文などの英文読解が苦手だと苦労するでしょう。

⑸ **対策は？** ···

　対策自体は他の問題と変わりませんが、講義の内容ですから、主張部分の把握・因果表現などは特に重要です。また、復習するときは丁寧にスクリプトを確認して、知らない語句、うまく意味を取れない英文の構造や文法事項を完璧に理解しておきましょう。

Writing Section

Task A

指示文の訳 あなたは教師から、以下の文章を読んで、筆者がソーラーパネルについて述べていることを要約するよう言われました。およそ70語から成る1つのパラグラフで要約しなさい。

問題見本 〔 実戦問題② 〕

It is hard to imagine modern life without electricity. People use electricity for heating and cooling their homes, as well as for powering appliances such as refrigerators and televisions. Electricity is also stored in batteries that are used in devices such as smartphones and laptop computers. Traditionally, electricity has mostly been generated from fuels such as oil, coal and natural gas at power plants. However, in recent years, this situation has started to change. Now some people create electricity in their own homes using solar panels.

There are many advantages to using solar panels to produce electricity. For example, Todd Russell installed solar panels on his roof last year. He says that his current electric bill is less than half of what it used to be. Rebecca Morris says she plans to buy solar panels because solar energy is environmentally friendly. Governments support people who purchase solar panels, too. In many places, governments will help to pay for the cost of the equipment. This lets the people save money on the equipment as well as on their monthly bills.

On the other hand, not everyone agrees that solar panels are a good idea. They say that the panels are too expensive to buy, even if people can save money on electricity each month. Another problem they point out is that the amount of energy solar panels produce depends on the weather. On rainy or cloudy days they produce very little electricity. When it snows, they don't produce any electricity at all until the snow melts off them. Larry Perkins says he would like to get solar panels, but he can't because he lives in an apartment. He hopes to buy solar panels someday if he ever moves into a house.

There are advantages and disadvantages to solar panels. It will be interesting to see if more people buy them in the future.

※実際の試験のTask Aの解答欄は、幅172mm×高さ8mmを1行として、12行分が設けられています。

(1) どんな問題？ ....

種類：**英作文／要約問題**　　問題数：**1問**　　目標時間：**20分**

(2) どんなことが問われるの？ ....

270語程度の英文を読んで、それを指定された語数（70語）で要約します。

(3) 難易度は？

　課題文として出される英文は、段落構成が綺麗で、Task Bと比べれば少し簡単に感じます。ですから、英文を読み込むこと自体、またその要約も難しくはありません。

　ただし、それを「書く」となると、当然それ相応の英語力が求められます。また、時間がかなりきついと思います。このTask Aを20分で仕上げないと、次のTask Bで3倍近くの英文を書くので、十分な時間を確保できないからです。

(4) 課題文の構成

　課題文は常に4つの段落から構成されます。第1段落はテーマの導入で、段落の最後でパッセージ全体のテーマについて言及されます。第2段落と第3段落はそれぞれそのテーマについての賛成意見と反対意見、または体験談などが述べられます。最後の段落は短く、「さぁ、将来はどうなるでしょう？」といった内容です。

(5) 答案の構成（オススメ）と手順

　答案を書く前に情報を整理しましょう。
　　❶ テーマは何か？
　　❷ 賛成意見とその根拠・具体例
　　❸ 反対意見とその根拠・具体例
　問題冊子にメモを書くページがあるので、そこでこれらの情報を整理してから、解答用紙に答案を書きましょう。

　答案の構成は❶を1文、❷と❸の根拠と具体例を簡潔に2文ずつぐらい書けばOKです。最終段落の「さぁ、将来はどうなるでしょう？」については、具体的な情報があまりなく、語数制限もあるので、答案に含める必要はないでしょう。

　注意すべき点として、Task Aでは受験者自身の意見を一切問われませんので、書かれたことを整理・要約するだけです。また「まとまり」のある文章を作るため、First、In addition、For example、On the other handなどのディスコースマーカーを使うことが必要です（頻出語句リストp.41を参照）。

(6) 対策は？

　ただ英文を書いて、それを学校の先生に添削してもらうという姿勢では、なかなか力は伸びません。まず自分で取り組める、単語・文法・構文等のインプットを怠らず、あくまで「自分の英語力で書ける"正しい英語"」で書くことを忘れないようにしましょう。自信のない表現、あやふやな知識は絶対に答案に書かず、同じ内容をもっと簡単に言い換えられないか探す姿勢が必要です。

　英文のパターンが決まっているので、要約で使う英語の表現もある程度は決まってきます。解答例を読み込み、パターンをしっかりマスターしておけば、本番ではいい意味で「機械的に」書けるようになります。

Task B

指示文の訳 あなたは教師から、下の情報を用いてクラスのためのエッセイを書くよう言われました。ブルー・マウンテンの学校図書館に関する状況を説明して、提案された解決策についての要点をまとめなさい。結論では、与えられた根拠に基づいて、どれが最善の解決策だと思いますか。およそ200語で述べなさい。

問題見本 〔 実戦問題② 〕

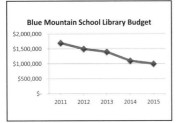

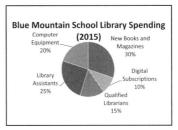

BLUE MOUNTAIN DAILY NEWS

Recently, city council held a meeting to discuss the libraries at Blue Mountain schools. Brian Robertson, the superintendent of Blue Mountain schools, spoke about some changes he thinks are necessary. "All schools should have at least one fulltime qualified librarian," Robertson said. He pointed out that surveys show that children at schools with a fulltime qualified librarian report enjoying reading more. This also leads to improved performance not only in English classes, but in math and science classes as well, according to Robertson. He wants to start hiring qualified librarians as soon as a budget to hire them is approved.

Another change Robertson wants to make is to convert libraries to "learning commons." "Traditional school libraries are places for students to borrow books and study quietly on their own. Learning commons are places where students can work together creatively as well as find books and magazines." He said that schools could also save money by moving school computer labs into the libraries. "One central location with resources, space to work, and computers is an ideal environment to promote students' independent learning." Robertson said providing students with a place they enjoy studying is critical to maintaining their motivation.

City council is expected to vote on Robertson's proposals next month.

LETTER TO THE EDITOR

Dear Editor,

School libraries are a very important part of the education we provide our children here in Blue Mountain. As a retired librarian, I would like to share my ideas about how to improve them. First, the libraries should be open longer than they currently are. Many students do not have a quiet place at home to study, so the school library is a perfect alternative. It is a waste of money for libraries to be filled with books and other resources but to close shortly after classes finish each day. The more time students can spend in the library, the more likely they are to take advantage of all of these resources.

Second, we need to hire more qualified librarians. Library assistants are kind and helpful people, but they do not have the specialized training that qualified librarians do. Qualified librarians can help students use online databases for their research. They are also knowledgeable about the kinds of books students are interested in. In addition, qualified librarians can help teachers with special projects in English and history classes, for example. At the elementary school level, librarians are key to motivating students to enjoy reading, too.

Sincerely yours,
Phillip McKinney

※実際の試験のTask Bの解答欄は、幅172mm×高さ8mmを1行として、28行分が設けられています。

(1) どんな問題？

種類：**英作文／要約＋意見提示問題**　　問題数：**1問**　　目標時間：**50分**

32

(2) どんなことが問われるの？

グラフを2つ、それと関連する200語程度の英文を2つ読んで、内容を指定された語数 (200語) で要約し、さらに一番よいと思う解決策を書きます。

(3) 難易度は？

課題文はTEAPのReadingの長文問題と同じレベルです。ただし、英文の構成パターンが毎回ほぼ同じなので、何回も練習することでかなり読みやすくなるはずです。ここでは英文を書く力も当然大事ですが、2つのグラフと2つの英文をまとめ、さらに説得力のある解決策を判断しなければいけないため、普段日本語で行っている純粋な読解力・思考力も要求されます。英文自体は決して難しいわけではないのですが、この問題を試験本番で、時間内に終わらせるにはかなり練習が必要でしょう。

(4) 課題文の構成

グラフが2つあります。1つは、折れ線グラフで時間経過による何かの推移を表すことが多いです。もう1つはある時点での何かしらの割合を表すことが多いです（予算や問題の原因など）。

1つ目の文章は地元新聞に掲載される記事で、専門家、役所の責任者などの意見や発言が述べられています。2つ目の文章は必ず「Letter to the Editor」(投書欄)で、地元の人（どこかの団体の代表であることが多い）が新聞に意見を投書するという設定です。それぞれ、課題の解決案が2つずつ提示され、根拠と具体例が述べられています。たまに、グラフを理解していないような矛盾する意見が述べられていることもあります。

(5) 答案の作成手順と構成（オススメ）

4つの情報源を解答にきちんと反映させるために、答案を書く前に情報を整理しましょう。
1. 1つめのグラフのタイトル、軸などを見て、情報を理解する
2. 2つめのグラフも同様
3. 1つめのパッセージで述べられている専門家の2つの提案は何か、理由と具体例も箇条書きで整理する
4. 2つめのパッセージも同様

答案の構成（オススメ例）

> 第1段落に❶と❷をまとめる
> 第2段落に❸をまとめる
> 第3段落に❹をまとめる（特に1人目の提案と一致しているところに触れる）
> 第4段落に自分の意見を述べる。
> ※ここで注意してほしいのは、「自分の意見」はあくまで文章で述べられている情報に基づいたものでなくてはいけないということです。文章内に根拠のない個人的な意見や考えは求められていません。

(6) 対策は？

人名が出てくるので、その人がどんな意見を言っているのか、線を引くなどして、しっかり整理しながら読みましょう。

特に2つめの英文を読むときは、「1つめの英文とどんな関係になるのか」「類似点と相違点は何か」を意識しながら読んでいきます。

読み終わったら、どの解決策がよいかを決めます。単純に、1つめの英文と2つめの英文で同じことが推奨されているからよい、と考えるときもありますし、2人の人間が賛成していても、グラフを見れば何かしらの事情（たとえば予算が足りない）から、その意見を採用せず、別の解決策を支持したほうがよいエッセイになることもあります。

＜Writing 評価基準＞

　ライティングの採点の際に用いられる、CEFRに基づく評価のポイントは以下の通りです。以下は、TEAPのウェブサイトで公開されている英語の基準を日本語に訳した一覧です。学習に取り組む際の参考にしてください。

TEAP ライティング　タスク A		
CEFR		レベル評価基準
B2	論旨	課題に関連した文書で述べられているすべての要点を明確かつ簡潔に要約している。
	一貫性、文のつながり	文同士の関係性を示し、明確でまとまりのある論文になるよう言葉をつなぎあわせるために、ディスコースマーカーや情報を参照する際のつなぎ表現を効果的に使っている。
	語彙の知識、正確さ	論旨を伝えるのに適切な類義語や言い換え表現を使っている。
	文法の知識、正確さ	様々な文章構造を適切に用いている。文法上の誤りはほとんどなく、意図の理解を妨げていない。
B1	論旨	5つの要点のうち3つ以上をはっきりと説明している。賛成の理由と反対の理由を少なくとも1つずつはっきりと述べている。
	一貫性、文のつながり	全般的にディスコースマーカーを使って文をつなげている。情報を参照する際のつなぎ表現の使い方が、たいてい明確である。
	語彙の知識、正確さ	まとめたり言い換えたりせずに、直接文章から具体例を挙げている。若干不適切な語彙を使っている。
	文法の知識、正確さ	文法的な誤りが多いが、複雑な文法構造を使おうとする場合で、意図の伝達を妨げていない。
A2	論旨	5つの要点のうち2つしか説明していないか、賛成の理由と反対な理由を少なくとも1つずつ説明することが十分にできていない。
	一貫性、文のつながり	考えを表現できているが、論理的な順番になっていない。文の関係性が明らかでない。情報を参照する際のつなぎ表現の使い方が概して明確でない。
	語彙の知識、正確さ	言い換え表現や類義語の使用は非常に限定されており、言い換え表現が課題に適切でない。語彙の誤りが多い。
	文法の知識、正確さ	体系的な文法の誤りがあり、意図の伝達を妨げかねない。
A2 より下		• 課題や話題に関連していない。 • 30 語未満。 • ほとんどかまったく自分の言葉がなく、文章からの書き写しである。

TEAP ライティング　タスク B		
CEFR		レベル評価基準
B2	論旨	すべての文章や図表からの情報や要旨をまとめて判断できている。
	一貫性	課題に対する一貫した答えとしてまとめられている。段落内や段落間のテーマの構成が、型どおりであっても、通常明確である。
	文のつながり	文同士の関係性を示し、明確でまとまりのある論文になるよう言葉をつなぎあわせるためにディスコースマーカーや情報を参照する際のつなぎ表現を効果的に使っている。
	語彙の知識、正確さ	論旨を伝えるのに適切な類義語や言い換え表現を使っている。
	文法の知識、正確さ	様々な文章構造を適切に用いている。文法上の誤りはほとんどなく、意図の理解を妨げていない。
B1	論旨	複数の文章からの情報をまとめて、要点のいくつかについて基本的な要約をすることができている。
	一貫性	全般的にディスコースマーカーを使って文や段落をつなげている。情報を参照する際のつなぎ表現（代名詞など）の使い方が、たいてい明確である。
	文のつながり	全般的にディスコースマーカーを使って文をつなげている。情報を参照する際のつなぎ表現の使い方が、たいてい明確である。
	語彙の知識、正確さ	文章の論旨について基本的な説明はできているが、文章の中で使われている語彙に頼りがちである。不適切な語の使用が若干ある。
	文法の知識、正確さ	文法的な誤りが多いが、複雑な文法構造を使おうとする場合で、意図の伝達を妨げていない。
A2	論旨	1つ以上の文書や図表に記載された要素や要点のうちいくつかについて言及しているが、まとまっていないか、関係性が明らかでない。
	一貫性	段落構成が論理的でないか、不適切な段落分けが若干ある。文章の流れや展開がはっきりせず、文がつながっていない。
	文のつながり	文の中で節をつなぐのに接続詞を用いているが、たいてい文の関係性を明確にできていない。情報を参照する際のつなぎ表現の使い方が概して明確でない。
	語彙の知識、正確さ	言い換え表現や類義語の使用が非常に限定されており、言い換え表現は課題に適切でない。文章から語彙を使うときに、誤りや不自然・不適切な使い方が多い。
	文法の知識、正確さ	体系的な文法の誤りがあり、意図の伝達を妨げかねない。
A2 より下	● 課題や話題に関連していない。 ● 50 語未満。 ● ほとんどかまったく自分の言葉がなく、文章からの書き写しである。	

🗣️ Speaking Section

受験者1名に対して面接官（Examiner）1名で行われる対面型の試験です。

ライティングの試験が終わった後、試験監督の誘導で順次スピーキング試験の会場まで移動します。スピーキング試験の後はそのまま解散となりますので、手荷物はすべて持って移動します（なお、携帯電話は、電源を切った状態で透明の袋に入れ、首から提げることになっています）。スピーキング試験が行われる部屋の前で、しばらく待つ時間がありますが、必要以上に緊張しないよう、平常心を心がけましょう。

試験時間は、全体で約10分。入室から退室まで、すべて英語で行われます。まずはドアをノックして、"Come in, please." と聞こえたら部屋に入り、挨拶をしましょう。

Introduction　入室から試験開始まで

着席したら、まず受験票を渡します。
手渡すときは "Here you are." と言いながら
渡しましょう。

面接官が名乗ったあと、受験者の名前を聞きます。
ハキハキと答えましょう。

面接官がタブレット端末で受験番号を登録します。

※TEAPのウェブサイトで、スピーキングテスト「見本問題　応答例」という、サンプル動画を見ることができます。
　参考にしてください。

Part 1　Interview

⑴ どんな問題？..

　　種類：質疑応答　　　質問数：**3 ～ 4 問程度**　　　所要時間：**準備時間なし　約 2 分**

⑵ どんなことが問われるの？...

　　日常生活に関する質問をされます。基本的には、「今のこと（趣味など）」「過去のこと（中学校のことなど）」「未来のこと（将来の夢など）」を聞かれます。

⑶ 難易度は？...

　　自分に関することですから、しっかり準備さえしておけば難しくはありません。
　　おそらく多くの受験者にとって、一番不安に思うのがスピーキングセクションかもしれません。苦手意識を持つ受験者も多いと思いますが、実はスピーキングは、他よりも問題のレベルが明らかに低いものが多く、実は「得点しやすい」のです（特に Part 1 と Part 2）。

⑷ 対策は？...

　　質問に対して、Yes・No だけしか答えないと必ず、さらなる質問をされます。それが必ずしも自分に答えやすいものとは限らないので、できるだけ自分から「話を広げておく」ようにしましょう。そうすれば、追加の質問はされないので、自分のペースで、自分の伝えたいことを話して試験を進められます。これは Part 3・Part 4 でも同様です。

Part 2　Role Play

⑴ どんな問題？..

　　種類：インタビュー（ロール・プレイ）　　　質問数：**1 問**
　　所要時間：**準備時間 30 秒の後　約 2 分**

⑵ どんなことが問われるの？...

　　面接官が何かしらの職業についている人の役、受験者がインタビュアーの役になり、いろいろと質問します。質問事項は、渡されたトピック・カードに書いてありますが、その内容をそのまま言うのではなく、適切な（文法的に正しい）英文に変える必要があり、ここで文法力が大変重要になります。

問題見本	トピック・カードサンプル　［実戦問題②］

「俳優」にインタビュー

> **Begin your interview with this sentence: "Hello, may I ask you some questions?"**
>
> Ask questions about:
> * **The movies or TV shows he/she has appeared in**
> * **The age he/she started acting**
> * **Something difficult about acting**
> * **Advice for future actors**
> * *(If you have time, you may ask more questions.)*

(3) 難易度は？

　質問内容を正しい英文で言うだけですから、スピーキングの試験としては、かなり簡単な部類に入ります。

(4) 対策は？

　質問をするわけですから、特に疑問詞を使った英文（例：How many 複数名詞 ～?）を正しく言えるようにしておきましょう。

　また、トピック・カードに「この英文でインタビューを始めなさい」と指示があるので、最初はいきなり質問に入らず、Hello. May I ask you some questions? で始めることを忘れないようにしましょう。

　さらに、時間があまったときや余裕があるときのために、「定番の質問」をマスターしておくとかなり心強いかと思います。たとえば、以下のものがあります。

> ❶ Do you have any advice for future ○○s? 「将来の○○になる人へのアドバイスはありますか」
> ❷ Do you enjoy being a ○○? 「○○の仕事をしていて、楽しいですか」
> ❸ Do you think ○○s earn enough money? 「○○はよい給料をもらえますか」
> ❹ What made you decide to become a ○○? 「どうして○○になろうと決めたのですか」

　○○の部分には職業名が入りますので、俳優へのインタビューなら、❶は Do you have any advice for future actors? となります。

　カードに書かれたことに関する質問をすべて終えて時間があまったら、積極的に自分で考えた質問をすると好印象を与えられるでしょう。

Part 3　Monologue

(1) どんな問題？

種類：**意見提示**　　質問数：**1 問**
所要時間：**準備時間 30 秒の後　約 1 分**

(2) どんなことが問われるの？

　あるトピックに対して、賛成か反対か、さらにその理由を述べます。議論の対象になるような賛否両論の、社会的なトピックが取り上げられる傾向があります。

問題見本 | トピック・カードサンプル　[実戦問題②]

自分の意見を述べる

> **TOPIC**
>
> "People these days do not get enough exercise."
>
> Do you agree with this statement? Why or why not?

(3) 難易度は？ ・・

　　日本語でも言う事に困るかもしれませんから、これをスラスラ英語で言うのは、結構難しいでしょう。

(4) 対策は？ ・・・

　　まずは、賛成・反対、そして理由を述べるときによく使う表現を完璧にマスターしておくことが最低条件です。これに関しては本書の解説と解答例を見れば大丈夫です。

　　次に、普段からニュースなどで話題になっていることについて、必ず賛成か反対か、そしてその理由を考えておくことが大切です。

　　本番では、自分の本当の意見より、英語にしやすい意見、理由を挙げやすい意見を言うようにしたほうがいいでしょう。

　　面接官は基本、そっけない態度を取りますが、これは仕方ないことです。決して心折れることのないように、英語に集中してください。向こうも仕事ですから、機械的にこなさないと不公平になるため、そういう感じになるのです。こう言われれば当たり前に感じるでしょうが、本番の緊張した場面では、こんな些細なことも気になってしまうものです。「そっけないのが当たり前。仕事だから」というのを忘れずに。

Part 4　Extended Interview

(1) どんな問題？ ・・

種類：**質疑応答**　　　質問数　：**4～5問程度**　　　所要時間：**準備時間なし　約4分**

(2) どんなことが問われるの？ ・・

　　Part 3 に似たトピックに関して、数問聞かれます。ディスカッションで取り上げられるような内容が聞かれます。

(3) 難易度は？ ・・

　　Part 3 ほど緻密に答える必要はないのですが、面接官の質問をしっかり聞き取らないといけないので、やや難しく感じるかもしれません。

(4) 対策は？ ・・

　　Part 3 と同じ対策になります。内容も難しいので、黙りがちになってしまいますが、とにかく発言しないことには得点になりませんから、できるだけ英語で発言するようにしましょう。うまく言えなかったところは、次にフォローすれば十分ですし、1つの質問に対して、2つでも3つでも（普段のおしゃべりと同じように）返す姿勢を忘れないでください。

　　Part 4 の各質問に答える時間は、Part 3 より短いとはいえ、きちんとした構造で返答する必要があります。Part 3 同様、聞かれた内容に対して意見を述べ、理由や具体例を付け加えて、説得力のある返答をすることでより高得点を狙えます。

＜Speaking 評価基準＞

　スピーキングの採点の際に用いられる、CEFRに基づく評価のポイントを、以下の通り日本語に訳しました。学習に取り組む際の参考にしてください。

TEAP スピーキング		
CEFR		**レベル評価基準**
B2	発音	わかりやすい発話。正確なアクセントとイントネーション。それぞれの音に母国語の影響が若干ある。
	文法の知識、正確さ	テストに必要な範囲の機能に対応しうる文法構造の十分な知識がある。文法の誤りはごくわずかである。
	語彙の知識、正確さ	テストで使用される幅広い話題に対応しうる語彙の十分な知識がある。ときどき不適切な語を選択する。
	流暢さ	自然な速さで話す。ときどき言葉に詰まる。
	効果的な受け答え	能動的・受動的コミュニケーションを効果的に行う。問題があれば、自然かつ効果的に指摘することができる。効果的にあいづちを打つ。Part 2 においては試験官の話した内容について次の発言で質問したり、関連した意見を述べたりできる。
B1	発音	理解可能な発話。アクセント、イントネーション、それぞれの音に母語の影響が目立つ。
	文法の知識、正確さ	基本的な文法構造をほぼ正確に使用する。複雑な文法形式を使用する際に誤りがある。
	語彙の知識、正確さ	日常的な話題を語るのに十分な語彙がある。不適切な語を選択して、コミュニケーションをときどき妨げている。
	流暢さ	若干言い直しをしながらゆっくり話す。言葉に詰まる場面が目立ち、聞き手はときどき待たなければならない。
	効果的な受け答え	ときどき試験官に依存している。コミュニケーションの問題を指摘できるがぎこちない。Part 2 において若干あいづちを打っているように見受けられる。
A2	発音	ほぼ理解可能な発話。アクセント、イントネーション、それぞれの音にかなり母語の影響がある。発音の間違いが若干あり、コミュニケーションを妨げている。
	文法の知識、正確さ	いくつかの基本的な文法構造と暗記した表現を正確に使用する。体系的な誤りがある。
	語彙の知識、正確さ	語彙は日常的に交わされるありふれたものに限られている。不正確な語の選択や語彙不足によって、コミュニケーションが妨げられることが多い。
	流暢さ	言い直しが多く、非常にゆっくりと話す。言葉に詰まる場面がかなり見られ、聞き手が待たなければならないことが多い。
	効果的な受け答え	ほとんど完全に試験官に依存している。コミュニケーションは頻繁に中断する。コミュニケーションの問題を効果的に指摘できない。Part 2 を行う意欲に乏しい。
A2 より下	答えが無いか　もしくは • わかりにくいことが多い。 • 文法にはほとんどすべて誤りがある。 • 最も簡単な語や表現のみを使う。 • 発話が中断する。ほとんど理解できない。 • うまくコミュニケーションがとれず、問題を指摘できない。Part 2 を行う意欲が無いか非常に乏しい。	

TEAP 頻出語句リスト

■ グラフ問題対策 ■

グラフの種類

figure「図」
※ figure が短縮されて Fig. となることもあります
table「表」
chart「表」
pie chart「円グラフ」
bar chart / bar graph「棒グラフ」
time schedule「タイムスケジュール、時刻表」
radar chart「レーダーチャート」
budget「予算」

名 詞

proportion「割合」
portion「部分」
rate「割合、率」※「為替の<u>レート</u>」って言いますね
percentage「百分率」
aim / purpose / goal「目的」
instruction「指示」
item「項目、品目」
category「区分」
unit「単位」
quantity / amount「量」
degree「程度」
effect「結果、効果」
result「結果」
means「手段」※ mean「意味する」と区別しましょう
period / term「期間」
shift「移行」
research「調査」
evidence「証拠」
household「家庭」
crop「農作物」
case「件」
population「人口」
popularity「人気」
census「国勢調査」
consumer「消費者」

動 詞

account for ～「～を説明する、～を占める」
lead「～の中で一番である」
be similar in ～「～が似ている」
※直訳は「～において (in)、似ている」
represent「～を表す、～を意味する」
remain steady「横ばいになる」※ steady「安定した」
level off「横ばいになる」
※ level はもともと名詞で「水平線」です
increase〔grow〕by ～「～の分だけ増える」
※「差」を表す by
increase〔grow〕to ～「～まで増える」
※「到達点」を表す to
rise「上昇する、上がる」
boost「～を増加させる」
jump「急増する」
peak「最大になる」
decrease by ～「～の分だけ減る」※「差」を表す by
decrease to ～「～まで減る」※「到達点」を表す to
decline「減る」
fall「減少する、下がる」
dip「下がる」
fluctuate「変動する」
measure「～を測る」
※「巻尺」って意味の「メジャー」ですね
analyze「～を分析する」
compare「～を比較する」
conclude「～と結論を下す」

その他

respectively「それぞれ」
gradually「だんだん」
steadily「着実に」
sharply「急に」
consistently「一貫して」
suddenly「突然」
constantly「絶えず」
one in ten「10 のうちの 1 つ (の割合)」

■ Reading・Writing・Speaking で重宝する「接続副詞などの表現」■

論点を並べる

first of all / to begin with「まず最初に」
firstly「最初に」
secondly「2 番目に」
finally「最後に」

追加する

also / besides / moreover / furthermore /
what is more / in addition / additionally
「加えて」
similarly / in the same way「同様に」

反論する

however / yet / still「しかしながら」
all the same / nevertheless「それにもかかわらず」
on the other hand / in contrast「対照的に」
on the contrary「しかしながら、それどころか」
instead「その代わりに」
rather / in fact / as a matter of fact
「それどころか実際は」

具体例を出す

for example / for instance「たとえば」
such as ~ / like「~のように」
in particular「特に」

言い換える

in other words / that is / namely
「言い換えると、つまり」

原因・結果を述べる

so / thus / hence / therefore「だから」
consequently / in conclusion / as a result
/ that is why「そういうわけで」
in short / in brief「要するに」
accordingly「それに応じて」
in conclusion / in summary「結論として」

人の発言・主張を引用する

人 argue that ~「人は~と主張する」
人 support -ing「人は~することを支持する」
人 think that ~「人は~と考えている」
人 say that ~「人は~と言っている」
人 recommend ~「人は~を勧める」
人 propose ~「人は~を提案している」
according to ~「~によれば」
A agrees with B about ~
「AはBと~について同意見である」

意見の表現

I think ~「私は~と思っている」
In my opinion, ~ / In my view, ~
「私の意見では~」

■ 大学生の生活 ■

大学にいる人々

undergraduate student「学部生」
graduate student「大学院生」
professor「教授」
academic advisor「(授業の履修に関する)相談役」
counselor「相談役」
applicant「応募者、志願者」
tutor「宿題を手伝ってくれる人」
teaching assistant / TA「助教」

大学の授業

lecture「講義」
audit「聴講する」
credit「単位」
extra credit「(授業の)追加得点」
sign up for ~「~に申し込む、~に登録する」
register「履修登録する」
registration「登録、履修登録」
quiz「小テスト」
final exam「期末試験」
experiment「実験」
paper (可算名詞で使われて)「論文」
report / write-up「レポート」
handout「資料、プリント」
hand out ~「~を配る」
case study「ケーススタディー」
field research「実地調査」
field trip「現地調査」
syllabus「シラバス」
research / study「研究」
required course「必須科目」
elective「選択科目」

大学の場所

laboratory / lab「実験室、研究室」
dormitory / dorm「寮」
student union「学生会館」
media resource center「視聴覚センター」
computer lab「パソコン室」
financial aid office「学生支援課、経済支援係」
registrar「教務課」
campus career center「職業指導センター」

その他の表現

major「専攻する、専攻科目、専攻学生」
minor「副専攻」
degree「学位」
tuition「授業料」
scholarship「奨学金」
grant「研究助成金」
student loan「学生ローン」
application「申し込み、申込書」
　　　　　　　※「応用」という意味でも頻出
office hours「教授が学生の質問に対応できるように研究室にいる時間帯」
available「(物が)利用できる、(人の)手が空いている」
department「学部、学科」
journal「学会誌」
publication「文献、出版物」
submit / hand in ~ / turn in ~
　　　　　　　「~を提出する」
due「締切の」
plagiarism「盗用」
summer internship「夏期企業研修」
résumé「レジュメ、履歴書」
letter of recommendation「推薦状」
conference「研究発表会」
semester / term「学期」
report card「成績表」

主な学問名

anthropology「人類学」
biology「生物学」
chemistry「化学」
economics「経済学」
history「歴史学」
international relations「国際関係論」
linguistics「言語学」
literature「文学」
marketing「マーケティング」
philosophy「哲学」
physics「物理学」
political science「政治学」
psychology「心理学」
sociology「社会学」
statistics「統計学」

実戦問題①

📖 Reading Section

Part 1

(1) **正解** 2 　**1** チャンネル　**2** 図形　**3** 位置　**4** 景色

> [和訳] 幾何学のクラスでは、学生は、円、正方形や長方形のような図形の面積を測定して計算する方法を学ぶ。

重要語句 🔤 geometry「幾何学」　measure「〜を測る」　rectangle「長方形」

> *A* such as *B*「*B*のような*A*」では、*B* =「具体例」、*A* =「まとめた語句」になります。円、正方形、長方形を総称したものは、**2** shapes「図形」です。

(2) **正解** 1 　**1** 文脈　**2** 環境　**3** 圧力　**4** 韻

> [和訳] 日本語の口語では文の主語をはっきりと言わないことが多いが、会話の文脈から理解できる。

重要語句 🔤 subject「主語」　context「文脈」

> from the context of the conversation で「会話の文脈から」という意味です。

(3) **正解** 2 　**1** 同情的な　**2** 批判的な　**3** 礼儀正しい　**4** 激怒した

> [和訳] 哲学者のプラトンは、民主主義に批判的な考えを持っていた。彼は、一般の人々は政治に参加できるほど賢くないと思っていたのだ。

重要語句 🔤 philosopher「哲学者」　democracy「民主主義」
> 🔤 participate in 〜「〜に参加する」

> 2文目で「一般の人々は政治に参加できるほど賢くない」とあるので、**2** critical「批判的な」が文脈に合います。a critical view of democracy で「民主主義に関しての批判的な考え」となります。

(4) 正解 **2**　　**1** 予測される　　**2** 認められる　　**3** 省かれる　　**4** 調査される

和訳 恐竜がおよそ6500万年前に絶滅したことは、一般的に認められている。しかし、恐竜が消えた理由について、科学者たちはまだ意見が一致していない。

重要語句 語 extinct「絶滅した」　omit「～を省く」

It is acknowledged that ～ で「～ということが一般的に認められている」となります。**1**のpredictedを選ぶミスが多そうですが、that以下は恐竜の話で過去の内容なので文脈に合いません。

(5) 正解 **1**　　**1** 助言される　　**2** 裁かれる　　**3** 許される　　**4** そそのかされる

和訳 Eメールで担当教授に連絡する必要がある学生は、件名にコースのタイトルを含めてください。これによって、教授がより迅速に返信できます。

重要語句 句 be advised to ～「～することを勧められる」

are （　） to ～「～するのを…される」で、文脈に合うのは、**1** のadvisedです。be advised to ～ の直訳は「～とアドバイスされる」ですが、「～してください」くらいに意訳されることが多いです。よく使われるので覚えておきましょう。

(6) 正解 **2**　　**1** 微妙な　　**2** 高潔な　　**3** 賢明な　　**4** 豪華な

和訳 その女優は、高潔な人生を送っていることで有名だった。彼女はひまな時間を貧しい者を助けることに費やす、親切で思いやりのある女性だった。

重要語句 語 caring「思いやりのある」

難問。2文目のkind and caringに合致するのは、**2** の virtuous「高潔な」です。**3** の sensible「理にかなった・賢明な」との区別は、辞書で確認しても相当難しいと思いますが、sensibleはreason「理性」をベースに行動する様子を、virtuousはmoral「道徳」をベースに行動する様子を表した形容詞です。

(7) 正解 **4**　　**1** 急激な　　**2** 辛辣な　　**3** 広大な　　**4** わずかな

和訳 データは博物館への月間訪問者数のわずかな増加を示したが、これは入場者数を5%引き上げるという博物館の目標には足りなかった。

重要語句 句 be short of ～「～が足りない」　raise X by ～ %「X を～ % 上げる」

ポイント

空所直後のincreaseと合うのは、**1** sharpと **4** slight。but以下の「5% 上げるという目標に達していない」→「少しだけ増えた」から、**4** slightを選びます。

Reading Section

Part 1

(8) **正解** 3 　　**1** 精通している　　**2** 異なった　　3 適合性のある　　**4** 一貫性のある

和訳 2つの血液型は適合性がないので、A型の人は、B型の血液をもらうことはできない。

　　前半「A型はB型の血液をもらえない」の理由として、not（　）に合うのは、**3** の compatible「適合性のある・両立できる」だけです。

(9) **正解** 4 　　**1** 提供した　　**2** 形成した　　**3** 仕えた　　4 比較した

和訳 小学校の女子と男子の学業成績を比較した研究により、女子は国語と算数のテストで男子より高得点を取ったことがわかった。

重要語句 **語** academic performance「学業成績」　elementary school「小学校」

　　found that以下で男女の学業成績の比較をしているので、空所には **4** のcompared「比較した」が文脈に合います。compare *A* and *B*で「*A*と*B*を比較する」という意味です。

(10) **正解** 2 　　**1** 象徴　　2 文書　　**3** 操作　　**4** 型

和訳 パスポートは、旅行者が自分は誰でどの国の出身であるかを示すために使用する公文書である。

重要語句 **語** official document「公文書」

　　「パスポートは公の（　）である」という文脈から**2**のdocument「文書」が正解です。

(11) **正解** 3 　　**1** 〜のふりをする　　　　**2** 〜を忘れる
　　　　　　　　　　3 〜をより好む　　　　**4** 〜をためらう

和訳 オンラインでニュースを読むほうがより簡単でより速いことが多いが、多くの人々はまだ印刷された新聞を購入することを好む。

重要語句 **語** online「オンラインで」

　　「オンラインで読むほうが簡単で速いけど、それでも紙の新聞を買うことを（　）」という内容から、**3**preferが正解です。prefer to 〜で「〜することを好む」です。ちなみに、他の選択肢も直後にto 〜を取ることはできるので、完全に意味で判断する問題です。

(12) **正解** 4　　**1** 要点　　**2** 期間　　**3** ラベル　　4 役割

[和訳] 1950 年代から、女性の役割は大きく変わった。今日、多くの女性は、家族の世話をするために家にいるのではなく、働くことを選ぶ。

重要語句　**句**　instead of ~「~の代わりに」

😊 ポイント

the role of women で「女性の役割」という意味です。後半では「1950 年代までの役割」と「現代の役割」が述べられています。

(13) **正解** 1　　**1** 気づいている　　**2** 疑っている　　**3** 感心している　　**4** 冗長な

[和訳] タバコの箱には、喫煙に関連した健康上のリスクを人々に気づかせるための警告が記載してある。

重要語句　**語**　carry「~を記載する」　　**句**　be aware of ~「~に気づいている」

😊 ポイント

問題文は make O C の形を取っています。空所直後の of とつながるのは **1** の aware と **2** の suspicious です。「健康上のリスクに気づく」という文脈から **1** の aware が正解です。

(14) **正解** 3　　**1** ~を取り除く　　　　**2** ~を非難する
　　　　　　　　　　3 ~を納得させる　　　**4** ~を支援する

[和訳] 政治家は増税が必要だということを市民に納得させようとしたが、多くの人々は彼に同意しなかった。

😊 ポイント

"( ) 人 that ~" の形に注目です。この形を取れるのは **3** convince だけです。convince は「tell 型の動詞」と考えると、大変効率的に整理できます。

tell 型の語法
tell 型の動詞は「3 つの基本形」があります。これに属する「6 つの動詞」があり、3 × 6=18 個の語法を一気に整理できます。

【tell 型の基本形】
　① tell 人 of 物　　② tell 人 that ~　　③ tell 人 to ~

【tell 型を取る動詞】
tell「~を知らせる」／ remind「~を思い出させる」／ convince「~を納得させる」／ persuade「~を説得する」／ warn「~を警告する」／ notify「~を知らせる」

(15) **正解** 3　　**1** 実在する　　**2** 実用的な　　3 目に見える　　**4** 活発な

[和訳] あまりに小さいので、顕微鏡でしか見えない生物もいる。

重要語句　**語**　creature「生物」　microscope「顕微鏡」

「顕微鏡を通してはじめて（　）」という文なので、**3** visible「目に見える」が正解です。
visibleは「vis（見る :vision）＋ible（できる）」→「目に見える」です。

(16) 正解 **2**　　**1** 信号　　2 戦略　　**3** 場合　　**4** 設立

和訳 衣料品会社は販売戦略の一環として、18～25歳の人に人気があるウェブサイトに広告を載せている。

重要語句 語 marketing strategy「販売戦略、マーケティング戦略」

2 strategy「戦略」を入れれば、前半が「販売戦略の一部として」、後半が「ネットで宣伝する」となり文意が合います。宣伝するのは「販売戦略」に含まれるので、**2** のstrategyが正解。

(17) 正解 3　　**1** ～をすり減らしている　　**2** ～に出くわしている
　　　　　　　　3 ～をまとめている　　**4** ～を支持している

和訳 環境活動委員会のメンバー数人は、もっと多くの資金を集める計画をまとめている。計画への取り組みが終わったら、それを委員会の他のメンバーに発表する予定だ。

put togetherで「(考え)をまとめる」です。熟語対策として、put together a plan ≒ work on a plan ≒ make a planをまとめてチェックしておきましょう。

(18) 正解 2　　**1** ～を育てた　　　　　　　2 ～に呼びかけた
　　　　　　　　3 ～のことを話した　　　**4** ～を話し合った

和訳 災害の後で首相は、平常心を保って互いを助けるよう人々に呼びかけるテレビ演説を行った。

重要語句 語 disaster「災害」　prime minister「首相」

call on 人 to ～は「人に～するように呼びかける」という意味です。

(19) 正解 3　　**1** ～を分解している　　　　**2** ～に寄りかかっている
　　　　　　　　3 ～を遂行している　　　　**4** 持ちこたえている

和訳 生物学者らは、アマゾンの熱帯多雨林で調査を遂行している。彼らは、そこで見つかる様々な珍しい動物についてもっと知りたいと望んでいる。

重要語句 語 biologist「生物学者」

ポイント

carry out research で「研究を遂行する・調査を行う」という意味です。

(20) **正解** 2　　**1** ～を降ろした　　　　　**2** ～しないことに決めた
　　　　　　　　　3 ～を書き付けた　　　　**4** ～を押し通した

[和訳] 長い議論の末、市の職員は、古いコミュニティ・センターがまだ市の需要を満たすのに十分な大きさなので、新しいものを建設しないことに決めた。

重要語句 **句** city official「市の職員」　decide against -ing「～しないことに決める」

ポイント

「古いコミュニティ・センターがまだ使えるので、新しいコミュニティ・センターを建てることに（　　）」という内容なので、**2** の decided against ～「～しないことに決めた」が正解です。これが熟語と知らなくても、decide「決める」、against「反対して」という意味からも正解を選べますね。

Part 2A

(21) 正解 2

和訳

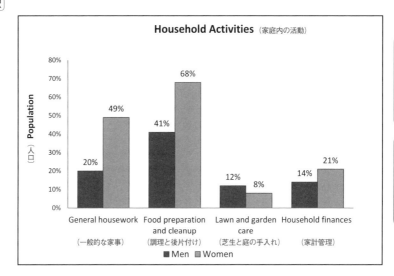

設問：あなたは、ビジネスマーケティングの授業の事例研究のために、家庭内の活動に従事する男性顧客を引きつける戦略を勧めます。上記のグラフに基づくと、最もよい提案だと思われるのは次のうちどれですか。

重要語句

📖 launch「〜を立ち上げる」　detergent「洗剤」　🔤 conduct research「調査を行う」

選択肢の意味と解説

1 ガーデニングを楽しむ男性のためのウェブサイトを立ち上げる 「芝生と庭の手入れ」をしている男性は12%のみ

2 自宅で料理をする男性に向けた広告キャンペーンを行う ➡ 「調理」をしている男性は41%

3 男性がどの洗濯洗剤を好むかについての市場調査を行う ➡ laundry detergent「洗濯洗剤」のことはグラフから読み取れない

4 男性に好まれるような家庭用清掃用品の包装をデザインする ➡ 「清掃用品」に関連するのは General housework で20%のみ。ちなみに、左から2つめのグラフの cleanup は、今回は「食事の後片付け」のこと

　設問文1文目に you will recommend strategies to attract male customers who engage in household activities とあるので、男性のグラフのみを読み取れば OK です。マーケティングでは宣伝の対象者が多いほどよいと考えられます。グラフの Food preparation and cleanup が男性の中で一番高い（41%）ので、料理関係の選択肢を選びます。

(22) 正解 3

和訳

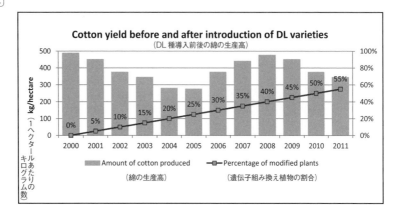

設問：綿の生産高を増やそうとして、科学者は、数種類の綿花の遺伝子を組み換えて、昆虫を殺すDLという化学物質を生成するようにしました。上記のグラフにより最も裏付けられる記述は次のうちどれですか。

重要語句

語 genetically「遺伝子的に」　　**句** in an attempt to ～「～しようとして」

選択肢の意味と解説

1　綿に含まれるDLの割合が増えるにつれ、生産高も同様の割合で増加する ➡「DLの割合（=Percentage of modified plants)と綿の生産高は比例」していない

2　DLは綿花に被害を与えるので、その結果、生産高の減少につながる ➡「DLが綿に被害を与えていて、生産高が減っている」ことは読み取れない。生産高が増えている年もある

3　DLと綿の生産高には直接の関係はないと思われる ➡ DLの量は毎年5%ずつ増えているのに対し、綿の生産高は年によりバラバラなので、この2つに直接的な関係性はないと言える

4　遺伝子組み換え植物の割合が40%を超えるとき、DLによって綿の生産高が増える ➡ 遺伝子組み換え植物が40%を超えると、生産高は減ってきている

　　2 に重要な因果表現lead toが使われています（選択肢の中では分詞構文になっています）。"原因 lead to 結果"の形で使われます。ここで他の重要な因果表現をまとめておきましょう。

① 原因 V 結果 の形を取るもの　「原因 のせいで 結果 になる」
　　原因 cause 結果　　　　　　原因 bring about 結果
　　原因 lead to 結果　　　　　原因 contribute to 結果
　　原因 result in 結果　　　　　原因 give rise to 結果
　　原因 is responsible for 結果

② 結果 V 原因 の形を取るもの　「結果 は 原因 のせいだ」
　　結果 result from 原因　　　　結果 come from 原因

(23) **正解** 3

和訳

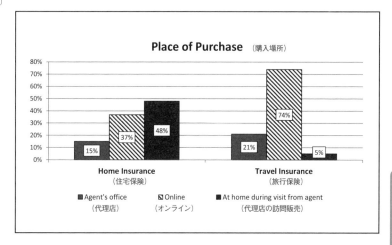

設問：あなたはマーケティングの授業で、消費者行動を研究しています。上記のグラフにより最も裏付けられる記述は次のうちどれですか。

重要語句 ▪▪

語 consumer behavior「消費者行動」　　**句** be likely to ～「～する傾向がある」

選択肢の意味と解説

1　旅行保険に加入する前に、顧客は商品の詳細を代理店と話し合いたい ➡ 旅行保険のグラフでは、「代理店」21％、「代理店の訪問販売」5％で、「オンライン」の74％より低い

2　住宅保険を探している顧客は、商品を決める前に数件の代理店を訪問する傾向がある ➡ 住宅保険のグラフから、「代理店」は15％のみとなっている

3　旅行保険の販売を計画している企業は、印刷物のデザインよりウェブサイトの開発に投資すべきである ➡ 旅行保険のグラフでは「オンライン」が一番多く、74％なので「もっとウェブサイトに投資すべき」と言える

4　住宅保険契約を販売する代理店は、顧客の大半は自宅に訪問販売に来られるのを好まないことを理解すべきである ➡ 住宅保険のグラフから「代理店の訪問販売」は48％で一番多い

😀

(22)(23) の問題文にある Which of the following statements is best supported by the graph above? は、要するに「選択肢の中から『答えはこれだ。だってグラフ見てみろよ！』と言えるものを選びなさい」ということです。今回で言うと、正解の **3** は「旅行保険を販売しようとする会社は、印刷物よりホームページに投資すべき」ということで、その根拠はグラフを見れば「オンラインで旅行保険に加入する人が圧倒的に多いから」と言えますね。

(24) **正解** 1

和訳

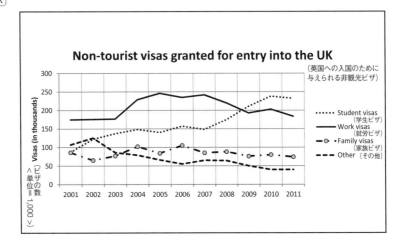

Non-tourist visas granted for entry into the UK

（英国への入国のために
与えられる非観光ビザ）

- ……… Student visas（学生ビザ）
- —— Work visas（就労ビザ）
- -o- Family visas（家族ビザ）
- - - Other（その他）

> **設問：あなたは国際関係論の授業で、英国に入国する動機を研究しています。上記のグラフに基づくと、最も正しいと思われる記述は次のうちどれですか。**

重要語句

 immigration「入国管理」　international relations「国際関係論」

選択肢の意味と解説

1　2003 年の外国人労働者政策の改正によって、他の EU 諸国の居住者が英国で仕事を見つけることがより簡単になった ➡ 2003 年から「就労ビザ」のグラフが増えているので、これが正解

2　2005 年に英国の大学の入学基準が改正され、留学生の入学がより難しくなった ➡ 2005 年から「学生ビザ」のグラフは増えている

3　2007 年以降、英国の失業率が徐々に低下していることによって、外国人により多くの就職口がもたらされた ➡ 2007 年から「就労ビザ」のグラフは減っている

4　2006 年の入国管理法の変更によって、外国人の英国居住者が一緒に暮らす家族を連れてくることがより簡単になった ➡ 2006 年から「家族ビザ」は緩やかに減っている

ポイント

　難問です。グラフのどの線がどう（またはどこから）変わるのかがポイントです。選択肢とグラフを照らし合わせながら、消去法で解くしかない問題です。TEAP では、消去法をかなり使うことを知っておいてください。ちなみに **3** に因果表現 result in が使われているので、(22) で説明した "原因 result in 結果" の形をチェックしておきましょう。

(25) **正解** 4

Reading Section

Part 2A

[和訳]

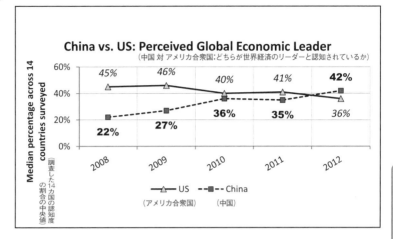

設問：あなたは経済学の授業で、アメリカ合衆国と中国の経済力が他の国にどのように見られているかを研究しています。上記のグラフにより最も裏付けられる記述は次のうちどれですか。

重要語句 ||||||||||||||||||||||||||||||||||||||||||||||||||||||||||||||||||||||||||||||||||||||||||||||||||||||

語 perceive「〜を認知する」 economic crisis「経済危機」 media coverage「マスコミ報道」

[選択肢の意味と解説]

1 2008年の経済危機は、アメリカの財政的な影響に対する信頼を増す結果となった ➡ 2008年から2009年にかけて、アメリカのグラフはほぼ横ばいで、中国の方が伸び率が大きい

2 2009年の中国のより低い輸出高によって、中国がリーダーシップをとっているという世界の認識は下がった ➡ 2009年から2010年にかけて中国のグラフは増えている

3 2010年の中国の経済成長に関するマスコミ報道が、その地位に対する評価を押し上げた ➡ 2010年から2011年にかけて中国のグラフは減っている

4 2011年から2012年までの期間で、アメリカの経済力に対する世界的な見方が著しく変化した ➡ 選択肢のchangeはグラフが増えたか減ったかを明確には示していないが、2011年から2012年にかけてアメリカと中国が逆転しているのでこれが正解

 ポイント

これもグラフと選択肢を照らし合わせて解く問題ですから、選択肢の解釈をしっかりできないといけません。**1** にまた因果表現のlead toが出ています。TEAPの公式問題でここまで連続して出てくるので、因果表現は完璧にしておく必要があります。

Part 2B

(26) **正解** 1

[和訳]
学生のためのアルバイトの仕事

USC図書館は、春学期の間、1週間に最低2回の夜勤(午後6時～午後9時30分)で働ける学生を探しています。❶主な業務内容は、当館の目録データベースで本の返却状況を更新することです。❷棚置き作業が必要になることがあります。希望者は、概して健康状態のよい全日制の学生である必要があります。申し込み用紙を取りに中央カウンターにいらしてください。

[重要語句]

[語] semester「学期」 inventory「目録」 shelve「棚に置く」 full-time student「全日制の学生」

[句] a minimum of ～「最低限の～」

[選択肢の意味と解説] 設問:アルバイトの主な仕事は

1 本を返却済みとしてデータベースに記録すること ➡ ❶「当館の目録データベースで本の返却状況を更新すること」とある

2 図書館の中央カウンターで学生を手伝うこと ➡「学生を手伝う」という話はない

3 USC図書館のすべての本の状態の目録を作ること ➡ catalogは「目録(=カタログ)を作る」という意味。「目録を『作る』」という話はない

4 適切な棚に本を戻すこと ➡ ❷「棚置き作業が必要になることがある」とあるが、これがmain task「メインの業務」ではない

 ポイント

❶のprimary responsibilityが、設問文でmain taskに置き換えられています。特にprimaryという形容詞に注意してください。「主要な」の他に「第一の」「とても大事な」という意味も重要です。また、このような図書館の話ではstatusという単語も重要です。「(図書館にあるのか、もしくは貸し出し中なのかという)状態」のことです。

(27) **正解** 4

[和訳]
比較教育学(EDUC 220)の学生へのお知らせ

最初の授業の前に:
1) あなたの学生Eメールアドレスから私にEメールを送ってください。件名には、フルネームに続けて学生番号を入れてください。
2) ❶指導予定表から、あなたがプレゼンをしたいと思う3つのトピックを選んでください。❷選択したものはEメールで送らずに、最初の授業に持ってきてください。
3) ❸講義の教科書(比較教育学、キューバム社、初版)を入手してください。
R. ジョンソン

[重要語句]

[語] comparative education「比較教育学」 subject「件名」 tutorial「指導の」

[句] followed by ～「後に～が続いて」

選択肢の意味と解説　**設問：授業が始まる前に、学生がすべきことは**

1　講義のテキストの第1章を読む ➡ ❸「テキストを入手する」とあるが「第1章を読む」という話はない
2　講師に彼らが選んだプレゼンのトピックを送る ➡ ❷「Eメールで送らずに」とある
3　教育に関連したテーマに関するプレゼンの準備をする ➡ ❶「3つのトピックを選ぶ」だけで、プレゼンの準備についてまでは書かれていない
4　自分がプレゼンをしたいトピックを3つ選ぶ ➡ ❶「プレゼンしたいと思うものを3つ選ぶ」とある

　この英文は教授から授業を履修する学生への指示。これは今後TEAPで頻出するパターンの1つと考えられるので、本文・選択肢をしっかり読み込んで、使われる語句をマスターしておきましょう。たとえば、正解の **4** にあるpick three topics「3つのトピックを選ぶ」などは、必ずチェックしておきたい語句です。

---

(28)　正解 **3**

和訳　　　　　　　　　　**学部生および大学院生へ：**
❶あなたは、表彰に値する優れた教授を知っていますか。ユーイング優秀賞（EEA）は現在、推薦を受け付けています。❷賞は、大学院課程や学部課程における指導への専心と優秀さを示す教授を表彰するものです。推薦の期限は3月2日です。用紙は、http://www.ewingcollege.edu/faculty/learn/eea で入手できます。

重要語句

　語　undergraduate「学部生」　graduate student「大学院生」
　句　be worthy of ～「～に値する」

選択肢の意味と解説　**設問：学生は、用紙に記入して**

1　奨学金を申請できる ➡「奨学金」の話はない
2　講義の感想を伝えられる ➡「講義の感想を伝える」という話はない
3　教授を賞に推薦できる ➡ ❶「表彰に値する素晴らしい教授を知っていますか。推薦を受付中」とある
4　同級生の勤勉さを評価できる ➡ ❷「教授を表彰する」とある

　アメリカなどの国では、学生が教授を評価することがあります。今回の英文がそのパターンです。❶のexceptionalは「例外とも言えるほど素晴らしい」という意味です。また、このような英文ではworthy of recognition「評価すべき」も重要です。

Reading Section

Part 2B

(29) 正解 2

【和訳】

ジェファーソン環境議会（JEC）は、ジェファーソン環境持続可能性基金の運用を管理する、学生主宰の組織です。❶JECは、キャンパスの環境保護に関連したプロジェクトの提案を聞くために月に2回会合を開きます。❷学生の皆さんは、ぜひ出席して自分の考えを述べてください。最初の会合は2月10日に行われます。詳細については http://www.jec.jefferson.edu にアクセスしてください。

重要語句

語　sustainability「持続可能性」　contribute「(意見など)を述べる」　donate「〜を寄付する」

句　be encouraged to 〜「〜するよう奨励される」

選択肢の意味と解説　設問：学生は、会合で何をするよう求められていますか。

1　環境の持続可能性関連のプロジェクトに寄付する ➡「寄付する」という話はない

2　プロジェクトの提案をする ➡ ❶「JECは提案を聞くために集まる」、❷「学生はぜひ出席し、意見を言うように」とある

3　大学のために資金を集める方法を考える ➡「資金を集める」という話はない

4　持続可能性に関する新しいデータを発表する ➡「新しいデータを発表する」という話はない

ポイント

　❷のcontributeは本来「〜を与える」という意味で、「お金を与える」→「寄付する」という意味で有名ですが、ここではcontribute their ideasなので「自分の考えを提案する」と解釈します。お金は関係ありません。これを「寄付する」と思いこんだ人をひっかけようとしているのが、**1** のDonate「寄付する」です。

(30) 正解 1

【和訳】

差出人：ナンシー・ライト <nwright@kenbridge.edu>
宛先　：神学理論250クラス
日付　：2月13日　土曜日
件名　：最新情報

学生の皆さん、講義のウェブサイトを更新しました。❶現在「役に立つリンク集」のコーナーでは、講義で取り上げる各トピックに関連した追加のリーディング教材のリストを見ることができます。役立つとわかるかもしれませんので、見てみてください。❷また、宿題として、次の授業のためにテキストのユニット1を忘れずに読んできてください。
ナンシー・ライト

重要語句

語　theology「神学理論」　cover「〜を取り上げる」

句　remember to 〜「忘れずに〜する」　make available「利用可能にする」

選択肢の意味と解説　設問：教授は、オンラインで何を入手できるようにしましたか。

1　追加のリーディング教材のリスト ➡ ❶「Helpful Linksで、追加のリーディング教材を見

つけられる」とある

2 講義の課題のリスト ➡ ❷「宿題としての課題」の話はあるが、「課題のリスト」の話はない

3 講義のテキストへのリンク ➡ ❷「テキストのUnit 1を読んでくる」とあるだけで、サイト上にテキストへのリンクがあるわけではない

4 宿題へのリンク ➡「宿題へのリンク」があるわけではない

 ポイント

かなりやっかいな問題です。❶のadditional readings「追加の文献・参考文献」の解釈がかなり難しいのですが、これは正解の **1** で、optional reading materialsと言い換えられています。これは「必須」ではなく「任意」の課題のことです。よって、**2** のassignmentはこの点でも間違いです。

今回の問題では設問文が非常に重要です。文の構造はきちんと理解できましたか？ 疑問詞whatの後ろは必ず不完全文になる（名詞が１つ欠ける）ので、今回はmadeの目的語が欠けた文になっているんです。

【図解】

What has the professor made φ available online?
O   S   V   C

ＳＶＯＣのＯがwhatに変わった英文です。「教授によって、オンラインで入手できるようになったものは何？」という意味になります。TEAPでは、単問の文法問題は出ませんが、このように文法の知識がないと誤読してしまうものが見受けられます。

この設問文にはもう１つ重要事項があります。availableという単語です。availableは「手に入る・利用できる」という超重要単語です。

Reading Section

Part 2B

Part 2C

Part 2C

(31) **正解** 3

和訳   《学部生向け研究プログラム》

パシフィック大学のコンピュータ科学部では、他に負けない「学部生向けの研究体験」プログラムへの申し込みを受付中です。❶参加者は10週間の夏季プログラムの間、チームで作業し、最先端の研究を実施して、地元の科学者やエンジニアと交流します。また、実地調査と週に一度の学部主宰の研究セミナーにも参加します。❷学生の参加者は、住居と仕事に対して小額のお金を支給されます。

重要語句

語 cutting-edge「最先端の」 field trip「実地調査」

句 interact with ～「～と交わる」

選択肢の意味と解説　設問：説明されているプログラムの主な利益の1つは何ですか。

1　学生が授業の単位をもらう　➡「単位を取る」という話はない

2　学生は、他より高い給料を得る　➡ **❷**「小額のお金」とあり、「高い給料」ではない

3　学生は、実地で専門家と働くことによって学ぶ　➡ **❶**「参加者はチームで作業し、最先端の研究をし、地元の科学者やエンジニアと交流する」とある

4　学生が自分の研究プロジェクトに集中できる　➡「自分のプロジェクトに集中する」という話はない

　今回は **2** のcompetitiveという単語がやっかいです。本来competitiveは「競争できるほどの」→「他に負けない」という意味なので、competitive salaryなら「他より高い給料」となります。これがもしcompetitive priceだったら「他の店より安い値段」と訳されます。訳語だけを覚えて、**2** にひっかかってしまわないように注意しましょう。

⑶² **正解** 2

和訳　　　　　　　　　　　　　　　　　　　　　　　　《バクテリアに関する研究内容》

　我々はよく、バクテリアは体によくないと考えるが、世界がシアノバクテリアに負うところは非常に大きい。これらはすべてのバクテリアの中で最も古く、**❶**その化石は35億年前までさかのぼる。一般に藍藻と呼ばれる**❷**シアノバクテリアのおかげで、酸素の豊富な空気があり、植物が発生することができる。日光をエネルギーに変えるシアノバクテリアの能力も、将来の応用性があるかもしれない。**❸**研究によると、藍藻は効果的なクリーンエネルギー源として役立つかもしれない。

重要語句

　語　fossil「化石」　oxygen「酸素」　application「応用」　conclusive「決定的な」

　句　date back ~ years「~年さかのぼる」　serve as ~「~として役立つ」

選択肢の意味と解説　設問：このパッセージによると、まだ決定的証拠がないのは

1　シアノバクテリアの化石の実際の年齢　➡ **❶**「35億年前」とわかっている

2　エネルギー源としてのシアノバクテリアの効果　➡ **❸**「藍藻はクリーンエネルギーの効果的な供給源として機能するかもしれない」とある。つまり、「まだはっきりとはわかっていない」ということ

3　酸素を生成するシアノバクテリアの能力　➡ **❷**「シアノバクテリアのおかげで酸素の豊富な空気がある」とある

4　植物の発生におけるシアノバクテリアの役割　➡ **❷**「シアノバクテリアのおかげで植物が発生する」とある

　❸のcouldに注目してください。couldは「~できた」と最初に習いますが、実際にその意味で使われることはほとんどありません。仮定法や、仮定法から派生した婉曲（もしかしたら~の可能性がある）で使われます。ここもその意味で、あくまで可能性だけであって、ハッキリとした確証はありません。そのため、設問文のnot yet conclusiveとピッタリ合致します。couldを正確に把握する習慣がない人にとっては相当の難問になったでしょう。

(33) 正解 2

和訳 《大学内作家協会の活動内容》

　大学内作家協会は英語学部の学生ラウンジで毎週会合を開く、学生主宰の作家のコミュニティです。①標準的な協会の会合はワークショップで、学生が自分の現在の作品のコピーを見せて、交代でフィードバックをし合います。さらに、②協会は特別なイベントを1年に数回開催し、その中にはたとえばプロの作家から話を聞く機会や、参加者がアメリカの作家であるジャック・ケルアックの手法を応用する自発的な執筆セッションなどがあります。

重要語句

🈞 guild「協会」　published author「プロの作家」　spontaneous「自発的な」

🈟 take turns -ing「交代で～する」

選択肢の意味と解説　設問：毎週、大学内作家協会が学生に与える機会は

1　自分の作品をプロの作家と話し合う機会 ➡ ②「published author（プロの作家）から話を聞く機会は年に数回」とあるが、設問で聞かれているのは Each week「毎週」のこと

2　仲間の作家からコメントと助言を得る機会 ➡ ①「現在取り組んでいることを共有し、フィードバックをし合う」とある

3　有名な作家が用いている原則を使ってみる機会 ➡ ②「参加者はジャック・ケルアックの手法を応用する」とあるが、このイベントは「年に数回」のこと

4　出版するために自分の現在の作品を提出する機会 ➡「出版するために提出する」という話はない

　もし選択肢で迷ったら、本文はもちろん、「設問文もしっかり読む」という教訓を得られる問題です。あくまで設問文では Each week のことを尋ねていますので、本文の holds special events several times a year「年に数回（行われる）特別なイベントを開催する」に関することと混同しないように注意しましょう。

(34) 正解 4

和訳 《地域の大学生による小学生への指導サービス》

　貧しい地域の小学校と近くの私立大学の間で個別指導提携関係を確立した教育者によれば、大学への道は、小学校時代に始まる。①参加している大学生の多くは教育学専攻で、教える技術に対する自信と子供たちが学ぶ方法に対する洞察を得ている。小学生は、大学の図書館、劇場、教育学部を訪問することからだけでなく、彼らが受ける個別指導サービスからも恩恵を受けている。

重要語句

🈞 tutor「個別指導をする」　benefit「恩恵を受ける」　child raising「育児」

🈟 insight into ～「～に関する洞察力」

選択肢の意味と解説　設問：大学生は、パッセージで説明されている提携関係から
　　　　　　　　　　　何を得ますか。

1　サービスに対する支払い ➡「支払い」の話はない

2　課程学習への手助け ➡「課程学習」の話はない

Reading Section

Part 2C

3 子育てについての助言 ➡「子育て」の話はない

4　子供たちを扱う経験 ➡ ❶「子供に教える技術に対する自信や、子供がどう学ぶのかという洞察が得られる」とある

> やや難しいので、消去法で選ぶのがベストです。特に **3** のAdviceは「教えてもらうこと」ですので明らかに違います。なんとなく雰囲気で選ぶとミスしてしまうでしょう。

---

(35) **正解** 1

和訳　　　　　　　　　　　　　　　　　　《ヨーロッパの国際的コミュニティの成立》

　1950年5月9日に、フランスの外務大臣であるロベール・シューマンは、ヨーロッパ諸国に対してより権限のある国際的な地域共同体がつくられるべきだと宣言した。❶彼は、この地域共同体が戦争の資源である石炭と鉄鋼の生産を管理して、加盟国間の対立を防ぐことを提唱した。❷シューマンの宣言の結果、欧州石炭鉄鋼共同体が設立され、それは後に欧州連合の基盤となった。

重要語句 ‖‖‖

　語　declare「〜を宣言する」　conflict「対立」
　句　foreign minister「外務大臣」

選択肢の意味と解説　　設問：シューマンが提案をした理由の1つは何でしたか。

1　石炭と鉄鋼の生産を管理するため ➡ ❶「石炭と鉄鋼の生産管理」という提案の具体的な内容があり、これが提案理由と考えられる

2　加盟国間の貿易を改善するため ➡「貿易」に関する話はない

3　ヨーロッパの輸出入を監視するため ➡「ヨーロッパの輸出入を監視する」という話はない

4　ヨーロッパ経済を促進するため ➡「ヨーロッパの経済を促進する」という話はない

> ❶にHe proposedとあります。リーディングでもリスニングでも「提案」内容は設問になりやすいので、本文を読んでいるときに出てきたときは、チェックを入れるようにしておくのがオススメです。今回も設問でproposalが使われています。
> ❷では因果表現result inが使われています。「**原因**→**結果**」の関係を意識しましょう。ちなみに、同文の後半ではlead toが使われています。

---

(36) **正解** 4

和訳　　　　　　　　　　　　　　　　　　《コンテンツ・マーケティング》

　❶パーミッション・マーケティングとも呼ばれるコンテンツ・マーケティングには、潜在的顧客を引きつけるために関連情報を伝えることが含まれる。たとえば、塗料会社は、インテリア・デザインにおける色づかいに関するすべてについてのデジタル雑誌を制作するかもしれない。その会社は上質で有益な記事を一貫して提供することで、インテリア・デザイナーの間での権威として地位を確立する。❷次第に、より多くのデザイナーがその雑誌を読むようになる。その雑誌を読むデザイナーは同社の製品に詳しくなるため、それらを利用、あるいは推薦するようになる。

重要語句

📕 involve「含む」

📑 potential customer「潜在顧客」 establish oneself as ～「～としての地位を確立する」

選択肢の意味と解説 設問：パッセージに基づくと、説明されている雑誌の最終目的は何でしょうか。

1 関連した情報を提供すること ➡ ❶「関連情報を伝える」のは、Content marketing「コンテンツ・マーケティング」の中身であって、「雑誌の目的」ではない

2 幅広く広告主を引きつけること ➡「広告主を引きつける」という話はない

3 業務提携を展開すること ➡ business partnership「業務提携」に関する話はない

4 会社の塗料を宣伝すること ➡ ❷「次第に雑誌を読む人が増え、雑誌の読者は商品に詳しくなり、商品を使ったり薦めたりするようになる」とある

　設問文にあるultimateは、「究極的な」と覚える人が多いのですが、「最終的な」と考えるほうが意味がハッキリします。ultimate goalは「最終目的」です。❷にGradually「次第に」や、therefore「それゆえ・その結果」があるので、ここで「何かしらの変化」が述べられているとわかります。

---

(37) **正解** 3

和訳　　　　　　　　　　　　　　　　　　　　　　　　　　　《小説『ナルニア国物語』》

　C・S・ルイスの最も有名な作品は、全7冊の一連の空想小説である『ナルニア国物語』である。これらの物語の魔法の世界は子供たちを引きつけるが、❶物語は宗教的な考えも伝えている。物語を用いて、ルイスは読者を楽しませると同時に、❷他の方法では捉えづらい概念を把握しやすくしている。たとえば『ナルニア国物語』の主人公のうちの1人は、ルイスによってキリストの象徴として描かれたライオンである。

重要語句

📕 convey「～を伝える」 grasp「～を把握する」 representation「表象」

📑 a series of ～「一連の～」 appeals to ～「～にとって魅力がある」

選択肢の意味と解説 設問：パッセージによると、著者の物語の本来の目的の1つは何でしたか。

1 大人に、子供のように考えることを勧める ➡「大人が子供のように考える」という話はない

2 読者が魔法を理解するのを助ける ➡「魔法を理解する」という話はない

3 宗教的な概念を説明する ➡ ❶「宗教的な考えを伝える」、❷「読者が難しい概念を理解する手助けをする」とある

4 子供に文学を理解することを教える ➡「子供が文学を理解する」という話はない

　❶も❷もbut以下に主張がくる典型的な英文です。またTEAPでは、alsoで大事な内容が並列されるパターンも多く問われるので、alsoは大事な「追加情報」の目印としてチェックを入れるようにしてください。

Reading Section

Part 2C

(38) 正解 1

和訳　　　　　　　　　　　　　　　　　　　　　　　　　　　《アメリカの高等教育》

　アメリカの高等教育において、非伝統的学生とは、一般的に25歳を超える学生と定義される。①彼らはたいてい大学構内には居住せず、全日制で入学する傾向はあまりない。②仕事と家族を養う責任があることが多く、そのため勉強のために費やす時間がより少なくなる。現在、アメリカ合衆国の学生の38%が、非伝統的学生である。③国立教育統計センターは、今後数年にわたってこの数が増加すると予測している。

重要語句

　🈔　nontraditional「非伝統的な」　statistics「統計」

　🈩　define A as ～「A を～と定義する」　devote A to ～「A を～のために費やす」

選択肢の意味と解説　設問：パッセージに基づくと、多くの非伝統的学生についておそらく正しいことは何ですか。

1　彼らは学位を取るのにより長く時間がかかる ➡ ②「仕事や家族を養う責任があるので、勉強に打ち込む時間が少ない」とある

2　彼らは大学への入学を許可されにくい ➡ ①「全日制で入学する人が少ない」とあるだけで、「入学が認められる人が少ない」とは言っていない

3　彼らの成績は全日制の学生より高い ➡ 「成績」に関する話はない

4　彼らの人数は将来減少する ➡ ③「人数は増える」とある

　　消去法で解くべき問題です。ちなみに、本文の最初の文に使われているare (typically) defined as ～「～として（典型的には）定義されている」は、何かしらの用語を説明するときに使われる構文で、TEAPで頻出なので、必ずチェックしておきましょう。

(39) 正解 3

和訳　　　　　　　　　　　　　　　　　　　　　《作家兼翻訳者アマーラ・ラクース》

　作家で翻訳者のアマーラ・ラクースは、アラビア語とイタリア語の両方で執筆する。彼の2作目の小説で、①登場人物の一人である翻訳家が自分の仕事は刺激的であると述べているが、これは著者自身の意見を反映した見解かもしれない。②ラクースは、翻訳を航海にたとえる。彼は時折自分を、単語、考え、イメージ、隠喩といった財宝を携えて「言語の国境を越える」密輸業者だと考えている。

重要語句

　🈔　thrilling「刺激的な、ワクワクするような」　metaphor「隠喩」

　🈩　compare A to B「A を B にたとえる」　think of A as B「A を B だと考える」

選択肢の意味と解説　設問：パッセージによると、アマーラ・ラクースはおそらく翻訳を

1　おもしろい趣味だと感じている ➡ 「趣味」という話はない

2　ストレスの多い仕事だと感じている ➡ 「ストレスが多い」という話はない

3　ワクワクするような冒険だと感じている ➡ ①「翻訳の仕事をワクワクするものだと言っていて、著者自身の意見を反映した考え方だ」とある

4　利益をもたらす活動だと感じている ➡ 「利益になる」という話はない

❶にthrillingがあります。日本語では「スリルがある」と言うと「怖い」というニュアンスが含まれるかもしれませんが、正しくはthrilling = excitingです。今回の問題でもthrillingが選択肢**3**でexcitingに置き換えられています。さらに、❷で翻訳をa journey over the seaと言っているので、**3**のadventureがピッタリです。**1**はinterestingもhobbyも少しずつズレています。

(40) 正解 1

和訳　　　　　　　　　　　　　　　　　　　　　《ニューヨーク市の環境プロジェクト》

　ニューヨーク市のミリオンツリーズNYCプロジェクトは、市内居住者の生活の質の向上に役立つことを目的としてつくられた。都市部における樹木には非常に多くの利点があり、❶エネルギー費用を減らすことから美観を増やすことにまでわたる。樹木は陰をつくり、風をさえぎり、❷近くの建物を温めたり冷やしたりするために必要な化石燃料の量を削減する。❸都市部の樹木はまた、空気から二酸化炭素をとらえて蓄えるので、空気の質を改善するのに役立つ。

重要語句 ||||||||||||||||||||||||||||||||||||||||||||||||||||||||||||||||||||||||||||||||||||||||

　語　numerous「非常に多くの」　fossil fuel「化石燃料」　carbon dioxide「二酸化炭素」

　句　be designed to ～「～を目的としてつくられている」

選択肢の意味と解説　設問：パッセージに基づくと、ニューヨーク市の居住者がプロジェクトから予測できる結果の1つは何ですか。

1　よりきれいな空気 ➡ ❸「木のおかげで空気の質が改善される」とある

2　よりよい輸送機関 ➡ 「輸送機関」の話はない

3　より少ない風の強い日 ➡ 「風が強い日」の話はない

4　より高い暖房費 ➡ ❶「エネルギーコストを減らす」、❷「温めたり冷やしたりするのに必要な化石燃料の量を減らす」とあるので、「暖房費」は安くなるはずである

　(37)の問題同様、❸にあるalsoに注目してください。ここに注目できれば一撃で解けてしまいますね！

Part 3A

正解　(41) **4**　(42) **4**　(43) **3**　(44) **1**

和訳

エミリー・ディキンソン

　エミリー・ディキンソンは、アメリカの最も有名な詩人の1人である。しかし、彼女はその生涯において、詩よりもむしろその (41) 風変わりな生活様式で人々に知られていた。❶<u>ディキンソンはほとんどいつも白い服を着ていたし、大学に行っていた短期間を別にすれば、めったに自宅を出なかった。</u>彼女はそこでおよそ 2,000 編もの詩を書いたのだ。

　ディキンソンが自宅で長い時間を過ごすことについてはいろいろなことが言われている。しかし、彼女のことを、(42) 人々と交流するのを避けた人物と見なすのは不当である。❷<u>実のところ、ディキンソンは 100 人あまりの友人に定期的に手紙を書き、家を訪れたさらに多くの人々とも会っていたのだ。</u>自分の思うがままにではあるが、ディキンソンは実は他人とコミュニケーションを取ることを楽しんでいたようだ。

　ディキンソンの詩のほとんどは彼女が亡くなった後まで出版されなかったので、研究者は彼女の作品について多くの疑問を抱えている。ディキンソンは詩に日付を書かなかったし、紙きれや封筒の裏など目につくものほぼすべてに書いたり書き直したりした。(43) 結果として、どの草稿を最終稿と見なすべきかについて、多くの人々の意見が一致していない。

　ディキンソンの詩の素晴らしさの1つは、その風変わりな句読点と巧みな言葉遊びにある。彼女の死後、家族は、以前は見られていなかった彼女の作品を出版する助けをした。しかし、これらの詩に取り組んだ編集者は、(44) 彼女の作品を大幅に変えた。❸<u>これは、作品を従来の句読点のルールに合わせるためだった。</u>❹<u>かなり後の 1950 年代になって初めて、書かれていたままに示されている多くの詩をまとめたものが公開された。</u>現在、人々は彼女がそれらを書いた紙きれすら見ることができる。

重要語句 ▨▨▨

語 date「〜に日付を書く」 punctuation「句読点」

句 apart from 〜「〜は別として」 much has been made about 〜「〜についていろいろと言われている」 pass away「亡くなる」 in part「一つには、一部分において」

(41) **1** 学術講演　　　　　　　　　　　**2** 有名な両親
　　　3 ノンフィクションの著作　　　　4 風変わりな生活様式

> 　空所の後の❶がヒントで「いつも白い服を着ていた。めったに家から出なかった」とあるので、この文脈に合うのは、**4** unusual lifestyle です。消去法で選んでもいいでしょう。

(42) **1** 独力で書く　　　　　　　　　　**2** 独力で勉強する
　　　3 他人を助ける　　　　　　　　　4 人々と交流する

> 　not A but B「A でなく B だ」という形は有名です。しかしこのバリエーションの not A. In fact B.「A でない。そうではなく実際は B だ」という形はあまり注目されないのですが、ものすごく重要です。空所を含む文に unfair があり、これが not の変形です。そ

れに呼応して空所直後の❷がIn factで始まっています。not A. In fact B. という形において「AとBは逆の意味」になるはずです。❷は「手紙を書いたり、多くの人と会った」とあるので、空所を含む文はこれと逆の内容になるということです。空所直前のavoidedと合わせてavoided interacting with peopleで、「人と接触しない」となります。

(43) **1** そのうえ　　**2** 最近　　3 結果として　　**4** さらには

　TEAP頻出の「接続副詞」を問う問題です。空所の前は「紙くずや封筒の裏など何にでも詩を書いた」、空所の後は、「どれが最終版か意見が食い違う」とあるので、「因果関係」を表す **3** のAs a resultが適切です。他の選択肢も大事なので確実にチェックしておきましょう。

(44)　1 彼女の作品を大幅に変えた　　**2** 彼女の作品を研究者と話し合った
　　3 たった数編の詩を出版した　　**4** ディキンソンにそれまで会ったことがなかった

　空所直後で、❸「これは、そういった詩を従来の句読点のルールに合わせるため」とあり、さらに❹で「後になって、書かれたままに提示された」とあるので、それまでは「変えていた」ということです。

正解 (45) **2**　(46) **2**　(47) **4**　(48) **2**

和訳　　　　　　　　　　　　　　　　遠隔ロボット手術

　遠隔ロボット手術のおかげで、医師は遠くの病院にいる患者の治療を手伝うことができる。❶過去には、医師はこの技術を使って観察し、実際に患者と一緒にいる外科医に助言を与えていた。しかし、この技術の (45) 範囲は変わりつつある。❷今や、遠くにいる医師は、直接手術に参加できるのだ。これは、患者がほとんど医師のいない僻地にいる場合は、とりわけ役立つ。

　この手術は「ロボットの」手術と呼ばれるものの、❸機械自体はいかなる決定もしない。機械はすべて (46) 人間からの入力データが必要なのだ。❹外科医が、手術を行うのに用いられる用具を操作する。ロボットが独力で実際の手術を行う可能性は、まだずっと先のことだと考えられている。

　一部の専門家は、医師が患者と同じ室内にいるときでも、ロボットが手術のために使われるべきだと考えている。どうやらこれらの機械のおかげで、外科医は (47) より正確になるようだ。❺たとえば、ある調査によると、医師は自ら手術道具を手にするときよりも、ロボットを操作するときのほうがはるかに正確に手術を行ったことが明らかになった。医師がロボットを使ったときのほうが、到達しづらい部分に達するのがより簡単だった。

　医師がこれらのロボットの使用に熟達するには、相当な量の訓練を要する。❻外科医が初めて患者にそれらを使用するとき、彼らはよりいっそうゆっくりと手術を遂行する傾向がある。(48) 結果として、❼ロボットを使う手術は、従来の手術より多くの時間がかかることがある。場合によっては、この延長時間が手術の最中や後に問題を引き起こす。しかし、もっと訓練すれば、外科医はよりいっそう容易にロボットを使えるようになるので、多くの専門家は、時間の経過とともに遠隔ロボット手術はより一般的になると考えている。

重要語句 ‖‖‖

- 語　surgeon「外科医」　procedure「手術」　proficient「熟達した」
- 句　allow 人 to ~「人が~することを可能にする」　take part in ~「~に参加する」
　　far off「ずっと遠くに」

(45)　**1** 費用　　　2　範囲　　　**3** 理解　　　**4** 欲求

　　空所の前後で変化しているものが何かを把握する問題です。空所前の**①**ではIn the past、空所の後の**②**ではNowがきて、「過去と現在が対比」されています。「この技術を使って昔していたこと」と比べて、「今できること」の範囲が広がっているという内容から、**2** scope「範囲」を選びます。

(46)　**1** デザイナー　　　　　　　　　2　人間からの入力データ
　　3 複数のオペレーター　　　　　**4** 適格な患者

　　❸「機械は自分で決定を下さない」とあるのが大きなヒントです。さらに、空所直後の**❹**もヒントになります。"A + 名詞"で始まる文は「たとえば、名詞を思い浮かべてみてください。その名詞は~」というニュアンスがあり、「具体例」を表します。この知識はかなり重宝するはずですから、ぜひこの機会に知っておいてください。

(47)　**1** 出費を削減する　　　　　　　**2** もっと休みを取る
　　3 痛みを和らげる　　　　　　　4　より正確になる

　　空所直後の**❺**はFor exampleがあるので「具体例」だとすぐにわかりますね。**❺**後半のgreater accuracyは、正解の**4**でbe more preciseに言い換えられています。

(48)　**1** 等しく　　　2　結果として　　　**3** 逆に　　　**4** 最後に

　　(43)同様、「接続副詞」の問題です。空所直前の**❻**では「ゆっくり手術を終える」とあり、空所直後の**❼**では「従来の方法より時間がかかる」という流れなので、**2**のConsequentlyが正解です。**1**のEquallyがやっかいですが、これは別の事象を「同じように」と言いたいときに使うので、「手術の時間」についてしか述べていない今回の文脈ではアウトです。

Part 3B

正解 (49) 3　(50) 4　(51) 4　(52) 2　(53) 2　(54) 4

和訳　　　　　　　　　　写真分離派運動

　写真を撮る目的とは何だろう？ 主に現実を記録することなのだろうか。それとも芸術作品を創り出すことなのか。誰でもたやすくどちらか一方に賛成して、その意見を支持するたくさんの例を見つけられるだろう。少なくとも絵画と比べれば、世界を表現する方法としては比較的新しいため、写真は時間とともに変化し、進化し続けてきた。今日、プロのカメラマンは、スマートフォンで上手く撮れるつもりになっている素人をあざ笑うかもしれない。しかし、写真をめぐる議論は目新しいものではない。実際、1800年代末ごろの手持ちカメラの導入は、プロのカメラマンから似たような反応を招き、その結果、写真分離派運動として知られるようになった現象を引き起こした。

　写真分離派は「ピクトリアリズム」と呼ばれる運動から起こったもので、これは19世紀後半に始まり、写真を芸術として広めようと意図したものだった。　ありふれた手持ちカメラで撮ったスナップ写真と自分の作品を区別するために、ピクトリアリストはソフトフォーカスや照明と質感の操作など、複雑な写真技術を用いて、写真を絵画のように見せた。彼らはネガすらも引っ掻いたり、上にペイントしたりして変えることがあった。ピクトリアリストは主に肖像写真に関心を持っており、自らの作品をロマン主義的なテーマの表現とみなした。

　20世紀初頭に、ピクトリアリストのカメラマンであるアルフレッド・スティーグリッツと数人の仲間が、彼らがメンバーであった写真グループのニューヨーク・カメラ・クラブから脱退した。彼らは、新しくてよりピクトリアリストな方向、つまり「写真分離派」運動に手を広げる理由として、クラブの伝統的な態度を引き合いに出した。スティーグリッツは、この名前が「写真を構成しているものは何かという社会通念から分離すること」を示していると語ったと伝えられている。

　スティーグリッツは運動の会員について、招待者限定という厳しい規制を保った。それはアメリカの団体であったが、展覧会には一部のヨーロッパ人も含まれていた。クラブはその排他性にも関わらず、成功への道のほとんどが女性に対して閉ざされていた時代において、20世紀の最も有名な肖像写真家となったガートルード・ケーゼビアのような多くの女性芸術家がいたことで有名だった。スティーグリッツは『カメラ・ワーク』という雑誌を創刊して、ニューヨーク市にギャラリーを開き、その両方でメンバーの作品を展示した。ギャラリーは重要なスペースであり、最終的には写真だけでなく一流の画家の作品も展示したが、その中にはピカソやセザンヌのアメリカ初の展示などもあった。

　やがて、写真分離派運動は解散した。一部のメンバーは、作品をより絵画のように見せるためにネガを変えることは、写真そのものの芸術性と相反すると感じた。運動はもはやなくなったものの、ニューヨーク・ギャラリーは1917年までオープンしていた。しかし、メンバー間の美学上の目標の相違は、運動の解散における唯一の要因ではなかった。スティーグリッツの激しい気性に関する問題の報告が多数あった。彼は、傲慢で横柄だと思われていたのだ。

　実に興味深いのは、運動の名前に示されている「分離」が伝統と慣習の拒絶を意図していたにも関わらず、分離派のピクトリアリストは実際には肖像画の伝統と慣習を採用していたことだ。彼らは、運動に属するために、独自の非常に狭い基準を厳しく強制していた。グループの定義は限定的であったかもしれないが、運動そのものは芸術形式としての写真の発展における重要な一歩であり、結果としていくつかの素晴らしい作品につながった。

Reading Section　Part 3A　Part 3B

重要語句

語 relatively「比較的」 evolve「進化する」 negative「(写真の) ネガ」 secede「分離する」 exclusivity「排他性」 contradict「相反する」

句 scoff at ~「~を馬鹿にする」 break away from ~「~から抜け出す」 be quoted as saying that ~「~と語ったと伝えられている」 break up「解散する」

(49) **正解** 3　手持ちカメラの発明以来、正しいものはどれですか。

1 アマチュアのカメラマンは、必要な機材を持つ余裕がよりない ➡ 「アマチュアのカメラマンが機材を買う余裕がない」という話はない

2 多くのアマチュアのカメラマンの技術は、プロのそれに匹敵する ➡ 「アマチュアのカメラマンの技術がプロのカメラマンに匹敵する」という話はない／❶「プロのカメラマンはアマチュアのカメラマンをあざ笑う」とある

3 プロのカメラマンは、自分たちと素人を区別する必要を感じている ➡ ❶「プロのカメラマンはアマチュアのカメラマンをあざ笑う」、❷「手持ちカメラが導入されて、似たような反応があった」とある。また、❹「ありふれた手持ちカメラで撮った写真と自分たちの作品を区別するために」とある

4 大部分のプロのカメラマンは、現実を記録することを重視している ➡ 「プロのカメラマンが現実を記録することを重視していた」という話はない

ポイント

　設問文のsince the invention of the handheld cameraに注目して、該当箇所を探すだけです。まずは❷が目に入り、❷のa similar reaction from serious photographersの内容を、その2文前の❶に求めればOKです。ちなみに、この❶と❷の間に、the debate surrounding photography is not new. In fact, ~ という、(42)で出てきたnot A. In fact B. の形が使われています。

(50) **正解** 4　ピクトリアリストについて何がわかりますか。

1 彼らは、肖像写真を試みた初のカメラマンだった ➡ ❺「主に肖像写真に興味があった」とある／このprimarilyは「主に」という意味。「最初に肖像写真を撮ろうとした」かどうかは不明

2 彼らは、一般の人々が自分の芸術的才能を発見するのを奨励した ➡ 「一般の人々が自分たちの才能を発見する」という話はない

3 彼らの意見は、ニューヨーク・カメラ・クラブのそれに合致していた ➡ ❻「ニューヨーク・カメラ・クラブとたもとを絶つ」とあるので、考え方は一致していなかったはずである

4 彼らの目的は、写真を純粋な芸術として広めることだった ➡ ❸「写真は素晴らしい芸術作品だということを普及させる目的だった」とある

ポイント

　該当箇所を探すだけで特に難しい問題ではありませんね。ちなみに、❸のaimedは動詞で、正解の**4**で使われているaimは名詞です。

(51)　**正解** 4　なぜ、ガートルード・ケーゼビアについて言及されていますか。

1　彼女の作品が、アルフレッド・スティーグリッツの作品に影響を与えたから ➡「彼女の作品がスティーグリッツの作品に影響を与えた」という話はない

2　彼女は、ニューヨーク・カメラ・クラブの会員になるのを断られたから ➡「ニューヨーク・カメラ・クラブの入会を断られた」という話はない

3　ピクトリアリストが用いた技術を批評するため ➡「ピクトリアリストが使っていた技術を批評する」という話はない

4　会員に対するクラブの非伝統的な考えを強調するため ➡ ❼「グループの排他性にも関わらず、大半の成功への道が女性には閉ざされていた時代にケーゼビアのような多くの女性がいたことで有名だった」とある

　❼でsuch as Gertrude Käsebierとあるので、何かの例としてこの人物名を出しているのがわかりますね（*A* such as *B*は「*B*のような*A*」で、*B*が具体例になる）。よって、such asの前が大きなヒントとわかります。ただし、この❼の文は、ダッシュを使っているので、後半のダッシュの後のduring an era when most avenues to success were closed to womenもしっかり読み込まないといけません。

(52)　**正解** 2　『カメラ・ワーク』の目的は何でしたか。

1　ピクトリアリストの技術を説明すること ➡「技術を説明する」という話はない

2　ピクトリアリストの写真を発表すること ➡ ❽「会員の作品を展示した」とある

3　写真に関する仕事を公募すること ➡「写真に関連する仕事を公募する」という話はない

4　写真を展示しているアート・ギャラリーのリストを作ること ➡「ギャラリーのリストを作る」という話はない／❽の後の文にdisplayという単語があるが、galleryの話なので質問に合っていない

　❽で使われているshowcaseは「展示する・発表する」で、正解の**2**ではpublishと言い換えられています。

(53)　**正解** 2　写真分離派運動の終焉につながった1つの要因は

1　ギャラリーの展示スペースの不足 ➡「ギャラリーの展示スペースが不足している」という話はない

2　スティーグリッツの気難しい性格 ➡ ❾「スティーグリッツの気性に関する問題の報告がたくさんある」、❿「彼は傲慢で横柄だと思われていた」とある

3　写真を上回る、絵画に対する需要 ➡「写真よりも絵画の需要があった」という話はない。❾の3文前にpaintingsとphotographyが出てくるが「需要」の問題ではない

4　絵画を定義する基準がゆるいこと ➡「基準がゆるい」という話はない

⑨のtemperamentは「気質・気性」という意味で、その後の⑩でその性格が詳述されています。正解の**2**ではdifficultが⑩の内容を表し、temperament がpersonalityと言い換えられています。

⑸⑷　**正解** 4　筆者は、写真分離派運動をどのように結論づけていますか。

1　彼らの成功を助けた芸術家に制限を設けた ➡「芸術家に制限を設ける」という話はない／⑪「グループの定義が限定的だった」とあるだけ

2　ヨーロッパの運動より伝統的だった ➡「ヨーロッパの運動との比較」の話はない

3　時代の真の精神を表せなかった ➡「その時代の精神を表す」という話はない

4　写真が芸術として発展するのを助けた ➡ ⑫「運動は写真が芸術として発展することにおいて重要な一歩だった」とある

　⑫ではimportantという単語が使われています。あまりに簡単な単語なので、特に注目しない人が多いのですが、「大事な」と言っているわけですから、当然そこは大事な内容であり、今回のように解答の該当箇所になることはよくあります。普段から、本文で出てきたimportantには必ずチェックをつけるようにしましょう。

正解 (55) 2 (56) 4 (57) 1 (58) 3 (59) 2 (60) 4

和訳　　　　　　　　　　　　　予防接種は安全か

　世界保健機関によると、予防接種によって世界中で伝染病の数はかなり減った。もし麻疹（はしか）の予防接種が提供されなかったら、毎年270万人もの人々がこの病気のために死亡する恐れがある。❶実は、世界中でワクチンより多くの病気を防ぐのは、清浄な飲料水だけだ。❷貧困率の高い発展途上世界の国ではしばしば、より経済的に発展した国より予防接種プログラムの提供が少ない。たとえば、アフリカ諸国では多くの子供たちが麻疹で死亡するが、❸一方先進諸国では、1967年に導入されたワクチンのおかげで、麻疹は1990年代までには効果的に排除された。❹図1は、イングランドでの麻疹の症例を示している。しかし、❺1998年にイングランドで始まりヨーロッパと北米の先進諸国に広がった反予防接種運動の高まりにより、近年、麻疹のみならず、ワクチンで予防できるもう1つの病気であるおたふく風邪も増加している。

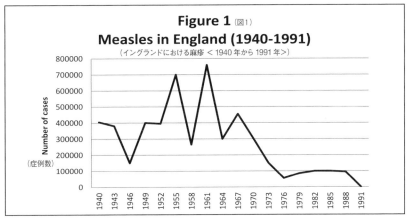

Figure 1 (図1)
Measles in England (1940-1991)
（イングランドにおける麻疹 ＜1940年から1991年＞）

　1998年に、❻アンドリュー・ウェイクフィールドという英国の医師が、ランセット医学専門誌に、子供における、MMRワクチンと精神疾患である自閉症との関連性を主張した研究を発表した。MMRとは、予防のためにワクチンが開発された3つの病気である麻疹、おたふく風邪、風疹のことである。❼この論文はヨーロッパと北米の親たちを怯えさせ、❽その多くは子供にMMRワクチンを接種させることを拒否し始めた。❾一部のアメリカの有名人が反予防接種の見解を公表して、運動に人気と認知度を与えた。予防接種率が下がるにつれて麻疹の報告症例は増え、2011年には30あまりのヨーロッパの国々で増加を記録した。2014年初頭には、アメリカ合衆国の20州で554件の麻疹の症例が確認された。2008年から2014年の間に、アメリカ合衆国、カナダ、ドイツ、アイルランド、スペイン、ポルトガルで、予防接種率がより高かった以前の期間に比べてより多くのおたふく風邪の発生があった。

　結局わかったことは、親はMMRワクチンを恐れるべきではなかったということだ。ウェイクフィールドの研究は虚偽のデータで満ちており、おおいに信用を落とした。2010年に、ランセット誌は研究を完全に撤回し、公的な記録から削除した。MMRワクチンの安全性を評価するために多くの調査が実施され、それらすべてがワクチンと自閉症の間になんら関連はないと結論付けた。しかし、反予防接種運動は根づいてしまっていた。❿子供に予防接種をさせないことを選択する親は、病気がまれで、予防接種をした人数が、自分の子供がそのような病気にかかるのを防ぐのに十分であると思うことが多い。⓫「集団免疫」と

いう言葉は、十分な人数が予防接種を受けることだけで、いかに病気が蔓延するのを防げるかを表すのに用いられる。しかし、集団免疫には、人口の80%を超える予防接種率が必要なのである。反予防接種運動のせいで、欧米の一部の地域はそのような高い割合に達していないのだ。

⑫予防可能な病気がなぜ最近西欧諸国で増えたかという質問に対し、一部の科学者は、西洋諸国と発展途上国との間の旅行の増加、人口密度の高い都市の生活状況と、免疫系が弱った一部の人々はワクチンを耐えたり接種したりできないことなど、さらなる要因を指摘している。⑬しかし、科学者の大半は、予防接種を受ける子供の数を減らしたので、反予防接種運動が病気の増加の主な原因であるということで意見が一致している。

⑭ワクチンによって軽度の副作用が出る子供はいるものの、重度の副作用はまれで、自閉症はその１つではない。アメリカ合衆国では、予防接種の有益な効果に対する重度の副作用の比は、守られる命が４万人に対して重度の副作用を引き起こすのはおよそ１人である。別の調査では、アメリカ合衆国で1994年から2013年に行われた小児期の定期予防接種が、73万2000人の命を救い、3億2200万の病気の症例を防ぐことがわかった。⑮これらの数は、小児期の予防接種について説得力のある根拠を示している。

重要語句 //

語 vaccination「予防接種」 infectious disease「伝染病」 measles「(複数形で) 麻疹」 mumps「(複数形で) おたふく風邪」 autism「自閉症」 rubella「風疹」 visibility「認知度」 discredit「〜の信用を落とす」 immune「免疫」 side effect「副作用」

句 as it turns out「結局わかったことは」 take root「根づく」

---

(55) **正解** 2　**パッセージを最もよく要約しているのは、どの記述ですか。**

1　予防接種プログラムは、より貧しい国に比べて先進諸国でより一般的だ ➡ ❷から本文とは一致するが、これが主要な部分ではない

2　予防接種についての誤った思い込みが、先進諸国で病気の増加につながった ➡ ❼～❾などから「間違った情報によってワクチンを使わなくなり、その結果病気が増えた」と言える

3　清浄な水の利用が限られている発展途上国では、より多くの予防接種を必要とする ➡ ❶～❸から推測できるが、パッセージの要約とは言えない

4　反予防接種運動は、より貧しい国でのワクチンの供給の減少につながった ➡ ❺反予防接種運動によって、先進国での病気が増加したとしか述べられていない

　少し難しい問題です。best summarizes「一番よく要約する」とあるので、**1**のように、本文にそのことが書いてあっても (事実であっても)、英文全体の要約・重要部分でないことは誤答になります。
　また、**4**は因果表現を使ったひっかけです。前半部分 (原因の部分) は❺と同じですが、has led to以下の部分 (結果の部分) の内容がまったく違いますね。❺は「先進諸国での病気の増加」で、**4**は「発展途上国のワクチン減少」になっています。

---

(56) **正解** 4　**図1の情報を用いて示せることは**

1　反予防接種運動の影響 ➡ ❺「反予防接種運動は1998年に始まった」とある／グラフは1991年までしか示していない

2 貧困と麻疹の関連 ➡ ❹「グラフはイギリスの事例」であり、イギリスは先進国の例

3 ワクチンの使用に関するさらなる研究の必要性 ➡「ワクチンのさらなる研究の必要性」についての話はない／❸「1967年にワクチンを導入」し、グラフを見ても1967年以降、麻疹が減りほぼ横ばいであることから、さらなる研究の必要性があるとは言えない

4 予防接種の効果 ➡ ❸「先進国では1967年のワクチンの導入のおかげで、麻疹がなくなっている」とあり、❹「イングランド」はその具体例になっている

　図についての設問ですが、図だけでなく、必ず英文も照らし合わせながら読む姿勢を忘れないようにしましょう。

---

(57) **正解** 1　パッセージによると、アンドリュー・ウェイクフィールドが重要である理由は

1 彼の書いた論文 ➡ ❻「アンドリュー・ウェイクフィールドが学術雑誌で研究を発表した」とある／❼でThis articleという表現も使われている

2 彼の創刊した雑誌 ➡「学術雑誌を創刊した」という話はない

3 彼の発見した病気 ➡「ウェイクフィールドが病気を発見した」という話はない

4 彼が開発したワクチン ➡「ウェイクフィールドがワクチンを開発した」という話はない

　すごく簡単な問題なので、特に困ることはないでしょうが、正解の **1** に出てくるarticleは重要な多義語で、「journal（専門誌）においてstudy（研究）が発表された」という文脈より、ここでは「論文」という意味になります。

---

(58) **正解** 3　筆者が「集団免疫」という言葉を用いて説明しているのは

1 ランセット誌の研究がかなりの注目を浴びた理由の1つ ➡「Lancetの研究記事が注目を浴びた」という話はない

2 より多くの人々に予防接種を受けるよう促す1つの方法 ➡「もっと多くの人にワクチンを受けるように奨励する」という話はない

3 一部の親が、子供に予防接種を受けさせないために述べる理由 ➡ ⓫「予防接種をした人が十分にいるというだけの理由で、どのように病気を防げるのかを説明するために使われる」とある。また、❿「自分の子供が病気にかからないほど十分に予防接種をした人がいると考えている」とある

4 西欧諸国における予防接種の効果についての最近の発見 ➡「集団免疫」が「ワクチンの効果に関する最近の発見」ではない

　⓫でも設問文でも使われているtermは「用語」という重要単語です。TEAPではこのように、英文中に出てくる用語の意味がよく問われます。常に「この用語はどういう意味か」を意識しながら読む習慣をつけましょう。

⑸ **正解 2**　第4段落を最も裏付けているのは、次のうちのどの記述ですか。

1 西欧諸国では、人口の予防接種率は概して増えている ➡ ⓭「その運動によって予防接種をする子供が少なくなった」とある

2 先進諸国とより貧しい国の間の旅行は、病気の蔓延に関与している ➡ ⓬「病気が増えた原因として、西洋の国と発展途上国間を旅行することが増えたことなどがさらなる要因だと指摘する科学者もいる」とある

3 人口密度の高い都市部の生活状況のため、予防接種が簡単に広まる ➡「ワクチンが簡単に広まる」という話はない／⓬のcontributingという単語と選択肢のdistributedを勘違いして混同しないこと。「人口密度の高い都市部の生活状況」によって増えたのは、「予防可能な病気の発症」

4 ほとんどの科学者は、予防接種だけでは予防可能な病気の蔓延を減らせないということに同意している ➡「ワクチンだけでは病気が広がるのを防げない」という話はない／⓭に most scientists agree that ～とあり、選択肢にも同様の表現があるが、that節の中身が一致しない

　　今回は⓬でも、正解の**2**でもtravelという同じ単語が使われている（語彙の置き換えがない）ので、かえってあやしそうに思えますが、しっかり読み込めば同じことを言っているとわかるので、これが正解です。

⑹ **正解 4**　結論として、筆者が暗示しているのは

1 小児自閉症がまだいくつかの予防接種に関係している可能性があるかを決定するために、さらなる研究をする必要がある ➡ ⓮「副作用はあるが、深刻なものは少ない。自閉症はその中に含まれていない」とある

2 政府が小児期の予防接種について意思決定をする際は、その利点よりも副作用に関してより考慮しなければならない ➡「政府が決定を下す」という話はない

3 親は、子供に予防接種をするべきかどうかについて、情報に基づいた決定をするのに十分な科学的情報を持っていない ➡ 第5段落全体の内容から「科学的な情報はある」と言える

4 予防接種を受けることでいくらかのリスクはあるものの、それによって救われる命の数のほうが上回る ➡ 第5段落全体の内容から「副作用はあるが、深刻なものは少数」「ワクチンによって多くの命が救われ、多くの病気を防ぐことができている」とある。さらに⓯「こういった数字が子供が予防接種をする根拠を示している」とある

　　正解の**4**の内容をしっかり理解できる力が必要です。outweighは、S outweigh O.「SはOより重い」→「SはOにまさる」と使われます。**4**ではさらにこれが受動態になって、O is outweighed by S. となっていますが、もともとの「S＞Oの関係」は同じです。つまり「the number of livesのほうが、this（リスクがあること）よりまさる」という意味になります。

🎧 Listening Section 🔊

Part 1A

No. 1　正解 3

放送英文　　　　　　　　　　　　　　　　　　　　👤: man 👤: woman

👤 I guess our psychology experiment is all ready.

👤 ₁Except for the volunteers. We still need to find people to do the tasks.

👤 Right. Should we just ask our friends?

👤 ₂I don't think the group would be very random that way. It would be better to put up some ads and try to recruit people.

👤 OK. But why would people we don't know spend their time helping us?

👤 Maybe we can offer some sort of reward.

👤 But ₃we can't afford to give them anything nice.

👤 I think some professors provide ₄extra credit for study participants— ₅Maybe we should talk to Dr. Simpson and see if that's possible.

Question: What do the students still need for their experiment?

重要語句

語 reward「報償、謝礼」　extra credit「(授業の)追加得点」　　句 put up ads「広告を出す」

放送英文の和訳　　　　　　　　　　　　　　　　　《心理学の実験の準備》

👤 心理学の実験の準備はすっかり整ったと思うよ。

👤 ₁ボランティアを除いてね。まだ、課題をこなす人を見つける必要があるわ。

👤 そうだね。友達に頼んじゃったほうがいいかな？

👤 ₂それだと、グループがあまりランダムにならないと思うの。広告を出して、人を募集してみたほうがいいと思うわ。

👤 わかったよ。でも、知らない人が僕たちを手伝うために時間をさいてくれるかな？

👤 何か謝礼を提供したほうがいいかもね。

👤 でも、₃何かいいものをあげる余裕はないよ。

👤 調査の参加者に授業の₄追加得点を与える教授もいるわよね？ ₅シンプソン博士に話して、可能かどうか聞いてみるといいかもね。

設問：学生が、実験のためにまだ必要なものは何ですか。

選択肢の意味と解説

1　参加者に支払うお金 ➡ ₃お金を払う余裕はない／₄₅あげるのは extra credit「追加得点」

2　彼らが知っている人々からの援助 ➡ ₂友人だとランダムな人選にならない

3　ボランティアをすることをいとわない人々 ➡ ₁課題をこなすボランティアは必要

4 彼らの教授からの承認 ➡ ❹❺教授に確認するのは extra credit に関すること

 ポイント

　本文❶の except for ～ は「～を別にすれば」という「除外」を表します。Questionには still「まだ」があるので、「準備ができているものとできていないもの」を区別しながら聞く必要があります。

No. 2 　正解 **1**

放送英文　　　　　　　　　　　　　　　　　　　　　🧑: woman　🧑: man

🧑 Hey, Jason. I missed our international relations class today. Did we do anything important?

🧑 Actually, we talked about the group project.　❶The professor gave us a list of topics and ❷passed around a sign-up sheet for forming groups.

🧑 A sign-up sheet? You mean the groups and topics have already been decided?

🧑 Mostly, but a few other people were absent, too.　❸I'm with Rachel and a guy you don't know named Alan. There's a maximum of three people per group.

🧑 Oh, no! ❹I wanted to be in your group. I hope I won't get stuck with people I ❹don't know.

🧑 It could happen. Be sure to attend class next week.

Question: What was the girl unable to do?

重要語句 ‖‖‖

🔤 international relations「国際関係論」　句 get stuck with ～「～から逃れられなくなる」

放送英文の和訳　　　　　　　　　　　　　　　　　　　《欠席してしまった授業》

🧑 ねえ、ジェイソン。今日、国際関係論の授業に出られなかったんだけど。何か大事なことはあった？

🧑 実はグループ・プロジェクトについて話したんだよ。❶教授が僕たちにテーマのリストをくれて、❷グループをつくるための登録用紙を順にまわしたんだ。

🧑 登録用紙？ じゃあ、グループもテーマももう決定済みっていうことなの？

🧑 ほとんどはね。でも他にも 2、3 人欠席者がいたよ。❸僕はレイチェルと、きみが知らないアランっていうやつと一緒だよ。1 グループは 3 人までなんだ。

🧑 そんな！ ❹あなたのグループに入りたかったわ。知らない人たちと組む羽目にならなければいいけど。

🧑 ありえるね。来週は必ずクラスに出席しなよ。

設問：女性ができなかったことは何ですか。

Listening Section

Part 1A

1　グループ・プロジェクトに登録する ➡ ❹グループには入っていない／ sign up for ~ は「~に申し込む、参加を決める」と言う重要熟語

2　レイチェルとアランに連絡する ➡ ❸ 2 人はジェイソンが組むグループのメンバー

3　テーマのリストを作る ➡ ❶リストは教授が配布したもの

4　彼女のプロジェクトレポートをまわす ➡ ❷まわされたのは a sign-up sheet

 ポイント

　今回のように、RachelとAlanなど話し手以外の固有名詞がいくつも出てくるときはかなり混乱するので、メモを取りましょう。その際、「イニシャルで書く」とか、「話し手（リスニングで会話している人）の名前ならメモの上の方に書く」などとあらかじめ決めておくと、かなり効率よくメモが取れるようになります。

No. 3　正解 4

放送英文　　　　　　　　　　　　　　　　　　　　　　　🧑: man　👩: woman

🧑 Thank you so much for agreeing to this interview, Ms. Miyashita.

👩 You're welcome, Henry. What did you want to talk about?

🧑 Well, I'm studying Japanese foreign policy, so meeting with a Japanese diplomat seemed like a good idea for my research project.

👩 I see.

🧑 ❶I was hoping we could talk about how Japanese foreign policy has evolved over the past couple of decades.

👩 OK. I've been a diplomat for 23 years now, so I should be able to talk about the period you're interested in.

🧑 Great.

Question: What does the student want to discuss?

重要語句

語　foreign policy「外交政策」　diplomat「外交官」　research project「研究課題」

放送英文の和訳　　　　　　　　　　　　　　　　　　　　　《外 交 官 へ の イ ン タ ビ ュ ー》

🧑 このインタビューに応じていただきありがとうございます、ミヤシタさん。

👩 どういたしまして、ヘンリー。何について話したかったのですか。

🧑 ええと、僕は日本の外交政策を研究しているので、日本の外交官の方にお会いできれば研究課題に役立つように思えたのです。

👩 なるほど。

🧑 ❶過去 20 年間に日本の外交政策がどのように発展してきたかについてお話できたらと思っていました。

👩 わかりました。私が外交官になって 23 年ですから、あなたが興味のある期間につ

いてお話しできるでしょう。
🧑 よかったです。

設問：学生は、何を話し合いたいですか。

選択肢の意味と解説

1 女性が外交官になると決めた理由 ➡ 「外交官になった理由」ではなくJapanese foreign policy「日本の外交政策」について知りたい

2 外交官の職につく方法 ➡ 男性の発言にdiplomat「外交官」が出てくるが「どうやって職を得たか」については話題になっていない

3 彼が日本に関する情報を得られる場所 ➡ Japaneseが3度出てくるがinformation about Japanについては出てこない

4 日本の外交政策がどのように発展してきたか ➡ ❶「日本の外交政策がどう変わったか」について話したがっている

 ポイント

この問題は、典型的な選択肢の作りで、本文の単語をそのまま使うのではなく、「言い換え」られています。talk about⇒設問文でdiscussに、has evolved⇒選択肢**4**でhas developedに言い換えられています。

No. 4　正解 3

放送英文　　　　　　　　　　　　　　　　　　🧑: woman 🧑: man

🧑 Excuse me, Professor Faber, do you have a moment?

🧑 Sure. How can I help you, Hiromi?

🧑 ❶When I'm registering for classes and I see "service learning" by the course name, ❷what does that mean?

🧑 ❸It means volunteering is one of the requirements for the class.

🧑 How many service-learning classes do I have to take?

🧑 Three, before you graduate.

🧑 Can you give me an example of what students do?

🧑 For my Introduction to Sociology course, students help in the community. One student volunteered at a local job-skills training program. ❹She was an assistant in the computer skills class there.

🧑 I see. Thanks.

Question: What are the professor and student discussing?

重要語句

語　service「奉仕」　requirement「必要条件」　introduction「入門」

Listening Section

Part 1A

放送英文の和訳 《奉仕学習》

👤 すみません、フェーバー教授、今ちょっとよろしいでしょうか。

👤 いいとも。何かな、ヒロミ？

👤 ❶履修登録をしていると、コース名のわきに「奉仕学習」とあるのですが、❷どういう意味なのでしょうか。

👤 ❸ボランティア活動が授業の必要条件の 1 つだという意味です。

👤 私は奉仕学習の授業をいくつ受講する必要があるのでしょうか。

👤 卒業するまでに 3 つですね。

👤 学生がどういったことをするのか、例を挙げていただけますか。

👤 私の社会学入門コースの学生は地域の手助けをしています。ある学生は、地元の職業技能研修プログラムでボランティアをしました。❹彼女はそこのコンピュータ技能クラスのアシスタントでした。

👤 わかりました。ありがとうございます。

設問：教授と学生は、何について話していますか。

選択肢の意味と解説

1 クラスの履修登録方法 ➡ ❶登録をしているところなので「登録方法」は話題にならない

2 地域の奉仕活動の利点 ➡ community や service という単語は出てくるが、community service「地域の奉仕活動」の利点については話題になっていない

3 一部のクラスのための特別な必要条件 ➡ service learning について、❷「どういう意味？」⇒ ❸「その授業ではボランティア活動が必要ということ」と答えている

4 コンピュータ技能を向上させる方法 ➡ ❹computer skills というフレーズは出てくるが improve「向上させる」とまでは言及していない

😀 **ポイント**

「(相手が知らない)単語・事象を説明する」重要パターンです。こういう問題では、❸のように、mean などを使って説明した箇所が正解のキーになります。

「イコール表現」が大活躍

mean は「イコール」の働きをします。つまり、S means O. なら「S = O」ということですね。このようにイコールの働きをする動詞は他に以下のものがあります。今回のようなパターンでは大変重要ですし、長文では活躍するので覚えておきましょう。

【「イコール」を表す動詞】

be／mean／involve／include／show／represent／refer to

No. 5 **正解** 4

放送英文 👤: woman 👤: man

👤 Professor Ridley, I'm thinking about doing my research paper on human rights.

👤 OK, Liz. What exactly do you want to focus on?

👤 I'm not sure—maybe on how the concept of human rights differs in the

West and Asia?

That's an interesting topic, but ①it might be more suitable for a 60-page master's thesis than a 10-page undergraduate research paper.

I see...

Why don't you try finding ②a specific issue or event related to human rights—maybe something that's been in the news recently—and focus on that?

OK, I'll give it some more thought. Thanks.

Question: What does the professor imply about the woman's topic?

重要語句

語 research paper「研究論文」　master's thesis「修士論文」　undergraduate「学部の」

放送英文の和訳 《論文のテーマ》

リドリー教授、私は人権に関する研究論文を書くことを検討しています。

なるほど、リズ。具体的にどういったことに焦点を絞りたいのですか。

わかりませんが、西洋とアジアにおける人権の概念の違いというのはどうでしょうか。

それはおもしろいテーマですが、①10ページの学部研究論文より60ページの修士論文にふさわしいかもしれませんね。

そうですか…。

②人権に関連した特定の問題や出来事、最近ニュースに取り上げられたことなどを探してみて、それに焦点を絞ってはどうでしょう？

わかりました、もう少し考えてみます。ありがとうございます。

設問：教授は、女性のテーマについて何と示唆していますか。

選択肢の意味と解説

1 彼女は、広く知られたテーマに焦点を絞るべきではない ➡ focus on、issue につられて選ばないように注意。「広く知られたテーマにすべきではない」とは言っていない

2 彼女は、もっと重要なテーマを見つける必要がある ➡ important ではなく②specific issue「特定の問題」と言っている

3 それは、クラスのディスカッションでは扱われなかった ➡ クラスのディスカッションの話は出てこない

4 それは、課題のテーマとしては広範にわたりすぎる ➡ ①it might be ~ research paper「学部生の論文よりも修士論文に向いているかも」と言っていることから too broad for the assignment「課題のテーマとしては広範にわたりすぎる」と一致する

設問文のimplyは「ほのめかす・示唆する」という意味なので、このような場合、解答のキーとなる単語（ここはtoo broadという単語やその類義語）は、本文中にハッキリと出てこないものです。こういった設問では、選択肢を消去法で選ぶのが確実です。

No. 6 　正解 3

放送英文　　　　　　　　　　　　　　　　　　🧑: man　🧑: woman

🧑 Thanks for meeting with me, Professor.

🧑 Not a problem, Robert. How can I help?

🧑 It's about the presentation for our class. I've read several of John
Cheever's short stories but can't decide which one I want to present on.

🧑 I see. ①Did you read "The Swimmer"?

🧑 ②Yes, I did. ③It might be my favorite of his, actually.

🧑 I'd suggest that one. Since ④it's one of his most well-known stories,
⑤you'll discover that there's been a lot written about it. That'll definitely
help in preparing your presentation.

🧑 Good idea. Thanks!

Question: Why does the professor recommend "The Swimmer"?

重要語句　||||||||||||||||||||||||||||||||||||||||||||||||||||||||||||||||||||||||||||||||||||||||

🈞 presentation「プレゼン」　　🈟 present on ～「～に関してプレゼンを行う」

放送英文の和訳　　　　　　　　　　　　　　　　　　　《プレゼンのテーマ》

🧑 会っていただいてありがとうございます、教授。

🧑 どういたしまして、ロバート。どんな用でしょう？

🧑 クラスのプレゼンのことなのです。ジョン・チーバーの短編をいくつか読んだので
すが、どれについてプレゼンをしたいか決められません。

🧑 なるほど。①『泳ぐ人』は読みましたか。

🧑 ②ええ、読みました。実を言うと、③彼の作品で一番好きかもしれません。

🧑 あれをお薦めしますね。④彼の最も有名な作品の１つですから、⑤それについての文
献をたくさん見つけられるでしょう。プレゼンの準備をする際に必ず役に立ちますよ。

🧑 よい考えですね。ありがとうございます！

設問：なぜ、教授は『泳ぐ人』を推薦していますか。

選択肢の意味と解説

1 教授のお気に入りの短編だから ➡ ③🧑教授ではなく、🧑ロバートのお気に入り

2 著者の最も優れた作品であるから ➡ ④one of his most well-known stories であっ
て best work ではない

3 関連資料が見つけやすいから ➡ ⑤「それに関する本が多く、役立つだろう」とある

4 クラスの学生はまだ誰もそれを読んでいないから ➡ ①②🧑ロバートは "The
Swimmer" をすでに読んでいる

④の直前にあるSinceは、Since sv, SV. で「svだからSVだ」という意味です。since節
内では「（何かしらの）理由」を述べ、主節では「（その理由に対する）結果」を述べます。この

構文は重要な内容を伝えるので、解答のキーになりやすいです。❹の直前の文のsuggestと設問文のrecommendがほぼ同義で使われています。ちなみに、TEAPでは、学生が教授のアドバイスを受け入れる、という設定が多いようです。

No. 7　正解 4

放送英文　　　　　　　　　　　　　　　　　　　　　🧍: woman 🧍: man

🧍 Hi, Professor Atkins.

🧍 Hi, Mary. How was your summer?

🧍 Very productive. ❶I volunteered for a few weeks at a hospital, and now I'm interested in working in healthcare after I graduate. ❷I'm going to take your new class on healthcare administration, too.

🧍 ❸That's great! Healthcare in this country is really changing. There's definitely a need for specialists who can help others understand what's going on. ❹I think it would be a good career path for you; let me know if you'd like a list of helpful articles or books.

🧍 Thanks! I'd appreciate that.

Question: What does the professor think about the student's plan?

重要語句 ||||||||||||||||||||||||||||||||||||||||||||||||||||||||||||||||||||||||||||||||||||||||||||||||||

語　productive「生産的な」　healthcare「医療」　career path「(職業上の)進路」

放送英文の和訳　　　　　　　　　　　　　　　　《医療関連のボランティア活動》

🧍 こんにちは、アトキンス教授。

🧍 やあ、メアリー。夏休みはどうでしたか。

🧍 とても有意義でした。❶病院で2、3週間ボランティアをして、今は卒業後に医療関係で働くことに関心を持っています。❷教授の医療管理の新しいクラスも取るつもりです。

🧍 ❸それは素晴らしい！ この国の医療は本当に変わりつつあります。人々が現状を理解するのを助けられる専門家が、間違いなく必要です。❹あなたにはよい進路となるでしょう。役立つ記事や本のリストが欲しければ言ってください。

🧍 ありがとうございます！ 助かります。

設問：教授は、学生の計画についてどう思っていますか。

選択肢の意味と解説

1 彼女は、地元の病院に連絡すべきである ➡ ❶病院でボランティア活動をしたが、「地元の病院に連絡を取る」という話はない。hospitalという単語につられないようにする

2 彼女は、いくつかのコースを履修する必要がある ➡ ❷学生は教授の授業を履修すると言っているが、教授から「複数のコースを受講したほうがいい」という話はない

3 それは、もっと調査を必要とする ➡ 「もっと調査が必要」という発言はない

4 それは、彼女にとってよい選択である ➡ ❸❹「いいね」と言っている。❹it would be

a good career path for youが選択肢ではIt would be a good choice for her. と言い換えられている

 ポイント

　本文❹a good career path for youが選択肢 **4** のa good choice for herと言い換えられています。とは言え、もちろんリスニングでは本文をここまでハッキリ覚えていないのが普通で、消去法で解くのも十分アリです。

No. 8 正解 2

放送英文

👤: man 👩: woman

👤 This translation assignment is really giving me a hard time. The text is so difficult to understand.

👩 I felt the same when I started, but in the end I actually enjoyed doing it.

👤 Oh, really?

👩 Yeah. It took a lot of time, but ❶I think it helped me comprehend the original Greek text better. ❷It made me think more carefully about what the words actually mean.

👤 Hmm, interesting. Maybe I should try looking at it that way.

👩 You should. Good luck!

Question: Why did the woman enjoy the translation assignment?

重要語句

語 comprehend「理解する」　　句 look at it that way「そういうふうに見る」

放送英文の和訳

《翻訳の課題》

👤 この翻訳の課題には本当に苦労しているよ。文章がとても理解しづらいんだ。

👩 私も始めたときはそう思ったけど、最後には実際楽しかったわ。

👤 え、本当に？

👩 ええ。時間はかかったけど、❶おかげでギリシア語の原文がよりよく理解できたと思うわ。❷言葉が実際に意味することを、より慎重に考えさせられたの。

👤 へえ、興味深いね。僕もそういう観点から見るべきなのかな。

👩 そうよ。頑張って！

設問：なぜ、女性は翻訳の課題が楽しかったのですか。

選択肢の意味と解説

1 それによって新しい語彙が得られたから ➡ ❷「言葉の本当の意味」が分かっただけで、new vocabulary「新しい語彙」が得られたのではない

2 おかげで原文をよりよく理解できたから ➡ ❶「ギリシア語の原文がよりよく理解できた」とある。comprehend が understand に言い換えられている

3 過去の課題で似たようなことを行ったから ➡ 女性は先に課題を済ませたが、a past assignment「過去の課題」ではない

4 迅速に終えられたから ➡ 女性は男性よりも「早く (early)」課題を終えたが、「速く (quickly)」終えたわけではない

❶it helped me comprehend the original Greek text betterが **2** のIt helped her better understand the original text. に書き換えられています。ちなみに、どちらも、＜help 人 (to) 原形＞「人が原形するのを助ける」という超重要構文です。toは今回の英文のように省略できます。

No. 9 正解 4

放送英文

                                        : woman   : man

👤 So, Patrick, I'm thinking about studying another foreign language—I'm just not sure which one.

👤 Have you thought about Chinese? I remember you saying you were interested in visiting China.

👤 Yeah, I still am. Aren't you taking a Mandarin course?

👤 Yes, and it's great. It's a lot different from English, so ❶it can be challenging, but I think it'll be a useful language to know. Chinese companies are doing business all over the world these days. ❷Since your major is international business, I think it makes sense.

👤 That's true. I think you've convinced me.

👤 Great! ❸Let me know if you ever want to study together.

Question: Why does the man recommend that the woman study Chinese?

重要語句 ‖‖

語 Mandarin「標準中国語」 challenging「手強い」 convince「納得させる」

放送英文の和訳   《外国語課程の選択》

👤 ねえ、パトリック、別の外国語を勉強しようと思うんだけど、ただどれにしたらいいかわからないの。

👤 中国語は考えてみた？ きみは中国に行ってみたいと言っていたのを覚えているよ。

👤 ええ、今もそう思っているわ。あなたは標準中国語のコースをとっていなかった？

👤 うん、楽しいよ。英語とはかなり違うから❶手強いかもしれないけど、知っていれば役立つ言語だと思うよ。中国の企業は最近、世界中で取引しているからね。❷きみの専攻は国際ビジネスだから、中国語の習得は理にかなっていると思うよ。

👤 そのとおりね。納得だわ。

👤 よかった！ ❸もし一緒に勉強したければ言ってね。

設問：男性はなぜ、女性に中国語を勉強するよう勧めていますか。

選択肢の意味と解説

1 簡単に習得できる言語だと思うから ➡ ❶「中国語は難しいかもしれない」と言っている／ challenge「難問」の形容詞形の challenging は「やりがいのある・手強い」という意味

2 彼の友人が勉強仲間を求めているから ➡ ❸男性本人は「一緒に勉強したくなったら教えて」と言っているが、His friend「彼の友達」についての話はない

3 彼女の同級生の多くが中国語を話すから ➡「クラスメイトの多くが中国語を話す」という話はない

4 中国語は彼女の専攻に合っているから ➡ ❷「専攻が国際ビジネスだから理にかなっている」と言っている

 ポイント

　この問題も **No. 6** 同様に、❷ Since sv, SV.「sv だから SV だ」の部分が解答の根拠になっています。公式問題でも、このように同じポイントがすぐに出てくるのですね。それだけ since の知識が重要だとも言えます。

No. 10　正解 2

放送英文　　　　　　　　　　　　　　　🧑: woman　🧑: man

🧑 Hi, Professor McNamara, do you have a minute?

🧑 Sure, Anna.

🧑 Thanks. ❶I wanted to talk to you about doing field research next year. ❷I'm planning on doing a sociological study on a group of people in Taiwan.

🧑 Interesting. It'll be your first time doing this, right?

🧑 Yes, so I wanted to get your advice.

🧑 Well, you should do plenty of background research before going. And when you're there, allow plenty of time to interview your subjects. In my experience, ❸in-depth and unstructured interviews produce more useful information.

🧑 That's very helpful. Thanks!

🧑 You're welcome.

Question: What are the speakers discussing?

重要語句 ‖‖‖
🔤 field research「実地調査」　background research「背景調査」　subject「被験者」

放送英文の和訳　　　　　　　　　　　　　　《実地調査へのアドバイス》

🧑 こんにちは、マクナマラ教授、今ちょっとよろしいですか。

🧑 もちろん、アンナ。

🧑 ありがとうございます。❶来年実地調査をする件でお話ししたかったのです。❷台湾の

　　あるグループに関して社会学的研究をしようと予定しているのです。

👤 おもしろいですね。実地調査は初めてですね？

👤 はい、それでアドバイスをいただきたかったのです。

👤 では、行く前に十分に背景調査をすべきですね。現地に着いたら、被験者のインタ
ビューに十分に時間をかけることです。私の経験から言うと、③詳細で型にとらわれ
ないインタビューからは、より有用な情報が得られますよ。

👤 とても参考になります。ありがとうございます！

👤 どういたしまして。

設問：話し手は、何について話し合っていますか。

1 アジアでの留学 ➡ ❷「台湾で研究」するだけであって、「アジアでの留学」の話ではない

2 実地調査の実施について ➡ ❶「実地調査について話したい」と言っている。doing field
research ＝ conducting field research

3 コースのカリキュラム ➡ 「コースのカリキュラム」についての発言はない。👤教授の
❸unstructured interview というフレーズにひっかからないようにする

4 インタビューの結果 ➡ ❸interviewという単語があるが、result「結果」はまだ出ていない

😊 **ポイント**

　　1 のStudying abroad in Asia.の部分でミスをしやすいかもしれません。確かに「台湾」
は出てきましたが、あくまで研究の場所にすぎず、対話の後半では、教授は「調査するため
のアドバイス」しかしていません。「留学」や「アジア」は、本文を「拡大解釈」したひっかけの
選択肢です。もし、Conducting a study in Asia.であれば、正解となります。

Part 1B

No. 11　正解 3

放送英文

OK, everyone, let's stop here. In front of us is the MacMillan Building. The building contains ₀lecture halls where some of you will have classes. Also, at the back of the building there is a student copy center, which ₂I can recommend as a cheap place to make copies and print your assignments. Be sure to use it when the need arises. Now, let's continue our tour.

Question: What does the speaker suggest that students do in the MacMillan building?

重要語句

語 lecture hall「講堂」

句 at the back of ~「~の奥に」　when the need arises「必要が生じたときに」

放送英文の和訳　　　　　　　　　　　　　　　　　　　　　　《大学構内の案内》

さて、皆さん、ここで止まりましょう。正面にあるのがマクミラン・ビルです。この建物には、₀皆さんのうち何人かが授業を受ける講堂があります。建物の奥には学生コピーセンターがあって、₂コピーや課題のプリントアウトが安価でできる場所としてお勧めです。必要なときにはぜひ利用してください。それでは見学を続けましょう。

設問：話し手は、学生がマクミラン・ビルで何をするよう提案していますか。

選択肢の意味と解説

1 講堂で授業を見る ➡ ❶「授業がある人もいる」だけで、「授業を見る」という話はない

2 授業での学習のために研究をする ➡ class「授業」が行われるとはあるが、do research「研究をする」という発言はない

3 授業の課題をプリントアウトする ➡ ❷「安くコピー、プリントアウトができるのでお勧め」とある

4 学用品を安く買う ➡ ❷「安くコピーはできる」とあるが、school supplies「学用品」の話は出てこない

 ポイント

こういうリスニング問題では、「内容を忘れてしまう」という悩みが尽きませんが、普段からリスニングの際に、その場の光景をできるだけイメージするようにしてください。無理のない範囲でかまいませんので、「コピーを取っているところ」を頭に浮かべるようにすることで、記憶への残り方が格段に違ってきます。ちなみに、このように、本文❷のrecommendが、設問でsuggestに言い換えられるのは頻出パターンです。

No. 12　正解 2

放送英文

The ecological importance of coral reefs is well known: ①they provide a home for countless marine creatures. ②But what's less known is how they provide a living for people around the world in the form of tourism. ③Coral reefs provide economic services worth about 375 billion U.S. dollars every year. ④The loss of coral reefs would not just be an environmental disaster, but an economic one as well.

Question: What is the talk mainly about?

重要語句 ||||||||||||||||||||||||||||||||||||||||||||||||||||||||||||||||||||

📗 coral reef「サンゴ礁」　living「生計手段」　tourism「観光」　disaster「災害」

📘 not just A, but B as well「Aであるだけでなく、Bでもある」

放送英文の和訳

《サンゴ礁》

サンゴ礁が生態系にとって重要であることはよく知られている。①サンゴ礁は、無数の海洋生物にすみかを提供しているのだ。②だが、サンゴ礁が観光という形でいかに世界中の人々に生計手段を提供しているかは、それほど知られていない。③サンゴ礁は毎年、およそ 3750 億米ドル相当の経済的サービスを提供している。④サンゴ礁が失われることは環境的な災害であるだけでなく、経済的災害でもあるのだ。

設問：主に何についての話ですか。

選択肢の意味と解説

1 サンゴ礁を保護する方法 ➡ 「サンゴ礁を保護する」という話は出てこない

2 サンゴ礁の経済的価値 ➡ ❷「観光という形で生計手段を提供している」／❸「3750 億ドルの価値がある」／❹「損失は経済的災害だ」とある

3 サンゴ礁が生態系にもたらす恩恵 ➡ ❶「サンゴ礁は多くの海洋生物にすみかを提供している」という恩恵は、「よく知られている話（一般論）」として出てきているだけである

4 サンゴ礁が世界中で失われつつある理由 ➡ 「サンゴ礁が失われつつある理由」は出てこない

ポイント

❹の not just A but B as well は、not only A but also B の変形パターンです。B に主張内容がくるので、ここが解答のキーになることがよくあります。ちなみに、only が just に変わるのはよく知られていますが、also が as well になることも重要ですので、しっかり覚えておきましょう。

No. 13 正解 3

放送英文

According to a study by a group of educational institutions in Canada, ①enrollment at universities across the country is predicted to increase by up to 150,000 students over the next several years. ②This is because Canada's economy, with its knowledge-based industries such as financial and insurance services, is continuing to grow at a fast pace. ③More and more Canadians will attend university in order to gain the qualifications they need to work in this labor market.

Question: What is the main reason for increased enrollment at Canadian Universities?

重要語句

語 enrollment「入学者数」　qualification「資格」
句 up to ～「最大～まで」　at a fast pace「速いペースで」

放送英文の和訳

《カナダの大学教育》

カナダの教育機関グループの研究によれば、今後数年間で①全国の大学の入学者数は最高で 15 万人増えると予測されている。②これは、カナダの経済が、金融や保険サービスといった同国の知識産業とともに、速いペースで成長を続けていることによる。③この労働市場で働くのに必要な資格を得るために大学に通うカナダ人は、ますます増えるだろう。

設問：カナダの大学の入学者数が増える主な理由は何ですか。

選択肢の意味と解説

1 地域経済の鈍化 ➡ ②カナダの経済は「成長している」とある
2 授業料の低下 ➡「授業料」に関する話はない
3 新しい仕事のチャンス ➡ ③「仕事に必要な資格を得るために大学に行く」→「仕事のチャンスのため」ということ
4 人口の増加 ➡ ①「大学の入学者」が増えているのであって、「人口」に関する話はない

 ポイント

長文読解でもリスニングでも、「理由」や「目的」を説明している箇所は重要で、設問でも狙われやすいので、必ずチェックして聞く姿勢が必要です。今回は②のbecause、③のin order to ～「～するために」が重要表現で、実際に解答のキーになっていますね。

No. 14 正解 1

放送英文

If you want to write for the student newspaper, ①please speak to your journalism professor or our managing editor. ②A news editor can assign you a story, unless you have your own idea to propose. ③Stories must be submitted by 6:00 p.m. ④so that the copyeditors can prepare the final version by midnight. This is a very tight deadline, and we can't make any exceptions.

Question: What must all writers for the student newspaper do?

重要語句

語　managing editor「編集主幹」　assign「割り当てる」　exception「例外」

放送英文の和訳

《学生新聞の記事の募集》

学生新聞に記事を書きたい方は、①ジャーナリズム学の教授か、編集主幹に申し出てください。②独自の企画を提出する場合を除き、ニュース編集者が記事を割り当てます。③コピーエディターが午前0時までに決定稿を作成できるように、③午後6時までに記事を提出してください。これは非常に厳しい締め切りで、例外は一切認められません。

設問：学生新聞の筆者は全員、何をしなければなりませんか。

選択肢の意味と解説

1 夕刻までにすべての記事を提出する ➡ ③by 6:00 p.m.をby the early eveningに言い換えているので、これが正解
2 編集主幹に会う ➡ ①編集主幹と会わなければならないわけではない（代わりにジャーナリズム学の教授でもよい）
3 ニュース編集者に企画を提案する ➡ ②提案するのは筆者ではなく、ニュース編集者のほうである
4 午前0時までに決定稿を準備する ➡ ④a final version「最終稿」を用意するのは筆者ではなくコピーエディター

　本文にも正解の選択肢にも使われているsubmit「提出する」は大学受験でも大事な単語ですが、ことTEAPに関しては、超基本単語と言えます。大学の授業などでレポートなどを「提出する」場面はよくあるので、本番でも必ず出てくるはずです。また、④のso that S can 〜「Sが〜する目的で」という熟語は、**No. 13** で解説した「目的」を表すのでチェックしておきましょう。

No. 15 正解 2

放送英文

Traditional farming in cities is usually not possible. ①Cities are typically very crowded, and not much land is available. Some farmers, however, have developed nontraditional ways to grow crops in cities. They are planting farms on rooftops. On rooftops, ②crops are exposed to maximum amounts of sunlight, but ③changes must be made to roofs so they can hold the weight of the soil. Let's look at some images from a rooftop farm in Hong Kong.

Question: Why must changes be made to a rooftop before it can accommodate crops?

重要語句

語 traditional「従来の」 farming「農業」 crop「作物」 rooftop「屋上」 soil「土壌」

句 be exposed to ～「～にさらされる」

放送英文の和訳
《都市部での農業》

都市で従来の農業を営むことは、通常は不可能です。①都市は概して人口が密集しており、利用できる土地はあまりありません。しかし、一部の農業従事者は、都市で作物を栽培するための、従来とは異なる方法を開発しました。農園を屋上に設置するのです。②屋上なら作物が浴びる日光の量は最大ですが、③土壌の重みに耐えられるよう屋根を改造しなくてはなりません。香港の屋上農園の画像をいくつか見てみましょう。

設問：なぜ、作物を植える前に屋根を改造しなければなりませんか。

選択肢の意味と解説

1 日光の量が多すぎるから ➡ ②「日光を最大限に浴びられる」とあるが、それが屋上を改造する理由ではない

2 土壌が重いから ➡ ③「土の重さに耐えられるように変える」→「土が重すぎる」ということ

3 給水量が制限されているから ➡ water supply「水の供給」に関する話は出てこない

4 十分な空間がないから ➡ ①「利用できる土地はあまりない」とあるが、それが屋根を改造する理由ではない

No. 14 の問題でチェックした、so that S can ～「Sが～する目的で」がもろに解答のキーになっていますね。今回はthatが省略された形で使われています。何度も出てくる重要事項と言えます。

No. 16　正解 3

放送英文

There are different theories about how human personalities develop. ❶A psychiatrist named Alfred Adler was particularly interested in how birth order influences the relationships between children in the same family. According to Adler, the firstborn child may take a leadership role in social situations. ❷The second child is frequently competitive, while the youngest tends to be charming. An only child may have characteristics of a firstborn or a youngest child.

Question: What is the passage mainly about?

重要語句

語 birth order「出生順序」　firstborn child「第一子」　only child「一人っ子」

句 take a leadership role in ～「～においてリーダー的役割を担う」

放送英文の和訳　　　　　　　　　　　　　《出生順序が性格に与える影響》

人間の性格がどのように形成されるかについては、様々な仮説がある。❶アルフレッド・アドラーという精神科医は、1つの家族の子供同士の関係に出生順序が与える影響に特に関心を持っていた。アドラーによれば、第一子は社会生活の場においてリーダー的役割を担う傾向がある。❷二番目の子供は負けず嫌いなことが多く、末っ子は魅力的なことが多い。一人っ子は、第一子か末っ子の特徴を持つ傾向がある。

設問：主に何に関する文章ですか。

選択肢の意味と解説

1 人の性格がいかに時間の経過とともに変わるか ➡「性格が時間をかけて変化する」という話はない

2 アドラーがいかにして仮説を展開したか ➡「アドラーがどのようにその仮説を作り上げたか」という話はない

3 出生順序が性格に及ぼす影響 ➡ ❶「アドラーが特に興味を持ったのは出生順序が子供の人間関係にどう影響するのか」とあり、その内容に関して話が展開している

4 子供同士の衝突を解決する方法 ➡ ❷に competitive（競争心のある）とあるが、子供の対立（conflict）を解決する「方法」についての話はない

正解の **3** The effects of birth order on personality. は、effect of A on B「AがBに与える影響」という意味です。of を「～の」と訳してしまうと、結局「影響を与える側なのか、与えられる側なのか」ハッキリしません。「Aが」のように考えれば「与える側」だと瞬間にわかりますので、このように考えてください。ちなみに、この of は、辞書では「主格の of」として説明されています。

No. 17　正解 1

放送英文

I'm excited to announce that the Rankin University Library has recently acquired a new large-scale scanner. ①We're using this scanner to copy hundreds of old maps to make them accessible to students online. These maps are too delicate to be handled by the public, so until now, they've only been available to personnel working in the history archive. ②We'll publish an announcement in the campus newspaper after the maps have been scanned and stored on the library's website.

Question: Why did the library purchase new equipment?

重要語句

語 accessible「利用可能な」　personnel「職員」　archive「保管庫」　store「～を保管する」

句 I'm excited to announce that ～「（～という内容の）よいお知らせがあります」

放送英文の和訳

《図書館への機器の導入》

嬉しいお知らせです。ランキン大学図書館は先日、新しい大型のスキャナーを導入しました。①学生がオンラインで利用できるようにするため、このスキャナーで何百枚もの古い地図をコピーしています。これらの地図は傷みやすく一般公開使用には適さないため、これまで利用は歴史記録保管庫の職員のみに限られていました。②地図をスキャンして図書館のウェブサイトに保存しましたら、大学の新聞で発表します。

設問：なぜ、図書館は新しい機材を購入しましたか。

選択肢の意味と解説

1　地図をデジタルで使えるようにするため ➡ ① 「学生がオンラインで古い地図を利用できるように」とある。onlineがdigitallyに言い換えられている

2　学生が旅行ルートを計画するのに役立てるため ➡ 「学生が旅行する」という話は出てこない。ここでのmapは歴史資料としての地図

3　大学の新聞を印刷するため ➡ ② 「スキャンが完了したらcampus newspaper（大学の新聞）で知らせる」とあるが、campus newspaperを印刷するとは述べられていない

4　学生に告知を出すため ➡ 「学生に告知を出す」ことを目的に機材を導入したとは述べられていない

　この設問では、単語の意味に苦労した人も多いかもしれません。設問文のequipmentは「設備・機器・機材」、本文中や選択肢1のavailableは「使える・利用できる」という意味の重要単語です。どちらの単語も図書館に関する話などでよく出てくるので、TEAPのリスニング対策として必ずマスターしておきましょう。

No. 18　正解 2

放送英文

In this series of lectures I will outline histories of the three biggest economies in Asia—China, India, and Japan. I will focus on one country per lecture, and then in the fourth lecture make some key comparisons. After that, ❶you will all choose one country as a presentation topic for the seminar groups. However, ❷I recommend that you do the same amount of reading on all three countries for your final exams, as questions will cover a wide range of material.

Question: What does the professor recommend students do?

重要語句 ║║║

語　outline「～を概説する」　big economy「経済大国」　final exam「期末試験」

句　make key comparisons「主要比較をする」

放送英文の和訳　　　　　　　　《アジアの経済大国に関する授業の説明》

この一連の講義では、アジアの三大経済大国である中国、インド、日本の歴史について概説します。1講義ごとに1カ国を取り上げ、4回目の講義で主要比較を行います。その後に❶皆さん全員が、セミナーグループのプレゼンのテーマとして1カ国を選びます。しかし、期末テストでは教材から広い範囲にわたって出題されるので、❷それに備えて3カ国すべてに関して同じ分量の読書をしておくことを勧めます。

設問：教授は、学生が何をするよう勧めていますか。

選択肢の意味と解説

1 一連の講義のすべてに出席する ➡ 1文目にseriesとあるが「すべての授業に出席する」ことをここで述べてはいない

2 3カ国について等しく研究する ➡ ❷「3カ国すべてについて同じ分量の読書をする」→「3つの国を均等に勉強する」ということ

3 最もよく知っている国を選ぶ ➡ 「一番よく知っている国を選ぶ」という話はない

4 それぞれの講義にじっくり備えておく ➡ ❶「プレゼンのテーマとして1カ国を選ぶ」とあるが「注意深く授業の準備をする」という話はない

正解のキーである❷では、I recommend that ～とあります。TEAPのリスニングでは、よく「何を勧めているか」と尋ねられるので、recommendが出てきたときは、メモするなど、特に注意が必要です。

No. 19　正解 4

放送英文

①There are thought to be many valuable resources under the sea. These include precious metals such as silver and copper. ②Although deep-sea mining of these materials has not yet begun, permission is likely to be granted soon. Some scientists are concerned about this. They think there is a need for clear regulations on how to safely dig up these materials. ③Potential damage to marine ecosystems, they say, could be minimized by careful planning of mining activities.

Question: What do we learn about resources at the bottom of the sea?

重要語句

語　precious metal「貴金属」　copper「銅」　deep-sea mining「深海採鉱」　dig「掘る」

句　be concerned about ~「~を懸念する」

Listening Section

Part 1B

放送英文の和訳
《海底資源》

①海の中には多くの貴重な資源があると考えられている。それらの資源には銀と銅などの貴金属が含まれる。②これらの資源の深海採鉱はまだ始まっていないものの、じきに許可がおりそうだ。これを懸念する科学者もいる。彼らは、これらの資源を安全に採鉱するための明確な規則が必要だと考えている。採鉱作業を慎重に計画することで、③海洋生態系への潜在的な損害を最小限にできるかもしれないと彼らは語っている。

設問：海底資源についてどんなことがわかりますか。

選択肢の意味と解説

1 それらは最初に考えていたよりも少ない ➡ ①「たくさん」あると思われている／「最初に考えていたより」という比較はない

2 それらを回収することは環境を助けるかもしれない ➡ 逆に③「生態系に被害があるかもしれない」と言っている

3 科学者は、それらを入手できないと思っている ➡ 「採鉱には制限を設けるべき」と考える科学者がいるだけで、「入手できない」とは述べられていない

4 人々はじき採鉱を始めるかもしれない ➡ ②「まだ採鉱は始まっていないが、もうすぐ許可がおりそう」→「もうすぐ採鉱が始められるかもしれない」ということ。diggingはdeep-sea miningの言い換え

ポイント

②Althoughは「譲歩」を表す接続詞で、Although sv, SV.「svだけどSVだ」となります。althoughの節で一度譲歩した後、主節で主張を述べるので、よく解答のキーになる内容が続きます。

No. 20　正解 1

放送英文

Welcome to the museum's new exhibit on the myths and artwork of ancient Colombia. We have long been fascinated with South American legends of El Dorado, meaning "Lost City of Gold." ❶In most parts of the world, gold is prized for its monetary value. However, in ancient South America it was a symbol of spirituality and social status. The exhibit explores the myths surrounding El Dorado, and displays some of the incredible craftwork produced by ancient Colombians.

Question: What is said about ancient South Americans?

重要語句

語　exhibit「展示」　myth「神話」　legend「伝説」　monetary value「金銭的価値」

句　be fascinated with ~「~に魅了される」

放送英文の和訳　　　　　　　　　　　　　　　　　　　　　　　　　《博物館の案内》

博物館の新しい展示である、古代コロンビアの神話と芸術作品展へようこそ。当館は長い間、南米の伝説であるエルドラドに強い関心を寄せておりました。エルドラドとは「失われた黄金郷」のことです。❶世界の大半で、金はその金銭的価値のために重んじられています。しかし、古代の南米では精神性と社会的地位の象徴でした。本展示ではエルドラドをめぐる神話を探求し、古代のコロンビア人によって作られた素晴らしい工芸品をいくつか展示しています。

設問：古代の南米人についてどんなことが言われていますか。

選択肢の意味と解説

1　彼らは金を、現代のほとんどの文化とは異なる観点でとらえていた ➡ ❶「世界では金は通貨としての価値 ⇔ 古代南アメリカではspirituality（精神性）と社会的地位の象徴」→「今とは見方が違う」ということ

2　彼らはいったん金を発見すると精神性がおとろえた ➡ ❶にit（=gold）was a symbol of spiritualityとはあるが「金を見つけると、精神性がおとろえる」という話はない

3　彼らの社会は、主要な貨幣形態として金を使用した ➡ ❶「金をお金として使っている」のは、ancient South Americanではなく現代のIn most parts of the world「世界の大半」

4　金の取引が始まった後、彼らはより裕福になった ➡ 「金の取引」や「財産が増えた」という話はない

　　mostで「大半の~」と「一般論」を述べた後に、butやhoweverなどがきたら、そこからは「主張」が続けられるので、今回の❶のように、よく解答のキーになります。

Part 1C

No. 21 正解 3

放送英文

With the opening of the new international student center, Westmont College has shown itself to be committed to internationalization. In fact, we have been actively recruiting and enrolling more international students every year. ❶In 1990, we had 45 international students on our campus, which was only three percent of the student population. ❷As of 2010, that number had grown to 250 international students, which was over fifteen percent of the total student body.

Question: Which graph best matches the description given?

重要語句

語 internationalization「国際化」 enroll「入学させる」 student body「全学生（数）」

句 be committed to ～「～に力を入れている」 as of ～「～の時点で」

放送英文の和訳　　　　　　　　　　　　　　　　《国際学生センターの案内》

ウェストモント大学は、新しい国際学生センターを開設して、国際化に力を入れていることを示しました。実際、我々は毎年積極的により多くの留学生を募り、入学者数を増やしています。❶1990 年に、当校には 45 人の留学生が在籍していましたが、学生人口のわずか 3%にすぎませんでした。❷2010 年の時点で、留学生の数は 250 人まで増加し、総学生数の 15%以上を占めました。

設問：説明された内容に最も合っているのは、どのグラフですか。

選択肢の意味と解説

1 ❶「1990 年は 45 人の留学生が全体の 3%」を満たさない

2 ❶「1990 年は 45 人の留学生が全体の 3%」は OK、❷「2010 年には留学生が 250 人で全体の 15%以上」を満たさない

3 ❶「1990 年は 45 人の留学生が全体の 3%」、❷「2010 年には留学生が 250 人で全体の 15%以上」をすべて満たす

4 ❶「全体の 3%」の部分は OK だが「45 人の留学生」を満たさない

ポイント

　　正直、今回の問題は「45」と「250」という数字だけで解けてしまう、拍子抜けする問題なのですが、他に重要なことが 2 つあります。1 つは❷の fifteen を、fifty と聞き間違えないこと。もう 1 つは、❷の grow to ～「～まで増える」です。to は「到達点」を表します。重要な関連表現は以下のものです。

【グラフ問題特有表現】　　　　　　　　※ by は「差」を表し、to は「到達点」を表す

increase（grow）by ～「～の分だけ増える」　｜ decrease by ～「～の分だけ減る」
increase（grow）to ～「～まで増える」　　　　｜ decrease to ～「～まで減る」

No. 22　正解　1

放送英文

For today's journalism class, we'll examine the percentage of articles written by women in three news publications. While the majority of articles in these publications continue to be written by men, ❶the percentage of articles written by women has grown significantly since 2010. ❷In the *Hawthorne Herald*, articles written by women increased to 45 percent in 2013. ❸Articles by female writers in the *Saratoga Star* and the *Pascal Times* also increased, but still make up less than 40 percent of the total.

Question: Which graph best matches the description given?

重要語句

語　examine「調べる」　publication「刊行物」　significantly「著しく」

句　make up ～%「～%を占める」

放送英文の和訳　　　　　　　　　　　　　《女性記者によるニュース記事の割合》

本日のジャーナリズムの授業では、3 つのニュース刊行物で女性が執筆している記事の割合を見ていきます。これらの刊行物の記事の大半を男性が執筆し続けている一方で、❶女性の書く記事の割合は 2010 年以降かなり増加しました。❷『ホーソン・ヘラルド』での女性の執筆記事は、2013 年には 45%まで増えました。❸『サラトガ・スター』と『パスカル・タイムズ』の女性記者による記事も増加しましたが、まだ全体の 40%未満です。

設問：説明された内容に最も合っているのは、どのグラフですか。

選択肢の意味と解説

1　❶「女性が書く記事は増えている」、❷「『ホーソン・ヘラルド』では 45%まで増えた」、❸「『サラトガ・スター』と『パスカル・タイムズ』では増えたが、まだ40%より少ない」をすべて満たす

2　『ホーソン・ヘラルド』が❶「女性が書く記事は増えている」、❷「『ホーソン・ヘラルド』の記事は 45%まで増えた」を満たさない

3　『サラトガ・スター』と『パスカル・タイムズ』が❶「女性が書く記事は増えている」を満たさない。また、❸「『サラトガ・スター』では、まだ40%より少ない」も満たさない

4　『ホーソン・ヘラルド』が❶「女性が書く記事は増えている」を満たさない。また、❷「『ホーソン・ヘラルド』の記事は 45%まで増えた」を満たさない。❸「『サラトガ・スター』と『パスカル・タイムズ』では増加したが、まだ40%より少ない」も満たさない

　グラフでの重要表現が活躍する問題です。**No. 21** のポイントでチェックしたincrease to ～「～まで増える」が❷で出ています。また、❸の最後のless than 40 percent「40%より少ない（大体37～39%）」といった表現も、パッとわかるように、何度も聞き込んでおきましょう。

No. 23 | 正解 | 4

放送英文

Electric vehicles are increasingly popular in Norway. <u>In 2013, an estimated</u>
❶
<u>15,000 electric cars were on the roads.</u> <u>That's up from around 10,000 in 2012</u>
❷
<u>and 6,000 in 2011.</u> This increase is no surprise considering the benefits given
to electric vehicle owners, including free parking in cities. However, electric
vehicles have become so popular that the government plans to end some of
these incentives once the total number of electric vehicles reaches 30,000.

Question: Which graph best matches the description given?

重要語句

🈞 electric vehicle「電気自動車」 incentive「報償、奨励」 considering「〜を考慮すれば」

放送英文の和訳

《ノルウェーの電気自動車の台数》

ノルウェーで電気自動車の人気が上昇しています。❶2013 年には推定で 15,000 台の電気自動車が公道を走っていました。❷これは 2012 年の約 10,000 台、2011 年の約 6,000 台からの増加です。都市部での無料駐車など電気自動車の所有者が得られる特権を考慮すれば、この増加は意外ではありません。しかし、電気自動車の人気はかなり高まっているため、電気自動車の総数が 30,000 台に達し次第、政府はこれらの奨励策の一部を打ち切る方針です。

設問：説明された内容に最も合っているのは、どのグラフですか。

選択肢の意味と解説

1 ❶「2013 年に約 15,000 台」を満たさない
2 ❶「2013 年に約 15,000 台」、❷「2012 年に約 10,000 台、2011 年に約 6,000 台」をすべて満たさない
3 ❷「2012 年に約 10,000 台、2011 年に約 6,000 台」を満たさない
4 ❶「2013 年に約 15,000 台」、❷「2012 年に約 10,000 台、2011 年に約 6,000 台」をすべて満たす

 ポイント

この問題のポイントは 2 つで、1 つは今回のように、グラフの右側から説明しているところで、少し戸惑った人もいたかもしれません。もう 1 つは、大きな数字の聞き取りです。以下で確認しておきましょう。

【数字の読み方】

million thousand

1,234,567

one million two hundred (and) thirty four thousand five hundred (and) sixty seven

No. 24 正解 2

放送英文

For my assignment, I surveyed 50 students from around the world about the average number of hours they spend reading books each week. It appears that ①people in India and Thailand spend the most time reading, while ②Japanese and Koreans spend the least. India, with an average of 10 hours 45 minutes, tops all the countries I studied. ③The United States and Germany fall in the middle. Germans and Americans spend about the same amount of time reading.

Question: Which graph best matches the description given?

重要語句

語　top「トップになる」　fall「範囲に収まる」

句　spend time -ing「〜して時間を費やす」

放送英文の和訳

《各国の学生の読書時間》

私は課題として、世界中の50人の学生が毎週読書に費やす平均時間を調査しました。①インド人とタイ人が読書に最も多くの時間を費やす一方、②日本人と韓国人の読書時間が最も少ないようです。インドは平均10時間45分と、調査したすべての国の中でトップでした。③アメリカ合衆国とドイツは、中間の順位となりました。ドイツ人とアメリカ人が読書に費やす時間はほぼ同じです。

設問：説明された内容に最も合っているのは、どのグラフですか。

選択肢の意味と解説

1　①「インド人とタイ人の読書時間が一番長い」と②「日本人と韓国人の読書時間は一番短い」は満たすが、③「ドイツ人とアメリカ人の読書時間が大体同じ」は満たさない

2　①「インド人とタイ人の読書時間が一番長い」、②「日本人と韓国人の読書時間は一番短い」、③「ドイツ人とアメリカ人の読書時間が大体同じ」をすべて満たす

3　①「インド人とタイ人の読書時間が一番長い」、②「日本人と韓国人の読書時間は一番短い」を満たさない

4　①「インド人とタイ人の読書時間が一番長い」、②「日本人と韓国人の読書時間は一番短い」、③「ドイツ人とアメリカ人の読書時間が大体同じ」を満たさない

ポイント

　　特に難しい問題ではありません。グラフ問題で、今回のように固有名詞がたくさん出てくるときは、メモするより、グラフに書き込んだほうがラクかもしれません。本文の②の後のインドに関する英文で、topの動詞用法があります。S top O「SはOの頂上に登りつめる」⇒「SはOの中でトップだ」となります。グラフ対策としてチェックしておきましょう。

No. 25 正解 4

放送英文

An average household in Glenville uses about 120,000 gallons of water per year. About 70 percent of this water is used indoors. Of the typical household's indoor water usage, ①the largest amount of water is used for toilets, accounting for a little more than 40 percent. ②After toilets, washing machines use the most water, followed by bathroom faucets. Drinking water only takes up a small fraction of the average home's water consumption.

Question: Which chart best matches the description given?

重要語句

語 average household「平均的な家庭」 gallon「ガロン（3.785 リットル）」 faucet「蛇口」

句 account for ～「～を占める」 take up ～「～を占める」

放送英文の和訳　　　　　　　　　　　　　　　　　　　　《家庭の使用水量》

グレンヴィルの平均的な家庭は、年間およそ 12 万ガロンの水を使用するが、このうちおよそ 70％は屋内で使用されている。一般的な家庭の屋内の水使用のうち、①最も多く水を使用するのがトイレで、40％を少々上回る。②トイレの次に洗濯機、その次に浴室の蛇口が最も多くの水を使用する。飲料水は、平均的な家庭の水消費のごくわずかを占めるだけである。

設問：説明された内容に最も合っているのは、どの図表ですか。

選択肢の意味と解説

1 ①「トイレ用の水が 1 番で、40％強である」は満たすが、②「トイレの次は洗濯機、その次は浴室」を満たさない

2 ①「トイレ用の水が 1 番で、40％強である」を満たさない

3 ①「トイレ用の水が 1 番で、40％強である」を満たさない

4 ①「トイレ用の水が 1 番で、40％強である」、②「トイレの次は洗濯機、その次は浴室」をすべて満たす

ポイント

この問題にはグラフの超重要表現が 2 つもあります。1 つめは①で使われている account for ～「～を占める」です（ここでは分詞構文になっています）。2 つめは、②の followed by ～でこちらも分詞構文ですが、SV, followed by ～「SV だ。その次にくるのが～だ」という形で、様々な英文で使われる頻出表現です。

Part 2A

| **A** | **正解** | **No. 26** 3 | **No. 27** 1 | **No. 28** 2 |

放送英文　　　　　　　　　　　　　　　　🧍: woman 🧍: man

Situation: A student is talking to her Portuguese-language professor.

🧍 Thanks for seeing me today, Professor Anders.

🧍 Sure, Rina. What was it that you wanted to talk about?

🧍 Well, I know there's a study-abroad course in Brazil this summer, but I'm wondering if it would be possible for me to arrange to study abroad independently instead.

🧍 You mean, go through another school's program and then just transfer your credits to this university?

🧍 No, I mean, actually go and study on my own. ①I have something pretty specific I want to study. Of course, I want to improve my Portuguese, so that's one goal for the trip. But I'm an art history major, and ②my specific interest is 16th-century European art and architecture. So this is why ③I want to go to Portugal instead of going on the group trip to Brazil.

🧍 I see.

🧍 I know it's a lot to ask. But I thought maybe we could make a plan together with some readings related to what I would see. And then ④I could submit a report when I return.

🧍 ⑤The department does sometimes allow independent study projects, but not for first-year students.

🧍 Oh, I don't want to go this year. I think I'd need a lot of time to plan. Going next year would be better. But if it's not even possible, then maybe I should consider the Brazil program.

🧍 ⑥Let me talk to the department head. ⑦She might approve your idea.

🧍 I'd really appreciate that. I think I'll get so much more out of the experience if it's related to my major, too.

🧍 I'm not sure when I'll get a chance to talk to her, though. ⑧I'll e-mail you when I have some information.

🧍 OK. Thanks so much!

Questions:

No. 26 What does the student want permission to do?
No. 27 What does the professor think about the student's idea?
No. 28 What does the professor promise that he will do?

重要語句 ||||||||||||||||||||||||||||||||||||||||||||||||||||||||||||||||||||||||||||||||||||||||

語 major「専攻学生」 independent study「自主研究」 department head「学部長」

句 I'm wondering if ~「~かどうかと思う」

放送英文の和訳   《自主研究プロジェクトに関する相談》

状況： 学生が、ポルトガル語の教授と話している。

👤 今日は会っていただいてありがとうございます、アンダーズ教授。

👤 どういたしまして、リーナ。話したかったことというのは何ですか。

👤 ええと、この夏ブラジルでの海外留学コースがあるのはわかっているのですが、代わりに独自に留学するよう手配することは可能なのでしょうか。

👤 つまり、別の学校のプログラムに参加して、それから単位をこの大学へ移すということですか。

👤 いいえ、つまり、実際に1人で勉強しに行くということです。**①私は勉強したいことがかなりはっきりしているのです。** もちろんポルトガル語も向上させたいので、それは旅行の目的の1つではあります。しかし私の専攻は美術史で、**②16世紀のヨーロッパの芸術と建築に特に興味があるのです。** そういう理由で、**③ブラジルへグループ旅行をするのではなく、ポルトガルに行きたいのです。**

👤 なるほど。

👤 あつかましいとは思うのですが、私が見るつもりのものに関連した文献を読んで、一緒に計画を立てていただけないかと思ったのです。そうすれば、**④帰国時にレポートを提出できます。**

👤 **⑤学部はときどき自主研究プロジェクトを認めてはいますが、1年生だと無理ですね。**

👤 ああ、今年行きたいとは思っていません。計画するのにかなり時間がいると思います。来年行くほうがいいです。でも、もしそれでも無理でしたら、多分ブラジルのプログラムを考慮したほうがいいですね。

👤 **⑥学部長に話してみましょう。⑦あなたの案を承認してくれるかもしれません。**

👤 本当にありがとうございます。私の専攻と関連した体験からなら、よりいっそう得るものが多いと思うのです。

👤 ただし、いつ彼女と話せるかはわかりません。**⑧何か情報があればあなたにEメールを送ります。**

👤 わかりました。どうもありがとうございます！

No. 26 正解 **3**   学生は、何をするための許可を求めていますか。

---

1 1学期の間、休学する ➡「休学する」という話はない

2 ブラジルへの旅行に参加する ➡ ❸「ブラジルへグループ旅行をするのではなく」と言っている

3 ポルトガルで勉強する ➡ ❶❷❸「16世紀のヨーロッパの芸術や建築を勉強したくて、ブラジルではなくポルトガルに行きたい」と言っている

4 遅れてレポートを提出する ➡ ❹「ポルトガルから戻ってからレポートを提出する」と言っているだけで、提出を遅らせる許可を求めているのではない

No. 27 正解 **1**   教授は、学生の考えについてどう思っていますか。

---

1 可能かもしれない ➡ ❼「学部長は承認してくれるかもしれない」→「可能かもしれない」ということ

2 費用がかかりすぎるかもしれない ➡ 「費用」に関する発言はない。❼の2文後に出てくる experience を expensive と聞き間違えてこれを選ばないように注意

3 あまりに難しい ➡ ❼「承認してくれるかもしれない」とあるので「あまりに難しい」わけではないと考えられる

4 すべての学生にとってよい ➡ ❺「1年生には認められない」と言っているので選択肢の for all students が本文に合わない／all がきたら「言いすぎ」に注意

No. 28　正解 2　教授は、何をすると約束していますか。

1 学生に申し込み用紙をEメールで送る ➡ ❽「情報が入ったらメールする」と言っているが application form「申込用紙」は話に出てきていない

2 学生の考えを学部長と話し合う ➡ ❻「学部長と話をしてみよう」と言っている

3 有名な美術館への訪問を手配する ➡ 「有名な美術館に行く」という話はない

4 来週再び学生と会う ➡ 「来週また会う」約束はしていない／❽「メールする」と言っているだけ

❸で、instead of ～「～の代わりに」という熟語が使われています。基本熟語なので、特に注意をすることもない人がほとんどなのですが、「～の代わりに…する」という意味で、instead の近く（大体の場合、主節部分）には大事な内容がきます。今回も I want to go to Portugal instead of going on the group trip to Brazil. と、「ポルトガルに行きたい」という主張が主節部分にきていますね。

B　正解 No. 29 4　No. 30 3　No. 31 2

放送英文　　　　　　　　　　　　🧑: man 👩: woman

Situation: A student is talking to her advisor.

🧑 So, what can I help you with today, Sayaka?

👩 I heard there's a new scholarship for education students. I was hoping you could tell me more about it.

🧑 I think you're probably talking about the Willard Memorial Scholarship.

👩 Yeah, I think that's it. ①Professor Larkins told me about it. It's for students who want to teach science.

🧑 Yes, that's right. Let's see ... here's the information. It says, "The Willard Memorial Scholarship is awarded annually to a student majoring in education who intends to teach science at the secondary school level. The scholarship will be awarded based on academic merit, an essay explaining your academic goals, involvement in science- and education-related activities, and ②financial need."

👩 Hmm. My grades are pretty good, and I'm paying my own tuition, so I definitely have financial need. I'm not sure about the other two criteria, though.

though.

I can help you with your essay, if you like. And as for involvement in science- and education-related activities, do you participate in any student groups?

I did during first semester, but I got busy and haven't gone lately.

③If you want to be a competitive scholarship applicant, it would be good to become active in some student group.

When is the application due?

④Not for another four months.

OK. ⑤I'm going to start volunteering in the chemistry lab again and start going to meetings of the Future Teachers' Club.

That should help your application. Remember, ⑥work hard to keep your grades up. And ⑦come back when you're ready to start working on your essay.

⑧I'll do that. You've been a big help.

Always a pleasure.

Questions:

No. 29 How did the student hear about the scholarship?
No. 30 What does the advisor say that the student should do?
No. 31 Why will the student come back to see the advisor again?

重要語句

語 scholarship「奨学金」 criteria criterion「条件」の複数形 competitive「競争力のある」
句 as for ～「～に関しては」 keep ～ up「～を高く保つ」

放送英文の和訳   《奨学金の応募条件》

状況：学生が、アドバイザーと話している。

今日はどんなご用件ですか、サヤカ？

教育専攻の学生に対する新しい奨学金があると聞いたので、詳しくうかがいたいと思ったのです。

多分、ウィラード記念奨学金のことを言っているのだと思います。

ええ、それだと思います。①ラーキンス教授からうかがいました。科学を教えたい学生のためのものです。

ええ、その通りですね。えーと…これがその情報です。「ウィラード記念奨学金は、中等教育レベルの科学を教えることを意図している、教育専攻の学生に毎年与えられる。本奨学金は優秀な成績、学業上の目標を説明したエッセイ、科学と教育に関連した活動への参加と、②経済的な支援の必要性に基づいて与えられる」とあります。

うーん。私の成績はかなりよいですし、自分で授業料を払っていますから経済的な必要は確かにあります。でも残り2つの条件についてはわかりません。

  👤 ご希望があればエッセイを手伝えますよ。科学と教育に関連した活動への参加に関してですが、何か学生グループに参加していますか。

  👤 1学期の間は参加しましたが、忙しくなったので最近は参加していません。

  👤 <u>❸奨学金の申請者として優位に立ちたいのであれば、何らかの学生グループで活動を始めたほうがよいですね。</u>

  👤 申し込み期限はいつですか。

  👤 <u>❹まだ4カ月は先ですよ。</u>

  👤 わかりました。<u>❺化学研究室でのボランティアをまた始めて、「未来の教師クラブ」の会合にも通い始めます。</u>

  👤 それは申請に役立つはずです。<u>❻頑張ってよい成績を維持することも忘れないでください。</u>そして、<u>❼エッセイに取りかかり始める準備ができたらまた来てくださいね。</u>

  👤 <u>❽そうします。</u>本当に助かりました。

  👤 いつでも歓迎しますよ。

No. 29　**正解** 4　　学生はどのようにして奨学金のことを知りましたか。

1 学資支援事務所で ➡ 学資支援事務所の話はない／❷「経済的な支援が必要」なことは奨学金の条件の1つ

2 ウェブサイトで ➡ 「ウェブサイト」の話はない

3 別の学生から ➡ 「別の学生」の話はない

4 教授から ➡ ❶「ラーキンス教授に教えてもらった」とある

No. 30　**正解** 3　　アドバイザーは、学生が何をすべきだと言っていますか。

1 学校で仕事を探す ➡ 「学校で仕事を探す」という話はない

2 科学の授業をもっと多く取る ➡ ❻「よい成績を維持するように一生懸命勉強しなさい」と言っているが、「より多くの科学の授業を取りなさい」とは言っていない

3 学生グループに参加する ➡ ❸「学生グループで活動したほうがいい」とある

4 できるだけ早く応募する ➡ ❹「締切は4カ月先」とあり、急ぎなさいとは言っていない

No. 31　**正解** 2　　なぜ学生は、再びアドバイザーに会いに来ますか。

1 クラブ活動に参加するため ➡ 「クラブ活動に参加するためにアドバイザーの所に帰ってくる」とは述べられていない

2 エッセイを書く手助けを得るため ➡ ❼「エッセイを書き始める準備ができたらまた来なさい」→❽「そうします」とある

3 推薦状を受け取るため ➡ 「推薦状」の話はない

4 彼のオフィスでボランティア活動をするため ➡ ❺「化学実験室でボランティアをする」と言っているが、「アドバイザーのオフィスでボランティアする」とは言っていない

😀 **ポイント**

  ❻の直前に、Rememberという表現があります。この単語があまりに簡単なため、特に何も注意しない人がほとんどなのですが、「覚えておきなさい」と命令文で言っている以上、必ず重要なことがきます。今回はRememberの直後でwork hard ... と言って、さらにその後にAndで続けて❼come back ... と**No. 31**の解答のキーになる部分がきています。

C	正解 No. 32 3 No. 33 1 No. 34 4

放送英文   👤: woman 👤: man1 👤: man2

Situation: Two students are talking to a professor about an upcoming event.

👤 Professor Tanaka, ①Shawn and I were wondering if you have a few minutes to tell us about the Life Sciences Week next month. We've heard that you're one of the organizers.

👤 Yes, Anita. I'm part of the organizing committee. ②You and Shawn are freshmen, right? So this is your first Life Sciences Week?

👤 That's right. It looks like it's a really big deal.

👤 Yeah, ③I've seen posters for it in all the classroom buildings. Since Anita and I are both biology majors, we thought we should participate as much as we can. Besides attending lectures and presentations, is there anything we can do?

👤 Sure. ④We always need student volunteers. There are a lot of different things volunteers can do—help during registration, work at the information desk, assist setting up and taking down displays—we'd love to have your help. ⑤There are some training sessions starting next week. If you go to the Life Sciences Week website, you can sign up for one.

👤 ⑥OK, sounds good.

👤 Yeah, we'll definitely volunteer. Are there any other activities we shouldn't miss?

👤 You already mentioned the lectures and the presentations— ⑦there are some famous scientists coming to talk about their research, so be sure not to miss them. That's one of the real highlights of the week. ⑧There will also be a vendor fair and a job fair.

👤 A vendor fair?

👤 ⑨It's an exposition for companies to show off their latest technology. You might see some amazing new inventions before they're available to the public.

👤 And ⑩a job fair? Hmm, we're only first-year students.

👤 True, but ⑪many of these employers also hire summer interns. So you might want to keep that in mind.

👤 Thanks so much for all the information.

👤 Yeah, thank you. And we'll definitely see you there!

Questions:

No. 32 What are the students interestsed in?
No. 33 What will the students probably do next week?
No. 34 According to the professor, what can the students see at the exposition?

重要語句

語 big deal「重大な事」 job fair「就職説明会」 exposition「展示会」
句 be sure not to ～「～をしないようにしてください」 keep ～ in mind「～を念頭に置く」

放送英文の和訳　　　　　　　　　　　　　　　　　　　　《イベントについての質問》

状況：2人の学生が、今度のイベントについて教授と話している。

🧑 タナカ教授、①ショーンと私に、来月の「生命科学週間」について教えていただくお時間はありますでしょうか。教授が主催者の一人だとうかがいました。

🧑 ええ、アニタ。私は組織委員会の一員です。②あなたとショーンは1年生ですよね？では今回の「生命科学週間」が初めてですね？

🧑 その通りです。かなり大がかりな行事のようですね。

🧑 そう、③すべての教室棟にそのポスターが貼ってあるのを見ました。アニタと僕は2人とも生物学専攻なので、できるだけ参加すべきだと思ったのです。講義とプレゼンに出席する他に、僕たちに何かできることがあるでしょうか？

🧑 もちろんです。④学生ボランティアは常に必要です。登録の手伝いや、受付の仕事や、展示の設置や片づけの手伝いなど、ボランティアにできる様々なことがたくさんありますから、手伝ってくれればとても助かります。⑤来週始まる研修がいくつかありますよ。「生命科学週間」のウェブサイトにアクセスすれば登録できます。

🧑 ⑥なるほど、それはいいですね。

🧑 はい、必ず志願します。他に何か逃してはならない行事はありますか。

🧑 講義とプレゼンについてはもう言っていましたよね。⑦何人かの有名な科学者が研究について話しに来ますから、ぜひ逃さないでください。それはその週の大きな見所の1つです。⑧業者展示会や就職説明会もあります。

🧑 業者展示会？

🧑 ⑨企業が最新技術を披露する展示会です。一般発売の前に、いくつかの素晴らしい新発明を見られるかもしれません。

🧑 それと⑩就職説明会ですか？ うーん、私達はまだ1年生ですよ。

🧑 確かにそうですが、⑪これらの雇用者の多くは夏季インターンも雇いますから、そのことを念頭に置いておいたほうがいいかもしれません。

🧑 いろいろと情報をありがとうございます。

🧑 ええ、ありがとうございました。では必ずそこでお目にかかります！

No. 32 　正解 3　　学生は、何に興味がありますか。

1 ボランティアの機会を説明するイベント ➡ ④Life Sciences Weekでは「ボランティアが必要」なだけで、ボランティアに関するイベントではない

2 大学1年生のためのイベント ➡ ②「アニタとショーンは1年生なので初めてのLife Science Weekになる」とあるので、1年生以外も参加できると考えられる

3 科学研究を取り上げているイベント ➡ ①「Life Sciences Weekについて話を聞きたい」

と言っている

4 もうすぐ卒業する学生のためのイベント ➡ ⓫「企業側は夏期インターンも雇う」ということから「卒業が迫っている学生」だけのためのイベントではないとわかる

No. 33 正解 1   学生は、来週おそらく何をするでしょうか。

1 研修に参加する ➡ ❺来週「研修」があり、それに対して❻「それはいいですね」と言っている

2 教授の講義に行く ➡ 教授の講義については述べられていない／❶講義が行われるLife Science Weekが開催されるのは来月

3 夏期研修に申し込む ➡「夏期研修に申し込む」という発言はない

4 キャンパス中にポスターを貼る ➡ ❸「ポスターを見た」とはあるが、貼ることについては述べられていない

No. 34 正解 4   教授によれば、学生は展示会で何を見ることができますか。

1 学生の研究に関するプレゼン ➡ ❼「有名な科学者が研究について話す」とあるが「学生の研究」の話はない

2 学生を雇っている企業 ➡ ❿⓫「会社が学生を採用する」のはjob fair「就職説明会」

3 有名な科学者による講演 ➡ ❼「有名な科学者の講演」が行われるのは講義とプレゼン

4 新しい製品 ➡ ❾「最新の技術を企業が見せ、新しい発明品を見られるかもしれない」とある

😀 **ポイント**

❾の直前に、A vendor fair?とありますね。難しい語句を聞き返す⇒相手がそれを説明⇒その部分はかなりの確率で正解のキーになる（今回は**No. 34**）という、お決まりのパターンです。

Part 2B

| D | 正解 No. 35 4 No. 36 1 No. 37 2 No. 38 1 |

放送英文

Situation: You will listen to an instructor discuss multitasking.

Multitasking. ①It's efficient, or so we're told, and we find it woven into our lives thanks to new technologies like smart phones and tablet computers. But aside from the value our society places on multitasking, ②what are its real pros and cons?

Studies do suggest some benefits to the ability to perform multiple tasks. For example, ③multitaskers are good at finding information quickly. Moreover, they actively seek out this new information rather than simply wait for the media to deliver it. Multitaskers also seem to enjoy their work more. Performing different tasks simultaneously provides interest and diversity in one's day, which reduces boredom.

However, ④research indicates that multitasking decreases efficiency in several ways. For example, ⑤multitaskers have a hard time ignoring irrelevant information. The modern world floods us with news and entertainment, and multitaskers simply take it all in. Also, in their hunger for new information, ⑥they tend to overlook the old—some of which is quite valuable. In fact, because of these bad habits, ⑦multitaskers are actually worse at switching between tasks than non-multitaskers.

So, is multitasking bad? I don't think so. ⑧I suggest that the solution is to train multitaskers to process information—not just acquire it. How can this be done? That will be the subject for your discussion groups today.

Questions:

No. 35 **What is the main theme of this lecture?**
No. 36 **What are multitaskers good at doing?**
No. 37 **What does research indicate about multitasking?**
No. 38 **What does the speaker propose doing for multitaskers?**

重要語句

語 multitasking「複数作業を同時に行うこと、マルチタスク」 pros and cons「よい点と悪い点」

句 weave A into B「AをBに織り込む」 have a hard time -ing「～するのに苦労する」

放送英文の和訳 《マルチタスク》

状況：講師がマルチタスクについて話すのを聞きます。

マルチタスク。**❶**それは効率的であるか、または効率的だと言われており、スマートフォンやタブレット型コンピュータのような新技術のおかげで、私達の生活に織り込まれているとわかります。しかし、社会におけるマルチタスクの価値は別として、**❷**その本当の長所と短所とは何でしょうか。

複数の作業をこなす能力の利点は、研究ではっきり示されています。たとえば、**❸**マルチタスクをする人は、素早く情報を見つけることが得意です。さらに、彼らは単にメディアが新情報を届けるのを待つより、むしろ積極的に探し出します。またマルチタスクをする人は、よりいっそう仕事を楽しんでいるようです。様々な作業を同時にこなすと、一日が興味深く多様なものとなり、退屈することが少なくなります。

しかし、**❹**研究はマルチタスクがいくつかの点で効率性を低下させることを示しています。たとえば、**❺**マルチタスクをする人は、無関係な情報を無視するのが苦手です。現代の世界はニュースや娯楽であふれており、マルチタスクをする人はそれらをただすべて受け入れてしまいます。また、彼らは新情報に飢えているため、**❻**非常に貴重なものも混じっている旧情報を見落す傾向があります。実際、これらの悪癖のせいで、**❼**マルチタスクをする人は、そうでない人よりも、作業を切り替えることが下手です。

では、マルチタスクは悪いのでしょうか。私はそうは思いません。**❽**私が提案する解決方法は、マルチタスクをする人を、情報をただ得るのではなく、「処理」するように訓練することです。どうすれば、これができるでしょうか。それが、本日の皆さんのディスカッショングループのテーマです。

No. 35　正解 4　この講義の主なテーマは何ですか。

1　より効果的にマルチタスクをする方法 ➡ 「より効率的にマルチタスクを行う」という話はない

2　マルチタスクがどのように人気を得たか ➡ 「マルチタスクが人気になった」話はない

3　マルチタスクにおける技術の役割 ➡ **❶**「新技術」について述べられているが、そのことが主要なテーマではない

4　マルチタスクの長所と短所 ➡ **❷**疑問文で「テーマ」を提示しており、第2段落で長所、第3段落で短所について話している

No. 36　正解 1　マルチタスクをする人は、何が得意ですか。

1　新情報を素早く見つけること ➡ **❸**「情報を素早く見つけるのが得意」とある／locateは「〜を探す・見つける」という意味。findがlocateに言い換えられている

2　無関係な情報を無視すること ➡ **❺**これは「マルチタスクをする人がうまくできないこと」の例。have a hard timeはbe good atの反対の意味

3　新旧の情報を合わせること ➡ **❻**「古くて価値のある情報を見落とす」とある／「新旧の情報を合わせる」話はない

4　作業を切り替えること ➡ **❼**「作業を切り替えるのは苦手」とある

No. 37　正解 2　マルチタスクについて研究が示していることは何ですか。

1　メディアによって広められる ➡ **❶**「新技術のおかげで生活にすっかり入り込んでいる」とは言っているが「メディアがマルチタスクを推進する」話はない

2　人々の効率を低下させる ➡ **❹**「いくつかの点においては効率が下がる」とある

3　健康問題を引き起こす ➡ 「健康問題」に関する話はない

4　問題解決を促す ➡ **❽**にsolution「解決策」とあるが、「マルチタスクが問題の解決を促進する」とは述べられていない

No. 38 　正解　1　話し手は、マルチタスクをする人のために何をすることを提案していますか。

1　情報の処理方法を学ぶ手助けをする ➡ ❽「情報を処理できるように訓練する」とある。suggest が propose に言い換えられている

2　問題について話し合う機会を与える ➡ 「問題について話し合う」という話はない

3　もっと幅広い情報に触れさせる ➡ ❻「(情報が多すぎると)価値のある情報を見落とす」という内容に相反する

4　一度に１つの作業に集中するよう促す ➡ 「一度に１つの作業だけに集中させる」という話はない

❷の what are its real pros and cons? で、この後に「よい点は〜、悪い点は〜」と話が続くことが予想できますね。この２つを整理しながら、場合によってはメモを取りながら聞く練習を、何度もしてください。ちなみに、pros and cons「よい点と悪い点」は、大学入試ではあまり見かけませんが、英語の議論や英検１級の面接では頻出であり、今後 TEAP でも多用されることが予想されます。

E 　正解　No. 39 3　No. 40 4　No. 41 1　No. 42 2

放送英文

Situation: You will hear part of a lecture from an English literature class.

Today ❶we're going to talk about a famous poet named E. E. Cummings. Cummings has been described as one of the most innovative poets of the twentieth century. ❷His poetry is unique in a number of ways. ❸He put punctuation in unexpected places, and he was very inventive with words. ❹He made up words and used common words in different ways. In addition, Cummings played with the visual format of poems. ❺Most American poetry is arranged in a column, but Cummings did things differently. ❻He often arranged words in unusual ways on the page to add a visual element to the poem. Where he placed words was as important as the meanings of the words themselves. Despite this seemingly odd use of language and formatting in his poetry, Cummings was a very popular poet. However, ❼he was more popular with the public at large than he was with literary critics.

❽Your next assignment is to write a poem in the style of E. E. Cummings. When you present your poem to the class, be prepared to defend your style. I want this to be your own original poem, but I want you to try to challenge yourself the way ❾Cummings challenged the conventions of poetry.

Questions:

No. 39 **What is the main topic of this passage?**
No. 40 **What is one thing the speaker says about E. E. Cummings?**
No. 41 **What does the speaker ask the students to do?**
No. 42 **What contribution does the speaker think Cummings made to poetry?**

重要語句

語 inventive「独創的な」 seemingly「一見」 public at large「一般大衆」
句 be described as ～「～と称される」

放送英文の和訳　　　　　　　　　　　　　　　　　　《E・E・カミングス》

状況：英文学の授業の講義の一部を聞きます。

　本日は、❶有名な詩人であるE・E・カミングスについて話します。カミングスは、20世紀で最も革新的な詩人の一人と言われています。❷彼の詩は、多くの点で独特です。❸予想もしないところに句読点を打ち、言葉が非常に独創的でした。❹彼は単語を創作し、ありふれた言葉を様々な方法で使いました。これに加えて、カミングスは詩の視覚的な文字の置き方で遊びました。❺アメリカの詩のほとんどは列に配置されますが、カミングスは異なる方法を用いました。❻彼は詩に視覚的な要素を加えるために、よく単語を独自の方法でページ上に配置しました。単語の位置が、単語の意味自体と同様に重要だったのです。彼の詩のこの一見妙な言葉使いと形式にもかかわらず、カミングスは詩人として非常に人気がありました。しかし、❼文芸評論家よりも一般大衆に人気がありました。

　❽皆さんの次の課題は、E・E・カミングスのスタイルで詩を書くことです。詩をクラスに発表する際は、自分のスタイルを擁護する準備をしていてください。皆さん独自の詩を書いてほしいと思いますが、❾カミングスが詩の従来の技法に挑んだようなやり方で、自分自身に挑んでほしいと思います。

No. 39　**正解** 3　このパッセージの主なテーマは何ですか。

1 E・E・カミングスに影響を受けた詩人 ➡ 「E・E・カミングスに影響を受けた詩人」の話はない

2 E・E・カミングスに関する批評家の意見 ➡ カミングスに対する批評家の意見については詳しく述べられていない

3 E・E・カミングスの詩の作り方 ➡ ❶❷❸❹「E・E・カミングスの詩の特徴」を話している

4 E・E・カミングスの有名な詩 ➡ 具体的な「E・E・カミングスの有名な詩」の話はない

No. 40　**正解** 4　話し手がE・E・カミングスについて言っていることの1つは何ですか。

1 彼は、批評家を喜ばせるために執筆した ➡ ❼「彼は批評家よりも一般の人に人気があった」とある

2 彼は、句読点を避けた ➡ ❸「予期できない場所に句読点を打った」とある

3 彼は、列の形式を使った ➡ ❺「大半の詩は列の形式だが、カミングスは違う」とある

4 彼は、独自の方法で言葉を使った ➡ ❹「ありふれた言葉を様々な意味で使った」、❻「独自の方法で単語を配置した」とある

Listening Section

Part 2B

No. 41　正解 1　話し手は、学生に何をするように言っていますか。

1　詩を書く ➡ ⑧「カミングス風の詩を書くのが次の課題」とある。write が compose に言い換えられている
2　詩に1行追加する ➡「詩に1行加える」という話はない
3　詩の批判的な評論を書く ➡「詩の批判的な評論を書く」という話はない
4　彼らの好きな詩を説明する ➡ ⑧「カミングス風の詩を書く」とある／「好きなように」ではない

No. 42　正解 2　話し手は、カミングスが詩にどのように貢献したと考えていますか。

1　彼の手法は今では標準だとみなされている ➡「カミングスの詩が今では standard（標準）になっている」という話はない
2　彼は、詩の新しいスタイルを取り入れた ➡ ⑨「詩の従来の技法に挑んだ」→「新しいスタイルを導入した」ということ
3　彼は、詩を教える方法を変えた ➡「詩の教え方」の話はない
4　彼の作品は、無料で入手できた ➡「カミングスの作品が無料で手に入る」という話はない

> **No. 40** の問題は、かなり細かいことまで聞いているので、正直リスニングでこういった内容を覚えておくのはかなり難しいですし、メモも追いつかないのが普通でしょう。**1** から **3** の選択肢は判断に迷うところですが、判断は一旦保留して、すべての選択肢に目を通すほうが効率的です。この問題であれば、**4** が確実に正解と言えます。「迷ったら立ち止まらず、全部の選択肢に目を通す」という姿勢で。

F　正解　No. 43　3　No. 44　1　No. 45　4　No. 46　2

放送英文

Situation: You will hear a professor talking about a major construction project.

Next in our investigation of the world's great engineering achievements is the Channel Tunnel. This tunnel stretches under the English Channel from England to France. ➊The first known plan for the tunnel was in 1802, with the aim of transporting horse-drawn carts. Then, in the 1880s, workers dug a three-kilometer section of tunnel. ➋However, the project was abandoned due to British concerns about national security. Over a hundred years later, the governments of Britain and France finally agreed on an acceptable design proposal. Construction took five years and was completed in 1994.

No part of the Channel Tunnel passes through water. Instead, engineers drilled 40 meters under the seabed. Construction began from France and England simultaneously, 50 kilometers apart, using lasers to guide the direction. Eleven huge tunneling machines were used, and ➌since they could not be turned around easily and taken out, some were left buried underground. ₄Miraculously, when the two sides of the tunnel finally met, there was only a few millimeters difference.

Financially, however, the tunnel cannot yet be called a success. ₅It was 80 percent over budget when completed, and has only recently made any profit after debt payments. Nevertheless, ₆20 years after the tunnel's completion, over 10 million people use it each year.

Questions:

No. 43 **What is one thing we learn about the Channel Tunnel?**
No. 44 **Why was construction of the tunnel stopped in the 1880s?**
No. 45 **What does the speaker say about construction of the tunnel?**
No. 46 **In what way was the tunnel a success?**

重要語句

語 horse-drawn cart「馬車」 miraculously「奇跡的に」 debt payment「債務支払い」

句 with the aim of -ing「〜の目的で」

放送英文の和訳　　　　　　　　　　　　　《英仏海峡トンネルの建設プロジェクト》

状況：教授が主要な建設プロジェクトについて話しているのを聞きます。

　世界の工学的な偉業に関する我々の調査が次に取り上げるのは、英仏海峡トンネルです。このトンネルは、イギリス海峡の下を通って、イングランドからフランスまで伸びています。₁知られている限りの最初のトンネル計画は 1802 年で、目的は馬車の輸送でした。その後 1880 年代に、作業員らがトンネルのうち 3km を掘りました。₂しかし、英国が国家の安全を懸念したためにプロジェクトは断念されました。100 年以上もたってから、英国政府とフランス政府は、容認できる設計案についてようやく同意しました。建設には 5 年かかり、1994 年に完了しました。

　英仏海峡トンネルは一部たりとも水中を通っていません。その代わりに、技術者が海底下 40m に穴を掘りました。建設は 50km を隔ててフランスとイングランドで同時に始まり、方向を導くために、レーザー光線を使用しました。11 台の巨大なトンネル掘削機械が使われ、₃それらの向きを容易に変えて外に出すことができなかったため、いくつかは地中に埋めたまま放置されました。₄奇跡的なことに、トンネルの両側がついに合わさったとき、その誤差はわずか 2、3mm でした。

　しかしながら、財政的にはトンネルはまだ成功とは言えません。₅完了時には予算を 80%も超過しており、債務支払い後に少しでも利益が出るようになったのはつい最近のことです。それでも、₆トンネルが完成して 20 年、毎年 1000 万人以上が使用しています。

No. 43　正解 3　英仏海峡トンネルについてわかることの 1 つは何ですか。

1 英国の一般市民はプロジェクトについて知らされていなかった ➡「英国の一般市民」に関する話はない

2 それは、現代の技術があったからこそ可能になった ➡「現代の技術を利用して可能になった」という話はない。過去に計画を諦めた理由は ❷「国の安全保障」の問題である

3 それが最初に提案されたのは、200 年以上前である ➡ ❶「最初の計画は 1802 年」とある

4 フランス政府が意見を提案した ➡ フランスとイギリスのどちらが提案したのかは述べられていない

No. 44　正解 1　　トンネルの建設が1880年代に中止されたのはなぜですか。

1 英国の安全保証に対する懸念があったから ➡ ❷「英国の国家の安全に関する懸念が原因」とある。設問文では、abandonedがstoppedに言い換えられている
2 フランスの労働者がストライキをしたから ➡「ストライキをした」という話はない
3 コストがあまりに高かったから ➡ ❺「完成時に予算をオーバーしていた」とある
4 3km掘った後で技術的な問題が起こったから ➡「技術的な問題が起こった」という話はない

No. 45　正解 4　　話し手は、トンネルの建設について何と言っていますか。

1 世界中から技術者が雇われた ➡「技術者が世界中から雇われた」という話はない
2 最初の50mが最も費用がかかった ➡「最初の50mの費用が一番高い」という話はない
3 数百万ガロンの水をポンプで汲みあげる作業を含んでいた ➡「数百万ガロンの水」に関する話はない
4 いくつかの機械が地中に残された ➡ ❸「地中に残されたままの機械もある」とある

No. 46　正解 2　　トンネルはどのような点で成功でしたか。

1 最終的な費用が当初の予算に近かった ➡ ❺「完成時には予算を80%超えていた」とある
2 2つの側がほぼ正確に計画通りに合わさった ➡ ❹「両側が合わさったとき、数ミリしかズレていなかった」とある
3 数百万もの人々が、アンケートにおいて賛同を示した ➡「数百万の人がアンケートで賛意を示した」という話はない／❻は「over 10 million people（1000万人以上の人々）が毎年利用する」とあるだけ
4 今やフランスへの旅行者の大半がトンネルを使用する ➡「旅行者の大半がトンネルを使う」とは述べられていない

> ❹にMiraculously「奇跡的に・不思議なことに」という単語があります。リスニングでは、こういう単語に感性豊かに反応してください。「ミラクルだ」と言っているわけですから、重要なことがくるはずで、それは当然頻繁に狙われます。実際、**No. 46**の解答のキーになっていますね。他に、Surprisingly「驚くことに」なども同様です。
> その他の重要ポイントは、❷のdue to ～「～が原因で」という因果表現で、因果を表す箇所はよく狙われます。**No. 6**のポイントで解説したsinceが❸で使われています。

G　正解 No. 47 4　**No. 48** 1　**No. 49** 2　**No. 50** 3

放送英文

Situation: You will hear part of a lecture on economics.

　OK, now I'll discuss ❶ predicted job increases in different professions over the next 10 years. These are government estimates taken from the website given in your textbook. I recommend that you visit the site to learn more.

Economic and social conditions often affect what actually happens in many of these professions. In the graph, we can see that healthcare-related professions are expected to see the greatest growth, at roughly 28 percent. ②This is likely the result of the aging population. Computer-related occupations are also expected to make steady gains. The government predicts 18 percent growth in this field. ③Education jobs and those in legal fields should see similar growth, with estimates at 11 percent and 10 percent, respectively. ④Other fields such as food preparation, transportation, and the arts should all grow, but by less than 10 percent. Sales positions, particularly for retail jobs, will experience lower-than-expected growth, coming in at 7 percent. ⑤Sales positions are often the first to be cut when the economy weakens.

Of course, this graph shows only those professions expected to make positive gains. The government report also shows fields where a drop in jobs is expected. ⑥One of these is farming, which is expected to experience a 3 percent decrease in jobs.

Questions:

No. 47 What is the lecture mainly about?
No. 48 What does the speaker say about jobs in healthcare?
No. 49 Please look at the graph. Which of the following is represented by the letter X?
No. 50 What does the speaker say about sales positions?

重要語句

語 roughly「大体」 aging population「高齢化人口」 respectively「それぞれ」
句 come in at ～「～という結果になる」

放送英文の和訳　　　　　　　　　　　　　　《10年後の職業別仕事増加率》

状況：経済学についての講義の一部を聞きます。

では次に、①今後10年間に予測される様々な職業の仕事増加率を検討します。これらは、テキストに載っているウェブサイトから抜粋した政府の予測です。もっと詳しく知るために、サイトにアクセスすることを勧めます。

経済と社会の状況は、これらの職業の多くの実状にしばしば影響を与えます。グラフでは、医療関連の仕事が、およそ28％と最も大きな伸びを予測されているのがわかります。②これは、高齢化人口の結果だと思われます。コンピュータ関連の仕事も安定した増加が予測されています。政府はこの分野に18％の増加を予測しています。③教育関連の仕事と法律の分野の仕事では、それぞれ11％と10％と、同じような成長が予測されています。④調理、輸送や芸術といったその他の分野はすべて増加しますが、10％未満にとどまります。販売職、特に小売業は7％となり、予想より低い成長となるでしょう。⑤景気が後退すると、しばしば販売の仕事が真っ先に人員削減の対象となります。

もちろんこのグラフは、増加が予測される仕事だけを示しています。政府の報告には、

仕事数の低下が予想される分野も示されています。⑥<u>その１つが農業で、3％減少する見込みです。</u>

No. 47　正解 4　主に何に関する講義ですか。

1 最も競争率の高い仕事の分野 ➡「競争の激しい職業」という話はない

2 異なる業種間の給与の比較 ➡「給料の比較」の話はない

3 仕事の人気順位 ➡「職業の人気」については述べられていない

4 異なる業種間における今後の雇用の増加率 ➡ ❶「次の10年間で予測される様々な職業の増加」→「様々な業界のこれからの雇用の増加」ということ／industryは「業界・業種」

No. 48　正解 1　話し手は、医療の仕事について何と言っていますか。

1 仕事の空きは高齢化人口に影響される ➡ ❷「高齢化人口の結果だろう」とある

2 それは、政府に厳しく管理されている ➡「政府が規制する」という話はない。Healthcare-relatedとは言っているが、regulateとは言っていない

3 与えられている数字は信頼できない ➡「数字が信頼できるかどうか」という話はない

4 それは、若い専門家に人気がある ➡「若い人に人気」という話はない。❷でpopulationという単語が出てくるが、popularとは言っていない

No. 49　正解 2　グラフを見てください。Xの文字で示されているのは次のうちどれですか。

1 農業関連の仕事 ➡ ⑥「農業は3％減少する」とあるので、このグラフにはない

2 教育関連の仕事 ➡ ❸「教育関連と法律関係が同じくらい」「教育は11％」とある

3 輸送関連の仕事 ➡ ❹「輸送関連などは増加率が10％未満」とある

4 飲食関連の仕事 ➡ ❹「食品関連などは増加率が10％未満」とある

No. 50　正解 3　話し手は、販売の仕事について何と言っていますか。

1 全体的に賃金が低い ➡「給料」の話はない

2 労働者はその仕事を長い間続けない ➡「働く期間」の話はない

3 景気の後退にすぐ影響される ➡ ⑤「経済が弱体化すると販売職は最初に仕事が減る」とある。poor economyはeconomy weakensの言い換え

4 多くの業界からの労働者がその仕事に引きつけられる ➡「多くの業界の労働者が引きつけられる」という話はない

ポイント

❷でthe result of ～「～の結果」という因果表現が出ています。やはり因果表現は、**No. 48**で狙われています。**No. 48**の**1**のaffect「影響を与える」、**No. 50**の選択肢**3**のinfluence「影響を与える」も、広い意味で因果を表す重要な動詞です。しかも**No. 48**と**No. 50**では、両方とも正解になっています！ それほど重要な表現と言えるでしょう。

✏️ Writing Section

Task A

解答例

❶ The passage discusses the benefits and disadvantages of e-book readers. ❷ One benefit is that e-book readers are light and can hold many books, so this is convenient for travelers. ❸ In addition, owners can save time because they can buy books without going to the bookstore. ❹ On the other hand, e-book readers can break. ❺ If that happens, owners can't read any books at all. ❻ Moreover, you can't write notes in e-books by hand. （ここまでで 72 words）❼ Based on these factors, individuals have to decide for themselves whether or not to use an e-book reader. （合計 90 words）

解答例の和訳

❶この文章は、電子書籍リーダーの長所と短所について論じています。❷長所の1つは、電子書籍リーダーが軽いのに多くの本を入れられることで、そのためこれは旅行者にとって便利です。❸加えて、リーダーを持っていれば書店に行かなくても本を買えるので、時間を節約できます。❹一方、電子書籍リーダーは壊れることがあります。❺もしそうなると、リーダーを持っていても、どの本もまったく読むことができません。❻そのうえ、電子書籍には手書きでメモを入れることができません。❼これらの要因をふまえて、一人ひとりが自分で電子書籍リーダーを利用するかどうかを判断しなければなりません。

設問文の指定はabout 70 words「約70語」なので、それに合わせるなら❻の文で終えてOK（❼の英文では結局結論を出さず「人によりけり」なので、なくても可能）。その分、❷〜❻までの長所・短所をしっかりと書きます。

課題文の分析 🔍

英文は、「徹底分析」(p.30)で解説した通りの構造です。リーディングセクションで出てくる英文に比べれば簡単ですね。

【第1段落】導入 ：最近は電子書籍の利用者が増加中 ➡ ❶
【第2段落】長所 ：持ち運びしやすい、書店に行かずにすぐ読める ➡ ❷❸
【第3段落】短所 ：壊れて読めなくなる可能性、書きこめない ➡ ❹❺❻
【第4段落】まとめ：どちらがよいか自分で判断するべき⇐結論は出ず ➡ ❼

解答作成の準備 📚

(1)「要約」なので、絶対に自分の意見・体験を入れてはいけません。

(2) 課題文が綺麗な構成なので、その順番通りに書いていけばOKです。

(3) ロジック・目的等を明確に示すために、ディスコースマーカーを使いましょう。

(4) 長所・短所を挙げた後に、極力その「理由」を書くようにしましょう。こういうところを意識できるか否かで解答の質がまったく変わってきますよ。

解答の作成 ✏

❶ The passage discusses the benefits and disadvantages of ～「今回の文章は～の長所と短所を論じています」はTEAPの英作文で重宝する（おそらく毎回使える）表現なので、完璧に書けるようにしておきましょう。

❷ One benefit is that ～「長所の１つは～」も必ず使う表現です。この英文ではsoを使って「軽い→旅行に便利」とつなげています。

❸ In additionで「さらに」長所を述べることを明確にしています。また、ただ長所を挙げるだけでなく、becauseでその理由もきちんと挙げています。

❹ On the other handで「長所の反対（短所）」を挙げることを明示しています。

❺ If that happensで前の文から自然につなげています。

❻ Moreoverで、「さらに」短所を述べることをハッキリさせています。ここまでで長所・短所をバランスよく述べることができていますし、語数も十分です。課題文の最終パラグラフには目新しい情報がないので、ここで終わりにしてもOKです。

❼ 最終パラグラフを要約する余裕があるならば、この文のようなことを書きます。Based on these factorsは「まとめ表現」として知っておくといいでしょう。後半はwhether to ～「～するかどうか」にor notが割り込んだ形です。what to ～ やhow to ～ はよく知られていますが、whether to ～ の形は、英語上級者でも意外と知らないのでしっかりチェックしておいてください。よく使われますよ。

指示文・課題文の和訳 →別冊p.44

　あなたは教師から、以下の文章を読んで、筆者が電子書籍について述べていることを要約するよう言われました。およそ70語から成る１つのパラグラフで要約しなさい。

　本には多くの異なった種類がある。歴史や自然といった様々なテーマについて事実に基づく情報が得られる本もあれば、楽しく読んでくつろげるおもしろい話が読める本もある。従来、人々は紙に印刷された本を読んでいた。だが、この状況は変わり始めている。最近では、電子書籍リーダーで電子書籍を読む人がどんどん増えつつあるのだ。

　人々が電子書籍を好む理由はいくつかある。たとえば、ジョン・ウォーラスは旅行好きだ。彼は以前、旅行に出かけるときに本を1、2冊しかバッグに入れられなかった。本は重くてかさばるからだ。今では、彼は1つの電子書籍リーダーに何冊もの電子書籍を入れて行ける。電子書籍が人気の理由は他にもある。書店に行く暇がない人が多いのだ。オンラインで本を買うにしても、配達されるのを待たなければならない。電子書籍ならインターネットからダウンロードでき、ほんの数秒しかかからない。

　しかし、電子書籍にもいくつか欠点はある。キャロル・ブロックは以前、電子書籍を読んでいたが、

あるとき電子書籍リーダーを落として壊してしまった。たくさんの電子書籍を買ったのに、読めなくなってしまったのだ。現在、彼女はまた紙の本を読んでいる。また、テキストの重要な語句や文に、ペンや鉛筆で下線を引く人もいる。ジム・フィールドは、大学で英文学を学んでいる。彼は読書中に、よく本に手書きのメモを書き込む。電子書籍ではこうはできないだろう。

　どちらの種類の本にもそれぞれの利点と欠点がある。どちらの種類のほうがよいかは、人々が各自で判断すべきである。

重要語句

🗒 factual「事実の」　traditionally「従来」　take up ～「(場所など)～をとる」

Task B

解答例

❶　Some people in the Greenhill community are concerned that the lack of funding is causing difficulties for art education in Greenhill. They are proposing various solutions to improve the situation. Some of them cost money, but others rely on volunteers and donations.　　　　(42 words)

❷　Mary Jones, the Chairperson of the Greenhill High School PTA has two suggestions. First, she proposes that local businesses donate materials such as cardboard boxes and packing materials to be used in art classes. Second, she suggests that local artists talk to students about their work on a volunteer basis.　　　　(50 words)

❸　Frank Smith, director of the Greenhill Arts Council also has two suggestions to improve art education in the community. His first suggestion is to increase the amount of taxes spent on education, citing that it is a smaller part of the budget than any other category. His second recommendation is that local artists volunteer to teach students.　　　　(57 words)

❹　Of all the recommendations, having local artists volunteer in the classroom seems the most practical. Mary's and Frank's recommendations were very similar, so they should work on a plan together and implement it. For Mary's suggestion about getting donations from local businesses, she could talk with members of the PTA to see if any of their companies could donate materials. Finally, changing the education budget will most likely be difficult. Frank should try to get support from other voters and talk to local politicians about his idea.　　　　(87 words / 合計 236 words)

解答例の和訳

❶　グリーンヒル地域の一部の人々は、資金不足のせいでグリーンヒルにおける美術教育が困難になっていることを心配しています。彼らは、状況を改善するための様々な解決策を提案しています。お金がかかる案もありますが、ボランティアと寄付に頼る案もあります。

❷　グリーンヒル高校のPTA会長であるメアリー・ジョーンズには、2つの提案があります。まず、彼女は地元の企業がダンボール箱や包装資材など美術の授業で使われる資材を寄付することを提案しています。次に、地元の美術家がボランティアとして、彼らの仕事について学生に講演することを提案しています。

❸　グリーンヒル美術協会の会長であるフランク・スミスにも、地域の美術教育を改善するための提案が2つあります。彼の最初の提案は、教育に費やす税金の増額で、教育費が他のどの項目より少ないことに言及しています。彼の2つめの提案は、地元の美術家が進んで学生を教えることです。

❹　すべての提案の中で、地元の美術家に教室でボランティアをしてもらうことが最も現実的に思えます。メアリーの、そして、フランクの提案は非常に似ているので、彼らは一緒に計画に取り組んで実施すべきです。メアリーは、地元の企業に寄付してもらうという案のために、PTAのメンバーに彼らの会社のいずれかが資材を寄付できるかどうかを話してもよいかもしれません。最後に、教育費の予算を変更することは、おそらく難しいでしょう。フランクは、他の有権者の支持を得て、地元の政治家に彼の考えを話すべきです。

課題文の分析 🔍

【テーマ】　　「グリーンヒルの学校での美術の授業に関する状況」についてです。

【左のグラフ】タイトルはGreenhill Art Education Fundingで「グリーンヒルにおける美術教育の資金」ということです。美術教育の資金はここ数年間で減っていることがわかります。

【右のグラフ】タイトルはUse of Tax Dollars in Greenhill (2014)「グリーンヒルにおける税金の用途」です。2014年のみの情報で、前年度と比べての情報はありません。「教育」は10%のみ、他の項目に比べて少ないことがわかります。

【左の文章】(地元の新聞記事)【主張：美術教育が必要】

　　　　　　提案①：地元の企業が資材を提供 (本来廃棄するためコスト不要)

　　　　　　提案②：地元の美術家に学校で話をしてもらう (無料と承諾済み)

【右の文章】(編集者への投書)【主張：美術教育が必要】

　　　　　　提案①：税金の用途を再検討／教育が最も重要

　　　　　　提案②：地元の美術家が学校で教える (ボランティア)

解答作成の準備 🧱

(1) 段落構成

　　4段落構成 (現状の描写・1人目の提案・2人目の提案・結論) がシンプルで書きやすいでしょう。約200語ということなので、各段落で40語・50語・50語・60語くらいをメドにするといいでしょう。

(2) 結論を書く準備

　　【左の文章】に対する評価：提案されていることは、筋が通っていて、美術に対する予算が少ないことも検討に入れています。

　　【右の文章】に対する評価：1つめの提案 (税金の用途の再検討) は、受け入れがたいも

のがあります。「教育の用途が 10%」だからといって、それがすなわち「教育を軽視している」とは言い切れません。というのは、グリーンヒルはもしかしたら子供の数が少ないのかもしれませんし、他の町は 10%より少ないかもしれないからです。2 つめの提案（芸術家のボランティア）は、コスト不要で、左の文章の主張とも合いますのでこれを推したいところです。

解答の作成 🖊

❶ **グラフや文章から読みとれる現状について説明します。** グリーンヒルの人たちが何を懸念しているのかを中心に書きます。ここで使う「現状の描写」の表現は、かなり決まっています。Some people (in the Greenhill community) are concerned that 〜、cause difficulties for 〜、They are proposing various solutions to improve the situation.、Some of them 〜, but others ... などはいろいろな場面で使えるので、必ずマスターしておきましょう。

❷ **Mary Jones の 2 つの提案を書きます。** A such as B「B のような A」は具体例を挙げるときに重宝する表現です。3 文目では、第 1 段落と直前の文で propose を使ったので、suggest を使っています。このように、英文にバリエーションを持たせることも大事です。

❸ **Frank Smith の 2 つの提案を書きます。** 動詞（propose、suggest）の次は、名詞（suggestion、recommendation）を使って、英文にバリエーションを持たせています。このように、ちょっとした工夫・気づきから、美しい英文を書くことができるのです。最後の文にある volunteer to 〜「進んで〜する」という表現は、TEAP でかなり役立ちそうなので、この機会にマスターしておきましょう（この volunteer は動詞です）。

❹ **最後に自分の結論を書きます。** 最初の文にある Of all the recommendations, 〜 seems the most practical. も、ぜひ押さえておきたい表現です。文頭の Of は「〜のうちで」という意味で、文末の最上級（ここでは the most practical）とセットで使われます。今回は「美術家のボランティア」を推しています。2 人の意見が一致していること、協力可能だということ、そして他の案は、さらなる話し合い（PTA や有権者・政治家との）が必要になるので、実現がその分難しくなる可能性がある、ということを理由にしています。解答を書き終えたら、自分の書いた英文を読み返して「余分なことはないか」「論理の矛盾はないか」、そして何よりも「設問の要求にこたえているか」をチェックしましょう。同時に英文法のミス・スペルミス・ちゃんと読める字かどうかも確認してください。

[指示文・課題文の和訳]　→別冊 p.46

あなたは教師から、以下の情報を用いてクラスのためのエッセイを書くよう言われました。グリーンヒルの学校での美術の授業に関する状況を説明して、提案されている解決策の要点をまとめなさい。結論では、与えられた根拠に基づいて、どれが最善の解決策だと思うかを述べなさい。およそ 200 語で書くこと。

【左のグラフ】グリーンヒル美術教育資金
　　　　　6 万ドル　　4 万ドル　　2 万ドル　　0 ドル
【右のグラフ】グリーンヒルにおける税金の用途（2014 年）
　　　　　法執行機関　35 パーセント　　　　　交通機関　20 パーセント
　　　　　公園及びレクリエーション　20 パーセント　　公共図書館　15 パーセント
　　　　　教育　10 パーセント

【左の記事】　　　　　　　　　　　グリーンヒル日刊新聞

　先日の教育委員会会議で、グリーンヒル高校のPTA会長であるメアリー・ジョーンズは、学校の現在の問題について話した。彼女は、美術教育は生徒にとって重要であり、美術プログラムを成功させる方法は数多くあると述べた。「学生は幅広い教育を受けるべきであり、美術教育もその1つです」と語った。

　具体的には、ジョーンズは地元の企業が美術の授業の必要資材を寄付することを提案した。彼女は続けて、このことが企業にたいした負担を与えないと説明した。「実際、授業で使えるはずの多くの物を、企業はただ処分しているのです。たとえば、ダンボール箱と包装資材は、あらゆるプロジェクトに役立ちます」と彼女は述べた。

　ジョーンズはまた、地元の美術家や美術界での経験がある人々に働きかけることを提案した。彼女は、著名な地元の彫刻家であるチャールズ・アンダーソンとすでに話したと述べた。アンダーソンは無償で学校を訪問して、自分の仕事について学生に講演をする意思を示している。ジョーンズは、「美術教師を雇う余裕がないならば、代わりにチャールズのような人々を活用してはどうでしょうか」と語った。

　教育委員会はこれらの提案を検討し、今後の会議で折り返し報告する予定である。

【右の記事】　　　　　　　　　　　編集者への投書

編集者様

　私はフランク・スミスといいまして、グリーンヒル美術協会の会長です。グリーンヒルの学校における現在の問題に対処する方法をいくつか提案したいと思います。最も重要なこととして、地方自治体は、我々の税金がどのように使われているかを再検討する必要があります。グリーンヒルにとって必要なことは多くあり、もちろん道路の整備や公園の管理は必須です。しかし、教育は我々の最も大切な投資であり、美術の授業を含む教育プログラムがきちんと資金供給されるようにすべきです。その後で、市の他のプログラムの資金を考慮すべきです。

　さらに、地元の美術家の参加を求めるとよいでしょう。彼らは進んで学校の美術の授業を教えてくれるかもしれません。これによって学生たちは、美術を職業としている人々に会う機会を得られます。きっと美術家の方々にも自らの才能を若者と分かち合うよい機会となるでしょう。我々はこの地域の一員として、ただ現状に不満を述べるのではなく、地域の若者の教育を改善するために直接行動すべきです。

敬具

フランク・スミス

重要語句

語 enforcement「(法律などの)施行」　board「委員会」　fund「〜に資金を提供する」talent「才能」

句 cardboard box「段ボール箱」　can't afford to 〜「〜する(金銭的・経済的)余裕がない」make use of 〜「〜を利用する」　a number of 〜「多数の〜」

🗣 Speaking Section 🔊

＜入室から試験開始まで（Introduction）＞

解答例

👤 : Examiner 👤 : Examinee

👤 ①Come in, please. ②Good afternoon.
👤 Good afternoon.
👤 ③Please have a seat.
👤 Thank you.
👤 ④May I have your examinee form, please?
👤 ⑤Yes. Here you are.

👤 Thank you. My name is Robert Bennett.
   May I ask your name please?
👤 My name is Mami Tsujita.
👤 Nice to meet you, Mami.
👤 Nice to meet you, too.
👤 Just a moment, please.

解答例の和訳

👤：試験官 👤：受験者

👤 ①どうぞお入りください。②こんにちは。
👤 こんにちは。
👤 ③どうぞお座りください。
👤 ありがとうございます。
👤 ④あなたの受験票を渡していただけますか。
👤 ⑤はい。これです。

👤 ありがとうございます。私はロバート・ベネットです。お名前をうかがえますか。
👤 私はツジタマミです。
👤 はじめまして、マミ。
👤 はじめまして。
👤 少々お待ちください。

😊 **ポイント**

- **まずはノック**：ドアをノックしてから部屋に入ります。① Come in, please. と言われることもありますから、ノックしてから一呼吸置いてドアを開けましょう。

- **挨拶**：② Good afternoon. などの挨拶をして、③ Please have a seat. と言われたら座ります。

- **用紙を手渡す**：④ May I have your examinee form, please? と言われたら、用紙を手渡します。そのときに⑤ Yes. Here you are. を忘れないように。その後は自己紹介などがあります。

＜Part 1（Interview）＞

解答例

👤 : Examiner 👤 : Examinee

👤 Okay, let's begin. First, I'd like to learn a little bit about you.
   Do you like to read books?
👤 Yes, I do.
👤 ①What kind of books do you like to read?

👤 ①I like to read mysteries.
👤 I see.
   When you were a junior high school student, did you do any volunteer activities?

👤 ... Yes, I did. ③I collected garbage with my class along the river.

👤 I see.
In the future, would you like to live in the city or in the countryside?

👤 I think I would like to live in the countryside.

👤 ④Why would you like to live in the countryside?

👤 Because I can relax when I am surrounded by nature.

👤 I see. Thank you. Let's go on to Part 2.

解答例の和訳

👤：試験官　👤：受験者

👤 では始めましょう。最初に、あなた自身のことについて少々お聞かせください。
読書は好きですか。

👤 はい、好きです。

👤 ❶どんな種類の本を読むのが好きですか。

👤 ❷ミステリーを読むのが好きです。

👤 わかりました。
あなたは中学生の頃に、何かボランティア活動をしましたか。

👤 …はい、しました。❸クラスで、川沿いの

ゴミ収集をしました。

👤 なるほど。
あなたは将来、都市に住みたいですか、それとも地方に住みたいですか。

👤 私は地方に住みたいと思います。

👤 ❹なぜ、地方に住みたいのですか。

👤 自然に囲まれていると、リラックスできるからです。

👤 なるほど。ありがとうございます。Part 2 に進みましょう。

 ポイント

自分から「もう１つの情報」を足す！

　個人に関する質問に答えます。Yes・Noだけで終えてもそれ自体は問題ありませんが、その後に、「さらにつっこんだ質問」(❶のWhat kind of books do you like to read?)や「理由」(❹のWhy would you like to live in the countryside?)を聞かれるので、自分から「プラス１の情報」を入れたほうが、応えやすい上に、積極的に見えるのでオススメです (❸のI collected garbage with my class along the river.)

　❷mysteriesは「ミステリー小説全般」を表します。このように「総称（〜というもの全部）」を言いたいときは、「theなし複数形」を使います。the mysteriesとしないこと。これは「ある特定のミステリー小説」という意味のときに使います。

＜Part 2（Role Play）＞

解答例

👤：Examiner　👤：Examinee

👤 Now. I'd like *you* to interview *me*. Here are the instructions.
For a class report, you will interview a university professor. And I am the university professor.

👤 Yes.

👤 You should ask me questions about the topics on this card. You have thirty seconds to read the card and think about what to say. Here is the card.

👤 Thank you.

👤 Okay. Please begin the interview.

- Hello. May I ask you some questions?
- Yes, please.
- How many classes do you teach in a week?
- I teach ten classes per week.
- Ten classes. Thank you.
  What year did you start teaching?
- I started teaching in 1995.
- I see.
  What things do you like about your job?
- I enjoy listening to young people's ideas, and I enjoy the research part of my job, too.

- I see.
  What is your most memorable experience as a professor?
- I spent one month in Paris with a group of my students doing research.
- Thank you.
  What subject do you teach?
- I teach art history.
- Thank you very much.
- Thank you. May I have the card back please?
- Yes. Here you are.
- Thank you.

Speaking Section

Part 1

Part 2

解答例の和訳

:試験官 :受験者

- では、次はあなたが私にインタビューをしてください。今から説明をします。
  授業のレポートのために、あなたは大学の教授にインタビューします。そして私がその大学教授です。
- はい。
- このカードに書いてあるテーマについて、私に質問してください。30秒間でカードを読んで、何を言うかを考えてください。カードはこちらです。
- ありがとうございます。
- では、インタビューを始めてください。
- こんにちは。いくつか質問をしてもいいですか。
- ええ、どうぞ。
- 週に何コマ教えていますか。
- 私は週に10コマ教えています。
- 10コマですね。ありがとうございます。教職についたのは何年でしょうか。

- 1995年に教職につきました。
- そうですか。
  ご自身のお仕事で、気に入っている点は何でしょうか。
- 若い人たちの考えを聞くのは楽しいですし、仕事の研究部分も楽しいですね。
- そうですか。
  教授として最も印象的な経験は何でしょうか。
- パリで1カ月間、生徒たちのグループと研究をして過ごしたことですね。
- ありがとうございます。
  どの教科を教えていらっしゃいますか。
- 美術史を教えています。
- ありがとうございました。
- ありがとうございます。カードを返していただけますか。
- はい。どうぞ。
- ありがとうございます。

カードの和訳

「こんにちは、いくつか質問をしてもいいですか」という文で、インタビューを始めてください。

以下について尋ねてください。
- 一週間に❷教えている ❶クラスの数
- 自分の仕事で気に入っている点
- 教職を始めた年
- 教授として最も印象的な経験

（時間があまれば、もっと質問をしてもかまいません）

カードの語句を利用して「文法的に正しい英文」で！

カードに書いてある語句を、そのまま言うのではなく、部分的に利用し、正しい文法に従って質問します。たとえば今回の問題の最初の質問事項では、以下のように語句を利用します。

❶ The number of classes → How many classes
❷ he/she teaches → do you teach

＜Part 3（Monologue）＞

解答例

👤: Examiner 👤: Examinee

👤 Now, I'd like you to talk for about one minute about the topic on *this* card. You have thirty seconds to read the card and think about what to say. Here is the card. Please begin preparing now.

👤 Okay, please begin speaking.

👤 ❶I agree with the statement, "There should be more security cameras in public places." ❷There are many bad people in the world, such as terrorists, people who steal and so on. ❸So if there are more security cameras in public places, the police can use the video to find the criminals. ❹That is why I think there should be more security cameras in public places.

👤 I see. Are you finished?

👤 Yes.

👤 Okay, could I have the card back please?

👤 Here you are.

👤 Thank you.

解答例の和訳

👤: 試験官 👤: 受験者

👤 では、このカードに書いてあるテーマについて、約1分間話していただきます。
30秒間でカードを読んで、何を言うかを考えてください。カードはこちらです。では、準備を始めてください。

👤 では、話し始めてください。

👤 ❶私はこの「公共の場所にはもっと防犯カメラを設置すべきである」という意見に賛成です。❷世の中には、テロリストや窃盗をはたらく人など、たくさんの悪人がいます。❸ですから、公共の場にもっと防犯カメラがあれば、警察はその映像を使って犯罪者を見つけられます。❹そういう理由で、公共の場所にもっと防犯カメラを設置すべきだと思います。

👤 なるほど。以上でしょうか。

👤 はい。

👤 結構です。カードを返していただけますか。

👤 どうぞ。

👤 ありがとうございます。

カードの和訳

「公共の場所にはもっと防犯カメラを設置すべきである」
あなたはこの意見に賛成ですか。なぜ、またはなぜ賛成しないのですか。

「英文の型」をマスターしておく！

このような賛成・反対意見を述べるスピーチでは、テーマを予想するのは難しいことですが、英文の型をしっかりマスターしておくだけで格段に答えやすくなります。

❶ まずは、I agree〔disagree〕with the statement で始め、その後にテーマを繰り返します。

❷ such as は、具体例を挙げるときにとても便利な表現です。

❸ If sv, SV. 「もしsvなら、SVだ」は簡単な構文ではありますが、役立つ便利な表現です。Ifを使った構文を自分で使えるようにしておきましょう。

❹ That is why 〜 「そういうわけで〜」は、結論を言うときに便利な表現です。

＜Part 4（Extended Interview）＞

【解答例】

Now, I'd like to ask you some questions about different topics.

First, let's talk about advertising. Should advertising for tobacco and alcohol products be banned?

Yes, I think so.

Why do you think so?

Because children can see the advertisements, but children shouldn't smoke tobacco or drink alcohol. ❶So, if there is no advertising for tobacco and alcohol, fewer children will become interested in them. That's why I think they should be banned.

I see.

Are people these days too concerned about gaining material wealth?

❷I don't think so. Everybody needs money to live. Most Japanese people just want to be "average," so they just want to be comfortable, not to become rich. So I think that people these days aren't too concerned about gaining material wealth.

I see.

Okay. Now, let's talk about education. Should schools teach students more about the traditional culture of their country?

I think so.

Uh-huh.

❸For example, Japanese society is very westernized now. But I think we can only understand our country if we learn about Japan's history and traditional culture, such as Japanese calligraphy and *kimonos*. So I think schools should teach students about their country's culture.

I see.

Have people today forgotten the value of reading books?

❹Yes, I think so. Many people spend all of their free time looking at their smartphones or using the Internet. But I think people could learn more by reading books instead. So I think people today have forgotten the value of reading books.

I see. Okay, thank you. This is the end of the test.

Thank you.

You may go now. Here is your examinee form.

Thank you.

Have a good day.

Thank you. You, too.

Thanks.

Speaking Section

Part 2

Part 3

Part 4

解答例の和訳　　　　　　　　　　　　　　　　　　👤：試験官　👤：受験者

👤 今度は、様々なテーマについて、いくつか質問をしたいと思います。
まず、広告について話しましょう。煙草と酒類の広告は禁止すべきでしょうか。

👤 はい、そう思います。

👤 なぜそう思いますか。

👤 なぜなら、子供は広告を見られますが、煙草を吸ったりお酒を飲んだりしてはならないからです。❶ですから、もし煙草や酒類の広告がなければ、それらに興味を持つ子供がより少なくなります。そういう理由で、それらを禁止すべきだと思います。

👤 なるほど。
最近の人々は、物質的な富を得ることに関心を持ちすぎていますか。

👤 ❷そうは思いません。誰でも生活するのにお金が必要です。ほとんどの日本人は、ただ「平均」でありたいと思っているので、快適に暮らしたいだけで、裕福になりたいわけではないのです。ですから、最近の人々が物質的な富を得ることに関心を持ちすぎているとは思いません。

👤 なるほど。
わかりました。では、教育について話しましょう。学校は、自国の伝統的な文化についてもっと学生に教えるべきですか。

👤 そう思います。

👤 なるほど。

👤 ❸たとえば、日本の社会は今、非常に西洋化されています。しかし、私達は日本の歴史と、書道や着物などの伝統文化について学んで初めて、自分の国を理解することができると思います。ですから、学校は、自国の伝統的な文化についてもっと学生に教えるべきだと思います。

👤 なるほど。
現代人は、読書の価値を忘れてしまいましたか。

👤 ❹はい、そう思います。多くの人々は、ひまな時間のすべてを、スマートフォンを見たりインターネットを利用したりして過ごしています。しかし、人々が代わりに本を読めば、もっと多くを学べるはずだと思います。ですから、現代人は、読書の価値を忘れてしまっていると思います。

👤 なるほど。わかりました。ありがとうございます。これでテストは終了です。

👤 ありがとうございました。

👤 では、お帰りください。受験票をお返しします。

👤 ありがとうございます。

👤 よい一日をお過ごしください。

👤 ありがとうございます。よい一日を。

👤 ありがとうございます。

😀 **ポイント**

Part 1、Part 3 で使う知識をフル動員！

Part 1のように、Yes・Noだけでなく、詳しく説明できることは自ら付け足していくこと。また、Part 3で出てきたThat's whyなどもドンドン使っていきましょう。

❶ ここでもifを使っています。後半はThat's whyが出てきました。

❷ "average"のように強調したいときは、強く大きく発音します。当たり前のことながら、実際の試験では忘れがちなので、こういうテクニックも駆使していきましょう。

❸ we can only understand our country if ～ は「～の場合のみ理解できる」⇒「～したとき初めて理解できる」という、マスターするとかなり使い勝手がよい表現です。また、calligraphyなど難しいと思うかもしれませんが、「日本文化」は鉄板ネタですから、自分が言いたいと思っていることに関連する語句はしっかり事前に覚えておきましょう。

❹ Many people ... the Internet. はそのまま他の質問でも使えそうな鉄板表現ですね。people today「現代の人々」もよく使います。必ずマスターしましょう。

実戦問題②

📖 Reading Section

Part 1

(1) **正解** 1　　**1** 援助　**2** アンケート　**3** 容量　**4** 視点

> [和訳] 学生は、対象となる可能性のある、あらゆる奨学金の申請用紙を記入する際の<u>援助</u>を得るために、学資援助事務所を訪れることができます。

重要語句　**句**　fill out ~「~に記入する」　be eligible for ~「~の資格のある」

 ポイント

　assistance with ~「~に関する援助」です。このwithは、help 人 with ~「~に関して人を手伝う」のwithと同じ「関連（~に関する、~について）」を表します。

(2) **正解** 3　　**1** プログラム　**2** 風景　**3** 施設　**4** 娯楽

> [和訳] セイラム大学は最近、5月に新しいレクリエーション<u>施設</u>の建設の開始を予定していると発表した。

重要語句　**語**　construction「建設」

 ポイント

　facilityは本来「容易さ」という意味です（difficultyの対義語）。「容易にする力」→「能力」という意味が生まれ、さらに「容易にするための場所」→「施設」となりました。大学受験ではさほど強調されませんが、大変重要な単語です。

(3) **正解** 4　　**1** 記事　**2** 特性　**3** 特徴　**4** 講義

> [和訳]「本日の授業は、2つのパートに分かれています」と、教授は告げた。「まず、健康保険制度についての短い<u>講義</u>を行い、それから皆さんにその長所と短所をグループで議論してもらいます」

重要語句　**語**　divide「~を分ける」　health insurance「健康保険」

 ポイント

　「教授が与えるもの」という文脈から、**1** article「論文、記事」と **4** lecture「講義」にしぼり、「授業が2つのパートに分かれ、後半はディスカッション」という内容から **4** を正解と判断すればOKです。

(4) **正解 2**　　**1** 情報　　**2** 証拠　　**3** 解剖学　　**4** 実演

[和訳] 研究者は最近、インドネシアのフローレス島で、これまで知られていなかった人類の種の証拠を発見した。

重要語句　語　previously「以前に」　species「種」

　evidence of ～「～の証拠」という意味です。**3** anatomyはかなり難しい単語ですが、受験生であれば、『解体新書』が参考にしたと言われる『ターヘル・アナトミア』と関連付ければいいでしょう（『ターヘル・アナトミア』はオランダ語。anatomyと似ていますね）。**1** informationは「～に関する情報」という意味を表す場合、直後にaboutやonを取ります（of は取りません）。

(5) **正解 2**　　**1** 卓越した　　**2** 減少しつつある　　**3** 残っている　　**4** 反対の

[和訳] 多くの大学に定時制で学位を取得したい学生のための課程がある一方で、この課程に関心を持つ人々の数は減少している。

重要語句　語　pursue「～を追い求める」

　文頭のWhileは、While sv, SV.「svな一方で、SVだ」という対比を作るので、後半（主節）は、「少ない」という意味の単語が入ることになります。opposingは「（意見・考えが）反対の」という意味です。

(6) **正解 1**　　**1** 年間の　　**2** かけがえのない　　**3** 不可欠な　　**4** 期日を過ぎた

[和訳] 車でキャンパスに通学したい学生は、駐車事務所に学生証を持参して、年間許可証を購入しなければなりません。許可証は、9月から翌年の8月まで有効です。

重要語句　語　commute「通学（通勤）する」　permit「許可証」　valid「有効な」

　空所直後の文で「9月から翌年の8月まで有効」とあるので、「1年の」という意味のannualを選びます。valid「有効な」という単語もTEAPでは狙われそうですから、しっかりチェックしておきましょう。

(7) **正解 4**　　**1** 加わる　　**2** 取引する　　**3** 産出する　　**4** 適応する

[和訳] 学生が留学中にカルチャーショックを受けるのは珍しくないが、何が起こりうるかを知っていれば、より早く適応するのに役立つ。

重要語句　語　uncommon「珍しい」　句　in advance「事前に」

Reading Section

Part 1

　「カルチャーショックは避けられないが、事前の知識が役立つこと」は、「その文化に適応すること」と考え、adjustを選びます。他の選択肢では意味が変、もしくは曖昧になりますね。

(8) **正解** 3　　**1** 取り扱われる　　**2** 防がれる　　3 取り組まれる　　**4** 損なわれる

[和訳] 市長は、環境専門家と話すとすぐに、大気汚染問題に取り組むと約束した。

重要語句 **語** issue「問題」　air pollution「大気汚染」

　address an issue「ある問題に取り組む」という単語のつながりが正解の決め手になります。addressは重要多義語で、本来は「向ける」という意味で、そこから、「話を向ける」→「話しかける、演説」、「課題に意識を向ける」→「取り組む」となりました。有名な「住所」は「手紙をぽ〜んと向ける宛先」ということなんです。

(9) **正解** 3　　**1** 〜することを促す　　**2** 分配する　　3 どうにか〜する　　**4** 高まる

[和訳] スペンサー教授はクラスを教えたり、研究を行ったり、出版向けの論文を準備したりして忙しいにもかかわらず、常にどうにかして学生と話すために時間を割いている。

重要語句 **語** conduct「〜を行う」　publication「出版」

　manage to 〜「どうにか〜する」という意味です。直後にto不定詞を取る重要表現です。「苦労しながらもどうにかうまいこと〜する」というニュアンスがあります。

(10) **正解** 2　　**1** 〜でない限り　　2 さもないと　　**3** それに応じて　　**4** 同様に

[和訳] コースの参加を中止したい人は、中止期限の前にそうしなければなりません。もしそうしなければ、コースで落第点を受けるおそれがあります。

重要語句 **語** withdrawal「取り消し」　deadline「期限」

　空所の前（「締め切り前にキャンセルする」）と空所の後（「落第点を受ける」）の文脈から、**2** Otherwise「もしそうしなければ」を選びます。**1** Unlessは接続詞（Unless sv, SV. の形を作る）ですから、これは即刻排除しないといけませんね。

(11) **正解** 1　　1 保留の　　**2** 壊れやすい　　**3** 控えめな　　**4** 遠隔の

[和訳] 夏の間に図書館の開館時間を延長するという図書館役員会の決定は、スタッフ不足のために保留となっています。

重要語句 **語** board「役員会」　extend「〜を延長する」　shortage「不足」

この文の主語はdecisionで、「decisionが（　　）」という文の骨格をつかまないとミスしやすいでしょう。首からぶら下げるアクセサリーを「ペンダント（pendant）」と言いますが、**1** pendingは「決定をしないでペンダントのように決めるべきことをぶらぶらさせている」→「未解決の、未定の」となりました。

---

(12)　**正解** 4　　**1** 願わくば　　**2** 驚くほどに　　**3** 初めは　　**4** かなり

[和訳] スマート・ウォッチの売上高は昨年と比べて<u>かなり</u>増加したが、これはまだメーカーの期待には達していない。

重要語句 [語] sales「売上高」 expectation「期待」　[句] be short of ～「～に達していない」

　increase significantly「かなり増える」という言い方は重要なので覚えておきましょう。この設問では、後半の「メーカーの期待に達しない」から、**1** hopefullyや **2** surprisinglyは不正解になります。

---

(13)　**正解** 3　　**1** 気前がよい　　**2** 見積もりの　　**3** 十分な　　**4** 広範囲にわたる

[和訳] 骨の病気である骨粗しょう症の原因の1つは、<u>十分な</u>カルシウムとビタミンDを取っていないことだ。

重要語句 [語] calcium「カルシウム」 osteoporosis「骨粗しょう症」

　osteoporosis「骨粗しょう症」は、実は大学入試でもたまに見かける単語なので、受験生は知っておくべきなのですが、今回はbone diseaseから文脈を予想できると思います。

---

(14)　**正解** 2　　**1** 決定　　**2** 選択肢　　**3** 動機　　**4** 解釈

[和訳] 精神科医には、精神疾患のある患者を治療するためにいくつかの選択肢がある。その中には、脳の働きを変える薬や、医師が患者と対話する心理療法もある。

重要語句 [語] psychiatrist「精神科医」 treat「～を治療する」 mental disorder「精神疾患」 therapy「心理療法」

　「薬を使う、患者と対話する」などは、精神科医が持つ治療に対する様々な「選択肢」です。**4** interpretation「解釈」は少し難しいかもしれませんが、「ある1つの事象に対するそれぞれの考え方」のことですね。

(15) **正解** 1 　　1 ～を非難した　　2 ～を怒らせた　　3 ～を結合した　　4 ～を汚染した

和訳 その大統領候補は、より高い税金は有権者により多くの困窮をもたらすだけであると言って、対立候補の増税案の支持を非難した。

重要語句 語 presidential candidate「大統領候補」 opponent「対抗者」 voter「有権者」

　denounceも難しい単語ですが、今回は、2 offendにひっかからないかがポイントです。offendは「攻撃」のイメージはキッパリと捨てて、「気分を害する、怒らせる」と覚えてください。

(16) **正解** 1 　　1 ～を輸入する　　2 ～を探す　　3 ～を保持する　　4 ～を結合する

和訳 自動車メーカーはアジア全域から部品を輸入しているが、日本で車両を組み立てている。

重要語句 語 component「部品」 assemble「～を組み立てる」 vehicle「乗り物」

　2 searchにひっかからないように注意しましょう。searchは、search 場所 の形で、直後には「場所を表す名詞」がきますので、ここで入れると「部品の中を探す」という意味になってしまいます（search for 物 なら「物 を探す」という意味になります）。

(17) **正解** 2 　　1 ～を再検討する　　　　2 ～が正しいかどうか確認する
　　　　　　　　　　　3 ～を扱う　　　　　　　4 ～を請求する

和訳 学生は大学のデータベースの、授業登録情報が正しいかどうか確認する責任を負う。学生は大学のウェブサイトにログインすることで、いつでもこの情報を確認することができる。

重要語句 語 registration「登録」

　verify ～ informationで「～の情報を確かめる」となります。また、その直前にあるbe responsible for ～「～に対して責任がある」も重要です。さらに、大学での内容がよく出るTEAPでは、class registration「授業の登録」、log in to the university's website「大学のウェブサイトにログインする」もチェックしておきましょう。

(18) **正解** 4 　　1 ～をしっかり掴む　　2 ～にぶつかる　　3 ～を引き受ける　　4 ～に対抗して戦う

和訳 すべての小説は何らかの対立を含んでいる。「人間対自然」というカテゴリーにおいては、主人公は海上の嵐などの自然の猛威と戦う。

重要語句 語 involve「～を含む」 conflict「対立」 category「範疇、カテゴリー」

「人間 vs. 自然」の意味になるものは、struggles against だけです。struggle は「努力する」、against は「〜に対して」です。特に熟語というものではありませんが、それぞれの単語の意味を考えて正解を出す、TEAPでよく出るパターンの問題です。

(19)　**正解** 3　　**1** 〜に頼って　　**2** 〜と比較して　　3 〜を援助して　　**4** 〜を指摘して

　[和訳] 引退したバスケットボール選手は、自分が育った貧しい地域の子供たちを援助することに多くの時間を費やした。

　重要語句 [語] retired「引退した」

　英文の骨組みは "spend [時間] -ing" の形で、-ing の部分が空所になっています。help out は日本語訳では help と区別しにくいのですが、「困っている人をその状況から外へ（out）救い出す（help）」というニュアンスがあります。

(20)　**正解** 2　　**1** 〜を作り上げる　　2 〜を減らす　　**3** 〜から落ちる　　**4** 〜のことを熟考する

　[和訳] フィジーの生物学者は、地元の漁師が捕らえる魚の数を減らさなければ、特定の種が絶滅するかもしれないと警告している。

　重要語句 [語] biologist「生物学者」　warn「〜と警告する」　certain「特定の」

　空所直後の on に注目して、cut back on 〜「〜を減らす」という熟語を選びましょう。cut は日本語の「切り詰める」という感覚、back は「数字を減らす（数を戻す）」です。on はかなり難しいのですが、「影響、不利益」を表し、The joke is on me.「そのジョークは私へ当てつけたものだ」のようにも使われます。何かに対して影響を及ぼすときに使う on です。

Part 2A

(21) 正解 3

和訳

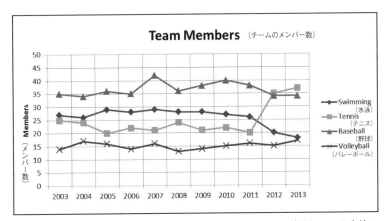

Team Members (チームのメンバー数)

設問：ヒッコリー・グローブ高校で様々なスポーツ・チームに所属している生徒の数は、毎年変わります。上記のグラフに基づくと、最も正しいと思われる記述は次のうちどれですか。

重要語句

語 overall「総合の」 inspiring「やる気を与えるような」 transfer「～を移動させる」

選択肢の意味と解説

1 2008年に、新しいプールの建設工事が終わった ➡ 「新しいプールが完成」すれば、部員が増えそうだが、2008年から減っている

2 2005年以降、野球の全体的な人気は徐々に下がってきている ➡ 2005年から野球部の部員は減り続けていない／大きな変動はなく、増えたり減ったりしている

3 2012年の初めに、プロのテニス選手が生徒に対して、彼の職業についてやる気の出るような講演を行った ➡ 2012年から急激にテニス部員が増えているので、「プロテニス選手がやる気の出るような講演を行った」ということはあり得る

4 2010年に、バレーボール・チームの人気コーチが別の学校へ転勤になった ➡ 2010年からバレーボール部の部員は減っていないので、「人気コーチが別の学校へ転勤となった」とは考えにくい

 ポイント

　設問文の最後にある which of the following statements is most likely to be true? は、あくまで「一番真実でありそうなこと」を選ぶわけで、ハッキリとは読み取れない内容を予想するわけです。そこを意識しないと、「どの選択肢を見ても正解がないような…」と混乱してしまいます。簡単なようですが、時間に追われる本番ではけっこうありがちなミスなので気をつけましょう。

⑵ **正解** 4

和訳

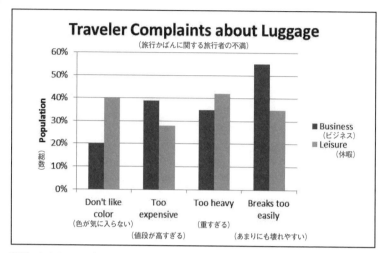

Traveler Complaints about Luggage
（旅行かばんに関する旅行者の不満）

設問：あなたは、ビジネス・マーケティングの授業の事例研究のために、旅行かばんメーカーが生産する新製品を勧めなければなりません。上記のグラフに基づくと、どの製品が最も成功すると思われますか。

重要語句

語 backpack「リュックサック」 lightweight「軽い」 briefcase「書類かばん」 sturdy「頑丈な」

選択肢の意味と解説

1 休暇旅行に行くための明るい色のスーツケース ➡ Leisureのグラフで色に対して不満を持っているのは40%で、2番目なのでthe most successfulとは言えない

2 観光に便利な安いリュックサック ➡ Leisureのグラフで値段に不満を持っているのは30%弱で、4番目なのでthe most successfulとは言えない

3 職業を持つ人のための軽量な機内持ち込み用バッグ ➡ Businessのグラフで「重すぎる」と不満を言っているのは3番目なので、the most successfulとは言えない

4 頑丈な持ち手とファスナーがついた仕事用のブリーフケース ➡ Businessのグラフで使う人の不満が一番多いのが、「あまりに壊れやすいこと」なので、「仕事用の頑丈なかばん」を作るのが最も成功すると考えられる

ポイント

　グラフの中で不満が一番多いのはBreaks too easily「あまりに壊れやすい」ことです。これに対応する選択肢は **4** で、正解の決め手はsturdy「頑丈な」という単語です。ちなみに、設問文にはBased on the graph above, which product would be the most successful? とあるので、ビジネスのグラフが一番高い所（Breaks too easily）に対応している選択肢を探して、そこから判断すれば時間短縮につながります（今回の場合 **4**）。もし時間に余裕があれば他の選択肢も確認、なければとりあえず次の設問へ進む、というのも大事な戦略です。

(23) **正解** 2

和訳

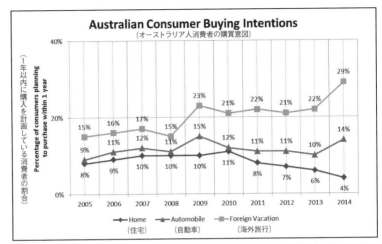

Australian Consumer Buying Intentions
(オーストラリア人消費者の購買意図)

設問：あなたは経済学の講義で、オーストラリア人消費者の購買意図に関する調査の結果を考察しています。上記のグラフにより最も裏付けられる記述は次のうちどれですか。

重要語句

🔤 airline「航空会社」 currency「通貨」 🔤 drive up ～「（価格など）を引き上げる」

選択肢の意味と解説

1 2008 年から、新しい低価格の航空会社が事業を開始し、それによって競争が増して海外旅行はより安くなった ➡ 海外旅行が安くなれば、海外に行く人が増えると考えられるが、2008 年から一時的に増えたものの、その後はしばらくの間ほぼ横ばいである

2 2009 年にガソリンの価格が下がり、そのことが原因で消費者がより多くの大型車を購入することになった ➡ 2009 年には Automobile「自動車」のグラフが増えている

3 2007 年から、外国人投資家の新築住宅の購入が価格をつり上げ、それによってオーストラリア人が住宅を購入する余裕を持つことがより難しくなった ➡ 2007 年～2009 年の Home「住宅」のグラフは大きく変化しておらず、2010 年には増えているので、「オーストラリア人が家を買うのが難しくなった」とは言えない

4 大半の外貨に対するオーストラリアドルの価値は、2010 年から 2013 年の間に特に高かった ➡ 外国通貨に対するオーストラリアドルの価値が上がれば、海外旅行に安く行けるので、旅行者が増えると考えられるが、2010 年～2013 年の間はほぼ横ばいである

 ポイント

1、2、3 の選択肢で分詞構文が使われています。分詞構文にはたくさんの意味があると言われてますが、今回のように主節の後ろにあるとき（SV, -ing ～.）は「SV だ。そして -ing だ」と訳すと自然な意味になることがほとんどなので、まずはこの意味から考えてみてください（今回も 3 つともすべてその考え方でうまくいきます）。

(24) 正解 1

和訳

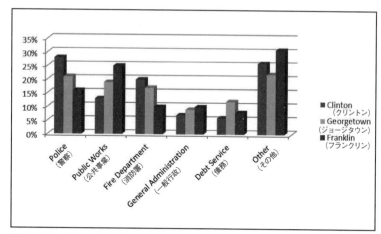

設問：上記のグラフを含むウェブページのタイトルは、次のうちどれだと思われますか。

重要語句

語　public work「公共事業」　property tax「財産税」　budget「予算」

選択肢の意味と解説

1　あなたの市が徴収している税金の使途 ➡ 3つの都市のそれぞれの税金の使われ方が示されているとわかる

2　我々が公共事業により多額の出費を必要とする理由 ➡ Public Works「公共事業」はグラフの中にあるが、これをメインに扱っているグラフではない

3　あなたの資産税の支払い額を減らす方法 ➡ Property Tax「資産税」のグラフはなく、その「減らし方」については触れられていない

4　ジョージタウンの年間予算の変化 ➡ ジョージタウンだけのグラフではなく、「変化」はグラフからは不明

　今回は「市の税金」についての話ですが、この話題はTEAPではリーディングに限らずいろいろなところで出てくるので、特に「重要語句」もしっかりチェックしておきましょう。propertyには「所有物、財産、不動産、性質」といろいろな意味がありますが、すべて本来は「自分が持っているもの」という意味です。

(25) **正解** 3

和訳

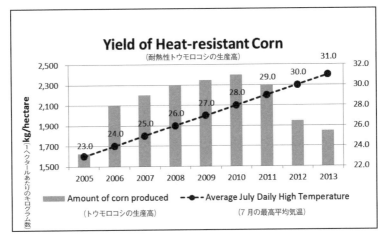

Yield of Heat-resistant Corn
(耐熱性トウモロコシの生産高)

Amount of corn produced（トウモロコシの生産高）
Average July Daily High Temperature（7月の最高平均気温）

設問：研究者は、暑い気候に耐性をもつように作られた新種のトウモロコシについて長期研究を実施しました。上記のグラフにより最も裏付けられる記述は次のうちどれですか。

重要語句

語 yield「生産高、収穫量」 resistant「耐性のある」

選択肢の意味と解説

1 耐熱性トウモロコシの生産高は、気温が最も暑い時期に最も高い ➡ 気温が28度までは生産高も増えるが、29度を超えると減っている

2 気温は、耐熱性トウモロコシの生産高には影響を及ぼさないようである ➡ 気温が24度を下回ると著しく生産高は減り、また29度を超えても減っているので、気温と生産高は無関係とは言えない

3 耐熱性トウモロコシは、気温が24度から29度のときに最も成長するようである ➡ 気温が24度を下回ると著しく生産高は減り、また29度を超えても減っており、その間の気温であれば生産高は多いと言える

4 8月の気温は、7月の気温より大きい影響を生産高に与える ➡ グラフには8月の気温が載っていないので判断できない

 ポイント

設問文のdesigned to ～ は過去分詞で、直前のa new variety of cornを修飾しています。意味は「～するように意図された」です。どうしても「デザイン」のイメージが抜けない人もいるかもしれませんが、designは本来「下に（de）印をつける（sign）」で、そこから「下図を作る」、さらに「計画する、もくろむ、意図する」となったのです（こういった意味でよく使われますのでしっかりチェックを）。

Part 2B

(26) 正解 3

和訳
5kmの慈善マラソン！

ボールズ大学学生活動協議会は、慈善活動のための5kmのマラソンを主催いたします。①集められた資金はすべて、癌の研究に寄付されます。

レースは10月8日の午前10時に、デューイ・ホールの前で始まります。②レースの間、道路は車両通行止めとなります。

③すべての参加者は事前登録をしなければならないので、登録するためにイベントのウェブサイト www.boles-u.edu/charityrun にアクセスしてください。④飲食物を用意して渡すのを手伝うボランティアも募集しています。

皆さんの参加をお待ちしております！

重要語句

語 sponsor「～を支援する」 refreshment「軽い飲食物」

句 set up ～「～を用意する」 hand out ～「～を配る」

選択肢の意味と解説 設問：走者は、イベントの前に何をする必要がありますか。

1 交通安全について学ぶ会合に参加する ➡ ②trafficという単語はあるが、「交通安全についての会合がある」という話はない

2 飲食物のスタンドを設置するのを手伝う ➡ ④volunteers「ボランティア」に求められることであり、runner「走者」がすることではない

3 イベントのウェブサイトでマラソンのために登録する ➡ ③「参加者はウェブ上で登録しなければならない」とある。本文のpre-register、sing up が選択肢では Register for に言い換えられている

4 寄付をするために、大学病院を訪問する ➡ ①「癌の研究に寄付される」とあるが、「大学病院を訪れる」という話はない

 ポイント

今回のような「マラソンで参加費を寄付する」というイベントは、欧米では日本よりずっと世間に浸透しています。それだけに今後TEAPでもよく見かけることが予想されます。チャリティーイベントで必ず使われるのがraiseです（今回も①に出てますね）。raiseは本来「上げる」という意味で知られていますが、「お金を集めて積み上げていく」ことから「（お金を）集める」という意味が生まれました。

(27) 正解 1

和訳
仕事の機会

モントクレア大学アート・ギャラリーは、①すぐに仕事を始められるアルバイトのウェブ開発者の職に学部生を雇いたいと思います。採用者はギャラリーの展示会用ウェブページを更新して、所定のデータベース管理を行います。②応募者は、ウェブサイトの制作と管理の経験が必須です。③応募するには、ギャラリーのウェブサイトにある雇用関係のリンク先から申込書を提出してください。④一次選考に合格した候補者は、職員と面会して自分の作品の実例を示すためにギャラリーに来るよう連絡を受けます。

重要語句 ⟋⟍⟍⟍

語 undergraduate「学部生」 developer「開発者」 screening「選考」

選択肢の意味と解説　設問：すべての就職希望者に要求されることは

1　過去に少なくとも1つのウェブサイトを制作していること　➡ ❷「ウェブサイトを作った経験がなければならない」とある

2　本人が直に申込書を提出すること　➡ ❸「申し込むにはウェブサイト上で申込書を提出する」とある。in person「直に」ではない

3　美術史の課程の学部生であること　➡ ❶「学部生」とはあるがin the art history program のように専攻までは限定していない

4　ギャラリーの職員にプレゼンをすること　➡ ❹「一次選考を通過した人がプレゼンをする」とある

😊 **ポイント**

　　今回の選択肢には、典型的な「ひっかけパターン」が使われています。1つめのパターンは「選択肢の一部は正解、一部が不正解」というもので、**2** のin person、**3** のin the art history programの部分だけが「間違った情報」です。また、もう1つのパターンは「本文に書いてあるけど、設問の要求とは違う」というもので、**4** のプレゼンについては設問のAll applicantsがプレゼンをするわけではありません。雑に本文を読んだり拾い読みをすると、ひっかかる問題です。本文は必ず全部、しっかりと読みましょう。

⒄ **正解** 2

和訳

宛先：ティモシー・ローガン
差出人：ステイシー・ワトソン
日付：9月17日
件名：自主研究

ティモシー様

❶来学期に自主研究調査プロジェクトを行うというあなたの計画について、メールしています。❷社会学部の学部長があなたの企画を承認したと聞いたら、あなたは嬉しく思うでしょう。喜んであなたのプロジェクトを支援いたします。

❸次の手順は、私達が、研究の範囲と目的をはっきりと明示する契約書にサインすることです。❹その件を話し合うために、木曜日に私のオフィス・アワーに来ていただけますか。

よろしくお願いします。
ステイシー・ワトソン
❺社会学部、准教授

重要語句 ⟋⟍⟍⟍

語 sociology department「社会学部」 scope「範囲」 objective「目的」

選択肢の意味と解説　設問：E メールによると、ティモシーは

1　すぐに研究プロジェクトを始めることができる ➡ ❶「来学期」とある
2　教授に会うよう求められている ➡ ❹「オフィス・アワー（学生の質問などを受けるために、教員が研究室などにいる時間）に来ることができますか」とある。❺から Stacey Watson が「准教授」であることがわかる
3　前にワトソン教授の授業を取ったことがある ➡「以前に授業を取ったかどうか」の話はない
4　彼の企画が承認される前に、それを修正したほうがよい ➡ ❷すでに「承認されている」とある。❸「次にやることは契約書にサインすること」であり、「proposal（企画）」を修正する」という話はない

> 　正解 **2** の is being asked は、be being ＋過去分詞で「進行形＋受動態」の形です。細かい文法に思えますが、実際には頻繁に使われる形です。TEAP にはこのくらいの文法知識は当然のように必要とされます。しっかりと文法書で確認しておきましょう（「受動態」の項目に載っているのが普通です）。また、今回のように手紙やメールの最後にある「肩書」がポイントになることも珍しくありませんので、問題を解くときは、肩書などまでしっかりチェックするようにしましょう。

⑳ **正解** 1

和訳

差出人："ナラヤナン・ラージ" <nraj@blt-u.edu>
宛先："比較宗教学の授業 (PHIL 219)"
日付：11 月 25 日
件名：研究プロジェクトの支援

学生の皆さん、
皆さんの多くが、研究プロジェクトで抱えている問題について私に話をしに来ました。皆さんがプロジェクトに取り組むための時間を余分に取れるように、今週の通常の授業を中止します。❶加えて、私は今週、毎晩研究室で対応可能です。❷皆さんがレポートの草稿を持ってくれば、フィードバックをして、改善が必要な部分を指摘できます。

頑張ってください！
ナラヤナン・ラージ

重要語句 〰〰
　語 available「手が空いている」　**句** work on ～「～に取り組む」

選択肢の意味と解説　設問：学生は、教授のオフィスに何を持って来るべきですか。

1　部分的に完成しているレポート ➡ ❶「研究室で時間が取れる」、❷「レポートの草稿を持ってきたら見ますよ」とある。a partially completed version は a draft の言い換え
2　今週が提出期限の宿題 ➡「宿題」の話はない
3　教授への質問リスト ➡「教授への質問リスト」の話はない
4　プレゼンの概略 ➡ draft が outline と言い換えられていて選んでしまいそうだが、「プレゼン」の話はない

availableは「利用できる、手に入る」という超重要単語として何度も出てきました (p.57)
など。今回の❶では、「(教授である)私を利用できる」→「(私は)手が空いている」という意味
になり、この意味も大変重要です。

(30) 正解 **4**

和訳 　　　　　　　　　　学生カウンセリング・センター

マーフィー大学学生カウンセリング・センターは、大学生がストレスの多い学生生活から
生じ得る感情面や学業面の懸念事項に対処するのを支援するために、様々なサービスを提
供します。❶学生は当センターのプロのカウンセラーの一人と個人的に面談する予定を入
れたり、❷よくある問題に対処するために多くのグループ・ワークショップの1つに出席
したり、または❸オンライン・フォーラムで匿名でメッセージをやりとりすることができ
ます。❹詳細については、センターにお電話をくださるか、お立ち寄りください。

重要語句

語 anonymously「匿名で」

句 cope with ~「~に対処する」　stop by ~「~に立ち寄る」

選択肢の意味と解説 　設問：学生が支援を受けられる方法の1つでないのはどれですか。

1 プロのカウンセラーと面談する ➡ ❶「プロのカウンセラーと個人的に面談することができ
　る」とある

2 彼らの問題をオンラインで話し合う ➡ ❸「オンライン上で、匿名でメッセージのやりとり
　ができる」とある

3 他の学生とのワークショップに出席する ➡ ❷「よくある問題について扱うグループ・ワー
　クショップに参加することができる」とある

4 電話でカウンセラーと話す ➡ ❹「詳細な情報が欲しいときは電話してください」とあるが、
　「カウンセラーと電話で話す」のではない

今回は**NOT問題**で「本文にないもの」を探すパターンです。この形式の問題は、現時点で
はあまり知られていないようですが、TEAPでは実際に出題されていますので、必ずチェッ
クしておきましょう。

ちなみに、**NOT問題**の場合、選択肢4つのうち3つは「本文に書いてある本当の情報」な
ので、先に全部選択肢に目を通してから本文を読む、というのも1つの方法です。こっちの
ほうが解くのが早いと思う人にはお勧めできる方法です。

Reading Section

Part 2B

Part 2C

(31) 正解 2

和訳 《夏期学部生調査プログラムの志願者募集》

❶セントラル大学夏期学部生調査プログラムは、学部生が大学教員や研究者と直接働く多数の機会を提供します。❷有給や無給の職を同じくらい提供する国内の大学は他にありません。これは、若い学者が、研究者として働くとはどういうことかを直に経験できる非常に素晴らしい方法です。❸ほとんどの職の応募は1月が締め切りなので、あなたの関心に合った職を知るために、できるだけ早くプログラムの事務所を訪問してください。

重要語句

語 numerous「数多くの」 faculty「大学教員」 句 first hand「直に」

選択肢の意味と解説 **設問：プログラムについて、独特なのは何ですか。**

1 学部生を受け入れる唯一のプログラムである ➡ ❶「学部生向けのプログラム」とあるが、「他のプログラムで学部生を受け入れていない」という話はない

2 国内の他のどの大学よりも多くの研究職を提供している ➡ ❶❷「当大学ほど多く、研究者と働く機会を用意している大学はない」とある

3 プログラムの申し込み期限が、他のプログラムより早い ➡ ❸「1月が申し込みの締め切り」とあるが、他のプログラムとの比較はない

4 一部の学生は、夏の終わりに終身雇用の研究職を提供される ➡ 「夏の終わりに仕事をもらう」という話はない

> 正解の該当箇所である❷は、本来as 〜 as ... の形ですが、後半のas以降が省略されています。No other university in the country offers as many paid and unpaid positions（as this university）. で、直訳は「この国では（当大学ほど）多くの有給、無給の職を用意している大学は他にない」となります。このように比較対象が省略されることは、現実にはよくあります。今回の場合はthis university「ウチの大学」というのを字面に出すことなく、結局は「ウチが一番」と言っているのです。こういう手法は企業の広告でも使われることがあります。

(32) 正解 4

和訳 《ソーシャルメディア》

近頃では、ほとんどすべての大学生が、フェイスブックやツイッターのようなソーシャルメディアのウェブサイトを利用しているようだ。最近は、講義でソーシャルメディアを使用する教授もいる。❶教育にソーシャルメディアを使用することを支持している人は、教員と学生がオンラインでオープンにコメントを共有すれば、学生が討議のトピックについて事前に検討するようになり、その結果、授業でのよりよく考えられた意見交換につながると言う。❷一部の学生もまた、オンラインでコメントすれば、何を言うべきかを検討するより多くの時間が得られると言う。

重要語句

語 advocate「提唱者、支持者」 interaction「交流」

選択肢の意味と解説　設問：一部の学生が、授業のためにソーシャルメディアを利用する
のを好む理由の1つは何ですか。

1　より簡単に教授に連絡を取れるようになるから ➡「教授と連絡を取る」という話はない

2　研究グループの手配がより便利になるから ➡「研究グループ」の話はない

3　授業でよりはっきりと意見を表明することを強いるから ➡ ❶「学生と教育者がネット上
で意見を共有すると、生徒は前もって議論のテーマについて考えるように促され、授業でより
よく考えられた意見交換につながる」とはあるが、「強制する」という話はない／さらにこれは
advocates「提唱者」の意見であって、students「学生」の意見ではない

4　学生がコメントする前により慎重に考えるから ➡ ❷「ネット上でコメントすることで何を
言うべきか考える時間が増えるという学生もいる」とある

😀 **ポイント**

今回の設問では「『学生』がソーシャルメディアを好む理由」が問われています。本文を読み
ながら「誰の意見なのか」を整理しながら読むと、効率的に正解にたどりつきます。❶は教育
者の意見で、❷が学生の意見ですから、❷の文中に正解の根拠があるとわかります。

(33) **正解** 4

和訳　　　　　　　　　　　　　　　　　　　　　　　　　　　　　　　　《レーザー》

最初の機能的なレーザー装置は1960年に作られた。当初、科学者は、遠くの物体を探
知するレーダーの性能を向上させるためにレーザーを使おうと試みた。❶この当初の研究
はその目的を達成しなかったものの、❷科学者は様々な用途に応用するための豊富な種類
のレーザー装置を開発するために、多くの点で設計を変更した。❸現在レーザーは、スーパー
マーケットで使われているバーコード読み取り機から、CDリーダーや、医師が手術を行
うために用いるレーザーまで、あらゆるところで使われている。

重要語句 iiiiiiiiiiiiiiiiiiiiiiiiiiiiiiiiiiiiiiiiiiiiiiiiiiiiiiiiiiiiiiiiiiiiiiiiiiiiiiiiiiiiiiiiiiiiiiiiiiiiiii

語 functioning「機能的な」　application「（技術の）応用、用途」
barcode scanner「バーコード読み取り機」　surgery「手術」

選択肢の意味と解説　設問：パッセージの「応用」という語が指しているのは

1　新型のレーダーに使われるレーザー ➡ ❶「最初の試み（レーダーの性能を上げること）は目
的を達成しなかった」とあるが、「新型のレーダー」の話はない

2　科学者による、レーザー技術を研究し続けるための資金の要請 ➡ applicationには「申
請（書）」という意味はあるが、ここでそういった話は出てこない

3　レーザーを含む装置を制御するために使われるソフトウェア ➡ application はソフトの
「アプリ」の意味もあるが、ここでは「ソフトウェア」の話自体、まったく関係ない

4　レーザーが現代の技術に使われている様々な方法 ➡ ❷で「様々なapplicationsのための
豊富な種類のレーザーを作るために設計を修正した」とあり、その具体例として、❸「バーコー
ド読み取り機、CDリーダー、手術で使うレーザー」とある。ここでのapplicationは「応用す
ること」という意味

😀 **ポイント**

 Part 2Cには、たまに今回のような語彙問題も出題されます。設問にin the passageとあ
る以上、文脈の中で考えないといけません。

（右端縦書き） **Reading Section**　**Part 2C**

ちなみに、2つめの文にInitially「最初は」がありますが、この単語を見たら、「最初は〜だが、今は（その後は）違う」という流れになるのが普通です。今回の場合は、❸でNowが出てきて、そこから話が変わっていますね。

(34) 正解 3

和訳　　　　　　　　　　　　　　　　　　　　《オープンソースソフトウェア》

　オープンソースソフトウェア（OSS）は、誰でもプログラム・コードを閲覧したり、変更したり、配布したりできるソフトである。❶ソフトウェア自体はたいてい無料で、❷開発者は通常、ボランティアか既存のOSSの変更を望む企業によって賃金を支払われている。❸以前、企業はOSSのセキュリティと品質について懸念していたが、❹今や多くの企業がOSSはこれらの点で優れていると述べている。❺国際宇宙ステーションのオペレーターまでもが、そこのコンピュータの一部にウイルスが見つかった後に、市販のソフトウェアからOSSに切り替えた。

重要語句

🈞 distribute「〜を配布する」 superior「優れている」 respect「点」
International Space Station「国際宇宙ステーション」

選択肢の意味と解説　設問：パッセージに基づくと、企業がOSSを採用した場合に予期できることは何ですか。

1　より高い全般的なコスト ➡ ❶「ソフトウェアは無料」で、❷「既存のOSSを修正するために開発者を雇う」とあるが、「全体の費用が高くなる」かどうかははっきりと書かれていない

2　セキュリティに関するよりいっそうの懸念 ➡ ❸「以前はOSSの安全性や質を心配していた」、❹「今ではOSSはこういった点（安全性や質）で優れていると言っている」とある

3　より少ない品質問題 ➡ ❹「安全性や質の点でOSSは優れている」とある

4　市販のウイルス対策ソフトウェアの無料使用 ➡ ❺「市販ソフトからOSSに切り替えた」とあるが、commercial anti-virus software「市販のウイルス対策ソフトウェア」が「無料で使える」という話はない

😀 **ポイント**

❸Formerly「以前は」を見た瞬間、「最初は〜だが、でも今は違う」という流れになるのが普通です。今回は❹にbutとnowがありますね。(33)のInitially 〜. Now ... とそっくりなパターンですから、セットで押さえておきましょう。こういう読み方ができると、英文の内容をより深く理解できるようになります。

(35) 正解 3

和訳　　　　　　　　　　　　　　　　　　　　《ロゼッタ・ストーン》

　1799年にエジプトで発見されたロゼッタ・ストーンは、古代ギリシャ語、ヒエログリフと、民衆文字と呼ばれるもう1つの古代エジプト文字で書かれた碑文のある大きな石版である。ヒエログリフで書かれたメッセージがギリシャ語の翻訳と共に見つかったのは初めてだったため、この発見は古代エジプトの研究の重大な転機となった。❶ロゼッタ・ストーンから得られたヒエログリフの知識によって、学者は古代エジプト人によって残された他の文書を読み始めることができた。

重要語句 ▦▦

語 inscription「碑文」 hieroglyph「ヒエログリフ(古代エジプトの象形文字)」
turning point「転機」

選択肢の意味と解説 **設問：パッセージによると、ロゼッタ・ストーンは**

1 それより前に発見された、似たような石より大きかった ➡「それより前に発見された似た石」の話はない

2 古代ギリシャ人によって書かれたと思われていた ➡「誰が書いたか」については書かれていない

3 学者が、古代エジプト人によって書かれた他の文書を理解するのを助けた ➡ **❶**「ロゼッタ・ストーンから得られた知識により、学者は残された別の文書を読み始めることができた」とある

4 これまでに発見されたヒエログリフの最も古い例である ➡「最も古い」とは書かれていない

❶の直前の文に This discovery marked a major turning point in the study of ancient Egypt とあります。mark という動詞は「マークや印をつける」から、「〜の目印となる、〜を表す」という意味になります。この英文の直訳は「この発見は古代エジプト研究のターニング・ポイントを表した」です。

(36) **正解** 2

和訳 《極限環境微生物》

　極限環境微生物とは、地球上のほとんどの生物が生き残れない物理的または化学的に極端な状況下で育つ生命体である。**❶**極限環境微生物は、高酸性、無酸素、岩石の内部、またはかなりの高温や低温といった、それらが生きていける状況によって分類される。宇宙生物学者は、**❷**極限環境微生物の存在が、生物が生存できる状況の範囲を示してくれるので、特に関心を持っている。**❸**この知識は同様に、他の惑星上の生命体を探すヒントを提供してくれる。

重要語句 ▦▦

語 acidity「酸性」 oxygen「酸素」 astrobiologist「宇宙生物学者」 clue「ヒント」
句 in turn「同様に、同じく」

選択肢の意味と解説 **設問：宇宙生物学者が極限環境微生物に関心を持つ理由の1つとして述べられているのは**

1 生命過程の一部として珍しい化学物質を生じるということ ➡「極限環境微生物が珍しい化学物質を作る」という話はない

2 科学者が宇宙で生命を発見するのを助け得るということ ➡ **❷**「極限環境微生物の存在によって生物が生存できる条件が示される」、**❸**「この知識によって別の惑星での生命体を探す上でのヒントが得られる」とある

3 他の惑星の岩石の内部で見つかったということ ➡「別の惑星の岩の中で見つかる」という話はない／**❶**「極限環境微生物が分類される生存条件のパターン」に「岩の中」とあるだけ

4 人間が酸素のない場所で生きのびるのを助けるために使えるということ ➡「人間が無酸素の場所で生きるために使用できる」という話はない／**❶**「極限環境微生物が分類される生存条件のパターン」に「無酸素」とあるだけ

Reading Section

Part 2C

extremophileを知っている受験生はいませんね（ネイティブでもほとんどは知らない単語です）。話の中心になる単語を知らなくても、あきらめずきちんと読んでいけば解ける問題はたくさんあります。まして最初にAn extremophile is an organismとあるので「有機体、生物」ということは容易にわかります。それと関連して、life on Earthは「地球上の生物」という意味で使われることは絶対に知っておいてください。

(37) 正解 1

和訳　　　　　　　　　　　　　　　　　　　　　　　　《作家ラドヤード・キップリング》

❶イギリス人の作家であるラドヤード・キップリングは、インドが英国の植民地として統治されていた <u>1865 年</u>にインドのムンバイで生まれた。キップリングの著作は非常に人気があり、「ジャングル・ブック」のようなインドを舞台にした小説や詩は特に人気があった。❷しかし今日では、インドの人々は、キップリングに対して複雑な感情を抱いている。❸彼は近代化される以前のインドについて書いたので、彼の著作はインド人にとっては懐かしさに満ちている。❹その一方で、彼は英国の帝国主義の支持者で、したがってインドの独立に反対しているとも見られている。

重要語句

語　nostalgic「懐かしい」　imperialism「帝国主義」

選択肢の意味と解説　**設問：パッセージの要点は何ですか。**

1　現代のインド人から見ると、キップリングは物議をかもす文学者だった ➡ ❷「キップリングに対して複雑な心境」とあり、❸❹でキップリングに対する対照的な見方が述べられている。literary figureはauthorの言い換え

2　キップリングは、19 世紀から 20 世紀の最も人気のあるイギリス人作家の一人だった ➡ ❶「1865 年生まれ」であり、19 世紀〜20 世紀にまたがって活躍したことは推測できるが、メインの話題ではない

3　キップリングはインドを愛し、そのイギリスからの独立のために戦った ➡「戦った」という話はない／❹「イギリス帝国主義の支持者と見られている」とある

4　大多数のインド人は、キップリングについて好感を持っている ➡ ❷で「複雑な感情」とあり、❸❹で具体的にキップリングに対する対照的な見方が述べられているので、大半のインド人が好意を寄せているとは言えない

　❷のmixed feelings「相反する感情」のmixedは「混じりあった」→「相反するものを含んでいる」という意味です。これが正解の **1** で、controversialとなっています。controversialは辞書的には「議論の余地のある」とされていますが、「賛否両論ある」と考えたほうがイメージが湧く単語です。長文でキーになることが多いので必ずチェックしておいてください。

(38) **正解** 1

和訳 《ジャック・クストーの水中記録映画》

　有名なフランスのダイバーで映画制作者のジャック・クストーは、1943 年に彼の最初の水中記録映画である『水深 18 メートル』を制作した。ダイバーは特別な水中呼吸装置を使っていなかったので、_●息を止めていられる間しか水中にとどまれなかった。_●クストーは、このことは彼が撮影できるものの制限となると感じた。_●同じ年のもっと後に、クストーは 2 作目の映画である『難破船』を制作したが、このときは、彼が設計する手伝いをし、それによってダイバーが水中で継続的に呼吸できるようになった、新しい装置を使った。

重要語句

🈪　renowned「有名な」　equipment「装備」　continuously「継続的に」

選択肢の意味と解説　設問：クストーの 2 作目の映画で新しい装置を使った目的は、おそらく何ですか。

1　より長い時間撮影すること ➡ ❶「息が続く間しか水中にいられなかった」とあり、❷「これが撮影するものを制限した」とある。❸「今度は水中で息ができる装置を使った」とあることから長時間水中に残れたと推測できる

2　カメラマンの身をより安全にすること ➡「安全面」の話はない

3　毎年 2 作品以上の映画の制作を可能にすること ➡「毎年 2 作品以上を撮影するための装置」とは言いきれない

4　制作費を減らすこと ➡「費用」の話はない

😊 **ポイント**

　正解の選択肢に shoot「撮影する」が使われています。shoot は本来「飛ばす」という意味で、「矢を飛ばす」→「射る」、「サッカーボールを飛ばす」→「シュートを打つ」、「弾丸を飛ばす」→「撃つ」となり、さらに「撃つ、標的を狙う、映画のあるシーンを狙い撃つ」→「撮影する」という意味になりました。

(39) **正解** 3

和訳 《哲学クラブのフォーラム》

　ハイランド大学哲学クラブは、学生が人生の重大な問題を話し合うために集まるフォーラムを提供します。_●前の週に告知されたトピックについての議論を主導するため、_●毎週 1 人のメンバーが選ばれます。古典的なテキストに焦点を合わせることの多いほとんどの哲学の講義と違い、_●当クラブの議論は現代社会で現在起きている問題に焦点を合わせます。_●哲学専攻学生も非専攻学生も同様に、すべての学生を歓迎いたします。

重要語句

🈪　forum「フォーラム、討論の場」

🈞　A and B alike「A も B も同様に」

選択肢の意味と解説　設問：パッセージによると、次のうちどれが正しいですか。

1　クラブの最初の会合は、1 週間前に行われた ➡ ❶「1 週間前に告知される議題」とあるだけで、「1 回目の会合が 1 週間前にあった」とは書かれていない

2 毎週クラブの会長が、重要な問題に関する議論を主導する ➡ ❷「毎週、議論を仕切る人が1人選ばれる」とある

3 クラブの会合での議論は、最新のトピックに関することである ➡ ❸「現代社会で現在起きている問題に焦点を当てる」とある

4 哲学専攻学生だけが、クラブに加わる資格がある ➡ ❹「哲学専攻もそうでない学生も歓迎」とある

　❷の次の文はUnlikeで始まっています。前置詞unlikeは「〜とは違って」という意味で、Unlike 〜, SV.「〜と違ってSVだ」という形を取ります。今回はunlikeの目的語most philosophy coursesの後に、関係代名詞節which often focus on classical textsが続いて長くなっていますが、このパターンは非常によく見かけますので、今回の英文でしっかり慣れておきましょう。

---

(40) **正解** 3

和訳　　　　　　　　　　　　　　　　　　　　　　　　　《デザイン・コンテスト》

　今年、ハートランド大学の建築課程の3年生は全員、ウェスト・マディソン市のデザイン・コンテストに参加します。小規模なグループで作業をしながら、建築科の学生は、地元の高校生の意見に基づいた新しいユース・センターをデザインします。❶学年度の終わりに、ウェスト・マディソン高校の生徒が、複数のグループの中から優勝者を選びます。教授は、プロジェクトは学生にとって、大規模なプロジェクトをこなして顧客のために働くという素晴らしい経験になると言っています。

重要語句

語 architecture「建築(学)」　competition「コンペ、競争」

選択肢の意味と解説　**設問：優勝のデザインは、どのように決定されますか。**

1 教授による委員会が、優勝者を選ぶ ➡ 最終文にprofessorsという単語は出てくるが、「教授が優勝者を選ぶ」とは書いていない

2 ウェスト・マディソン市役所の代表者が、デザインを審査する ➡「市の職員が審査する」とは書いていない

3 高校生が最もよいデザインを選ぶ ➡ ❶「生徒が優勝者を選ぶ」とある

4 複数のグループが、互いのプロジェクトに投票することによって決定する ➡ ❶「生徒が優勝者を選ぶ」とある

　設問文はHow 〜 で始まって、「手段」を尋ねています。「手段はby -ingで表されるので、それを探す」といった拾い読みはできるだけ避けましょう。今回のような設問では通用しないからです。

　❶でwillが使われています。willの核となる意味は「必ず〜する」で、「生徒は必ず〜する(ことになっている)」といった意味合いで使われており、英文をしっかり読むことでのみ、今回のこの該当箇所を見つけることができます(ちなみに、先頭の文でも同じ用法のwillが使われています)。

Part 3A

正解 **(41)** 4   **(42)** 3   **(43)** 2   **(44)** 3

和訳
ヴェラ・ブリテン

　ヴェラ・ブリテンは、20世紀前半の英国の作家、フェミニスト、および平和活動家であった。子供の頃、彼女は、両親が弟のエドワードに対して彼女と異なる扱いをするのは不当だと感じていた。**(41)** 幸運にも、1913年に彼女は英文学を勉強するためにオックスフォード大学に合格し、両親も最終的には許可してくれた。エドワードもまたオックスフォード大学に合格し、2人はそこで一緒に勉強するつもりだった。

　彼女がオックスフォード大学に到着して間もなく、第一次世界大戦が勃発した。エドワードと彼らの友人の何人かはヨーロッパで戦うために英国陸軍に入隊し、ブリテンは、軍を支援する女性のボランティア団体であるVADに加わった。悲劇的なことに、ブリテンの弟と彼らの友人の多くが戦争で亡くなった。ブリテンはのちに、彼女の最も有名な本である『青春期の遺言』でこの **(42)** 喪失について書いた。

　イングランドに戻ってから、ブリテンは学位を取得して、ジャーナリストとして働き始めたが、自身の経験から戦争に対して強い反感を持っていた。彼女は、後に国連となる組織の国際連盟を支援する公開講演を行った。しかし、彼女は組織に進展がないことに対して **(43)** 失望して、戦争を完全に拒絶した団体である平和誓約同盟に加わるために1937年に国際連盟を去った。

　ブリテンは、その後30年間の生活を、著述業と **(44)** 平和の促進に費やした。たとえば、彼女は、核兵器の禁止、ヨーロッパ諸国の植民地の独立と、南アフリカの黒人と白人の平等を支持した。今日、第一次世界大戦開始から100年あまり経っているが、人々はブリテンを忘れていない。彼女の作品、特に彼女の本である『青春期の遺言』は、今日もなお人気がある。

重要語句

語　activist「活動家」 ultimately「最終的に」 tragically「悲惨なことに」
reject「〜を拒絶する」 colony「植民地」

(41) **1** 偶然に　　　　　　　　　　　　**2** そのうえ
　　　3 たとえば　　　　　　　　　　　**4** 幸運にも

 ポイント

　空所直前の文にはunfairというマイナス表現がありますが、空所直後からオックスフォード大学合格というプラス内容に変わっているので、プラス内容を導く、**4** Luckilyを選びます。

(42) **1** プロジェクト　　　　　　　　　**2** 旅
　　　3 喪失　　　　　　　　　　　　　**4** 考え

 ポイント

　空所直前のthisに注目です。"this+名詞"で前の内容をまとめる働きがあります（これはよく使われるのでぜひ覚えておいてください）。ここでは兄弟・友人が戦死したことをthis lossと表現しています。lossには「人を失うこと」から「死」という意味があります。

(43) **1** アメリカに引っ越した **2** 失望した
 3 その議長になった **4** 平和を拒絶した

　空所直後のdue to a lack of progress of the organizationとshe leftから、彼女が国際連盟を離れることになったきっかけを選びます。正解で使われているfrustrateは、「フラストレーション（欲求不満）を起こさせる」という意味もありますが、第一義は「失望させる」で、今回もこの意味ですね。

(44) **1** 彼女の本を売ること **2** 世界を旅すること
 3 平和を促進すること **4** 人前で話すこと

　空所直後のFor exampleから、「supportした３つもの」が具体例として挙げられています。これらの具体例をまとめたものを選べばOKですね。

正解 (45) 1 (46) 4 (47) 3 (48) 3

和訳 マインドフルネス・ムーブメント

　マインドフルネスとは、人が、今この瞬間に生じている感覚と思考に自分の注意を意図的に集中させている精神状態をいう。マインドフルネスは仏教の瞑想行為に由来するが、今日ではマインドフルネスが宗教とは何ら関係なく、だんだんとそれのもたらす利益のために行われるようになっているマインドフルネス・ムーブメントがある。マインドフルネスは医師によって、慢性鬱病やストレスといった症状を抱える患者の助けとして、(45) ますます勧められるようになっている。

　マインドフルネスを教える一般的な方法の１つは、患者を座らせるか横たわらせて、ただ注意を自分の呼吸に集中させることだ。患者が自分の意識がそれたと気づいたら、再び注意を呼吸に集中させる。もう１つの技法は、「(46) 身体スキャン」と呼ばれる。この技法では、患者は体の一部分から別の部分へと、注意をゆっくり移動させていく。

　現在これらの技法が内科療法の一環として提案されているため、研究者は、他のあらゆる種類の治療法と同様に、その効果を測定するために (47) 科学的研究を行っている。それらの技法が鬱病やストレスを抱える人々の助けになることを示している研究も中にはある。しかし、マインドフルネスの訓練が癌患者に処方された場合、病気そのものの治療に役立つという証拠はない。

　一部の批評家は、倫理的基盤を抜きにしてマインドフルネスを教えるのは間違った考えだと言う。彼らは、一部の自称「マインドフルネス専門家」は金銭目当てで、自らの技法の効果を (48) かなり誇張していると言う。批評家は、社会全体に利益をもたらすために、この技法を単に個人で行うのではなくグループで行うべきだとも言う。マインドフルネス・ムーブメントの人気は否定しようもない。しかし、このムーブメントが発展していくのか、もしくはよくある一時的な流行となるのかどうかはまだわからない。

重要語句

語 meditation「瞑想」 chronic「慢性的な」 wander「さまよう」 fad「一時的流行」

(45) **1** ますます **2** 皮肉にも **3** したがって **4** ついに

 ポイント

　空所直前は「宗教とは関係なく広まっている」、空所直後は「医師が患者に勧めている」とあるので、「ますます広がっている」という文意に合った、**1** More and more を選びます。

(46) **1** 歩行瞑想 **2** 唱えること
　　 3 バランスをとること **4** 身体スキャン

 ポイント

　空所直後の「体の一部に集中する」に合うのは、選択肢の中で、**4** body scanning だけです。スキャンの意味がピンとこないかもしれませんが、「書類をスキャンする」と言うときの「まんべんなく光を当てる」というイメージで、「体にまんべんなく意識を当てる」ということです。また、**2** chanting を知らないと、これに惑わされるかもしれません。知らなかった人は、綴りが似た chat「チャットする、お喋りする」とセットにして、同じ「声に出す行為」と押さえておきましょう。

(47) **1** 患者と話し合う **2** 技法を自ら試す
　　 3 科学的研究を行う **4** 機械を使用する

 ポイント

　空所前後の「他の治療法と同様に研究者がすること」から答えの予想はつきますが、ダメ押しは空所直後の文で「ある研究結果が示すことによると」という内容があります。

(48) **1** 意図的に隠す **2** 過小評価する
　　 3 かなり誇張する **4** 説明できない

 ポイント

　お金目当ての "mindfulness experts" を批判した部分（" " をつけているのは揶揄する意図）なので、その自称 experts が、効果を **1** hide／**2** underestimate／**4** cannot explain するというのは、彼らの考えとは合いませんね。

Part 3B

正解　(49) 3　(50) 3　(51) 4　(52) 2　(53) 1　(54) 2

和訳　　　　　　　　　　　高齢化社会における世代間の援助

　世界中の人々の平均年齢は上昇している。この傾向の要因となっているのが、平均寿命の延びと出生率の低下である。これらの変化は、親と子が歳を取るにつれて互いをどのように支え合うかということだけでなく、人々の生活水準にも影響を及ぼす。ワシントンD.C.を拠点とするピュー研究所（PRC）によって発表された2015年のレポートは、家族内での世代間の関係に目を向けた。アメリカ合衆国、ドイツ、イタリアで実施された調査が、レポートに使われたデータを提供した。①2015年には、ドイツとイタリアの人口の21%は65歳以上だった。②ちなみに、日本だけがそれより高い割合だった。③同時期のアメリカ合衆国の割合は15%だったが、2050年までには21%まで上がると予測されている。

　④全3カ国で、調査を受けた人々の少なくとも半数が、親は必要があれば成人した子供を経済的に支える責任があると述べた。この傾向はイタリアで最も強く、成人した子供を持つ調査回答者の4分の3あまりがそのように述べた。親は、そういった援助を与えることは、やりがいがあることなのか、ストレスの多いことなのかと質問された。⑤各国でおよそ10人に9人が、成人した子供の援助はやりがいがあると答えた。⑥一方で、ストレスが多いと述べたのは、アメリカ合衆国、ドイツ、イタリアで、それぞれわずか30%、15%、12%だった。

　レポートが調査したもう1つのテーマは、高齢の親の生活形態と、その生活形態がどのように資金提供されるかだ。3カ国とも、高齢者に年金を給付する社会福祉制度がある。⑦しかし、全3カ国でまだ働いている回答者のおよそ4分の3が、自分がもらうときには、給付金は現行レベルから減額される、あるいはまったくもらえなくなると考えていた。全員ではないが一部の人々は、退職後に備えて貯蓄をしている。⑧退職前のアメリカ人の56%とドイツ人の61%は、退職後に備えて貯蓄をしている。⑨一方、イタリア人の76%はそのような貯蓄はしていないと述べた。

　貯蓄率の違いを説明し得る1つの要因は、誰が高齢者を支える責任があるかについての意見の相違だ。⑩65歳以上の回答者のうち、アメリカ人の45%とドイツ人の53%は当人が最も責任を負うべきだと述べたが、それに比べて同じように感じたイタリア人はわずか6%だった。対照的に、同年齢層のイタリア人の55%が、政府が高齢者を支える責任を最も負うべきだと感じたのに比べて、ドイツとアメリカ合衆国でそのように感じたのはそれぞれ26%と17%だった。

　政府または当人が高齢期の人々を支えるために最も責任を負うべきだと多くの人々が感じる一方で、各国の過半数の人々は、成人した子供は経済的に年老いた親を支えることに対して少なくとも何らかの責任を負わなければならないと述べた。⑪イタリア人の87%、アメリカ人の76%とドイツ人の58%がそう述べている。⑫すべての国で、65歳以上の親を持つ回答者の過半数が、使い走り、家事、家屋の修繕などの援助をしていると述べたことに注目すると興味深い。⑬これは、親を経済的に援助したと述べた割合より高く、それは国によって18%から28%の間であった。

　世界中の人々の平均年齢は、かつてないほど高い。⑭家族と個人は、こうした新しい状況を考慮して、生き方と自立方法を考え出さなければならない。アメリカ合衆国、ドイツとイタリアでの調査データにより、⑮PRCのレポートは将来の計画のための豊かな情報源であるのだ。

重要語句 |||||||||||||||||||||||||||||||||||||||||||||||||||||||||||||||||||||||||||||||||||||||||||||||||||||||||||

🈞 life expectancy「平均寿命」　impact「影響を与える」　rewarding「やりがいがある」
social welfare program「社会福祉制度」　errand「使い走り」

🈡 set aside ～「～を取っておく」

(49)　**正解** 3　65歳以上の人口率について正しいのは、次のうちどれですか。

1　アメリカ合衆国における割合は、2050年にはドイツと同じになる ➡ ❸「アメリカは2050年に21％に上がるだろう」とあるだけで、2050年のドイツの割合は不明

2　イタリアにおける割合は、2015年には日本より高かった ➡ ❷「日本はより高い割合だった」とある

3　ドイツとイタリアにおける割合は、2015年には同じだった ➡ ❶「ドイツとイタリアは人口の21％が65歳以上であった」とある

4　アメリカ合衆国における割合は、今後は減ると予測されている ➡ ❸「2050年に21％に上がるだろう」とあるので選択肢のdecline「減る」は誤り

　設問とは関係ない箇所ですが、第1段落第2文（Contributingで始まる文）の構文を把握できましたか。Contributing to this trendが主語で、are risingが動詞なんて考えたらメチャクチャです（-ingの主語は単数扱いになるはず／riseは自動詞だから直後に名詞はこないはず）。これはSVCの英文を、CVSの順にした倒置構文です（本来の文はRising life expectancy and declining birth rates are contributing to this trend.）。SVCにおいて、S＝Cが成立するので、C＝Sにしても英文は成り立つわけです。難関大学でも狙われそうな英文なので、しっかりとチェックをしておきましょう。

(50)　**正解** 3　PRC調査の回答者は、成人した子供を経済的に助ける親について何と述べましたか。

1　ほとんどの回答者が、それは責務だがストレスが多いと答えた ➡ 前半は❹「人々の少なくとも半数（＝過半数）は責任があると言っている」に合うが、後半は❻「アメリカ、ドイツ、イタリアのそれぞれ30％、15％、12％がストレスが多いと回答した」とあるのでほとんどとは言えない

2　半数に満たない回答者が、それは責務だがやりがいがあると答えた ➡ minority（半数以下）というのが❹と合致しない

3　ほとんどの回答者が、それは責務だがやりがいもあると答えた ➡ 前半は❹、後半は❺「各国のだいたい9割が、やりがいがあることだと回答した」に合致する

4　イタリアでは過半数がそれは責務だと述べたが、アメリカ合衆国では過半数がストレスが多いと述べた ➡ 選択肢の前半は❹に合致するが、後半は❻「アメリカではストレスが多いと答えたのは30％」という内容に合致しない

　majorityという単語は「大多数、ほとんど」だと思っている人がそれこそ大多数なのですが（確かにその意味もありますが）、「過半数」という意味でもよく使われます。つまり「50％を少しでも超えればmajorityが使われる」のです。「大多数」と「過半数」のどちらになるかは文脈判断ですが、今回のようなデータを扱った文章では「過半数」のほうがよく使われます。ぜひmajorityのイメージを修正しておいてください。

(51)　**正解** 4　　第3段落によると、各国の労働者の過半数について正しいのはどれですか。

1　退職後のために貯蓄をしている ➡ ❽「アメリカ人の56%、ドイツ人の61%は貯金している」とあるが、❾「イタリア人の76%は貯金していない」とある

2　退職後は出費を減らす予定である ➡「退職後の出費を減らす」という話はない

3　65歳に達した後も働き続ける予定である ➡「65歳になった後も働き続ける」という話はない

4　自国の年金制度が変わらずに継続するとは思っていない ➡ ❼「現在の水準と比較して、手当は減るか、なくなると思っている」とある

　　正解の該当箇所となる❼の文が正確に解釈できたでしょうか。of respondents who are still workingは「まだ働いている回答者の中で」という副詞句、roughly three-quartersが主語です。また、最後は省略が起きていて、they would receive reduced benefits compared with current levels, or (they would receive) none at all. ということです。

(52)　**正解** 2　　ドイツ人とイタリア人の回答者の意見が一致しないのは

1　成人した子供が高齢の親に提供すべき支援の種類について ➡ ⓬「どの国も家事などの支援をしている」とある

2　高齢期に自身を支える個人の義務について ➡ ❿「65歳以上のドイツ人の53%が本人に責任があると言っているのに対し、イタリア人は6%」とある

3　退職後に備えた最適な投資方法について ➡「退職後の投資のあり方」についての話はない

4　退職する理想的な年齢について ➡「退職する際の適年齢」についての話はない

　　第4段落の最後のrespectivelyは、今回のような数字を扱う文章でよく使われます。名詞respectには「尊敬」以外に「点」という意味があり、ここから派生したのがrespective「それぞれの」、respectively「それぞれ」です。compared with 26% and 17% for Germany and the United States respectivelyを見て、26%がGermany、17%がthe United Statesとすぐにわかるようにしておきましょう。

(53)　**正解** 1　　高齢の親を経済的に援助している回答者の割合は

1　作業をして援助した割合より低かった ➡ ⓭「これ(this)は経済的に支援した人の18%〜28%よりも高い」とある。thisは⓬の「家事などの支援をしている人の割合」

2　今後は増加すると予測されている ➡「増えるかどうか」についての話はない

3　アメリカ合衆国よりイタリアで高かった ➡ ⓭に「18%〜28%」とあるがイタリア、アメリカのそれぞれがどのくらいの割合かについての話はない

4　調査した各国で50%を超えていた ➡ ⓭「経済的に支援した人は18%〜28%」とある

ポイント

3の選択肢が難しいですね。これを選んだ人は、⓫の「イタリアが87%、アメリカが76%」につられてしまったわけですが、⓫は直前の文を受けており、そこにはa majority of people in each country said that adult children should bear at least some responsibility for supporting aging parents financiallyとあります。あくまで「〜すべきだと言っている人」の割合で、実際に経済的援助をしている人ではないのです。

---

(54) **正解** 2 　文章の結論が示しているのは

1 PRCのレポートの情報は、裕福な個人にとって最も役立つ ➡ ⓯「PRCレポートは将来設計のための十分な情報源になる」とあるが「富裕層に対して有益だ」という話はない

2 人々は、高齢化人口から生じる変化に生活形態を適応させなければならない ➡ ⓮「新たな環境下でどのように自立していくかを理解しなければならない」とある

3 政府は、社会福祉制度を改善するためにPRCレポートを使用すると思われる ➡「政府がPRCレポートを社会福祉制度の改善に使用する」という話はない

4 調査は、人々の意見の変化を記録するために定期的に繰り返されるべきである ➡「調査が定期的に実施されるかどうか」についての話はない

ポイント

⓮のgiven 〜は「〜を考慮すると」という重要表現です。本来は分詞構文で、直訳は「〜という状況を頭の中に与えられると」です。前置詞のように使われるとイメージしたほうがわかりやすい人もいるでしょう。同じように分詞構文が前置詞的に使われる例として、including 〜「〜を含めて」があります。including tax「税込みで」で有名ですね。

正解　(55) **1**　(56) **3**　(57) **4**　(58) **1**　(59) **3**　(60) **2**

[和訳]　　　　　　　　　　　　**地球上の森林地帯**

　国連の食糧農業機関（FAO）によって公表された2006年のレポートによると、森林地帯は陸地のおよそ40億ヘクタール、言い換えれば世界の陸地部分のおよそ30%を占めている。_●森林の形態には北方林、温帯林、亜熱帯森、熱帯林がある。_●北方林と熱帯林を合わせると、全体の80%を占める。ここ数十年間で、_●森林地域は、森林破壊、森林劣化、分断化を被ってきた。_●毎年1300万ヘクタール、言い換えればギリシャの面積の領域の森林が失われていると見積もられている。森林は、自然と人間に対して、環境、経済、社会面で様々なことをしてくれるので、これは深刻な問題である。

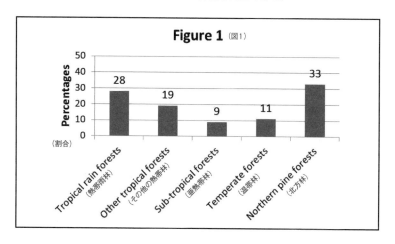

Figure 1（図1）

　●森林地帯の利益は、3つのカテゴリーに分けることができる。森林が存続することによる利益、森林伐採によって得られる生産品、開拓地を異なる目的に用いて得られる利益だ。生きている樹木は、他のすべての植物と同様に、光合成の過程で空気中の二酸化炭素と水を結合させ、炭水化物を生成する。●体内に炭素を取り込むことによって、樹木は空気中の炭素の量を減らし、それによって地球温暖化の進行を遅くする。_●広大な自然森林はまた、多種多様な動物と他の植物にとってのすみかとなる。_●さらに、森林は浸食を減らすのに役立ち、嵐と洪水を防ぐための保護も提供する。

　一方、_●森林伐採から得られる多数の利益もある。材木自体は、建築資材、あるいは燃料として使用できる。森林を開拓することで、鉱物または化石燃料が豊富である地域に、より簡単にアクセスできるようになる。最後に、_●森林開拓地は、作物を育てる農場または家畜を育てる牧場に変えることができる。_●たとえば、インドネシアとマレーシアでは、自然森林は伐採され、代わってアブラヤシの農場が造られている。ブラジルでは、雨林は、大豆やサトウキビなどの作物を育てたり牛に放牧地を提供したりするために開拓されている。

　森林が伐採されるか持続可能な方法で管理されていない場合、多くの好ましくない結果が起こり得る。_●樹木が切り倒されると、新たな炭素を取り込むのをやめるだけでなく、分解したり燃やされたりする際に空気中に炭素を再び放出して、地球温暖化を加速させることになる。_●天然資源を利用するために森林の中を通る道路が敷設されると、違法ハンターも道路を使用できる。森林の新しい区域に容易に立ち入れるようになると、_●ハンターは狩りをして、その地域にいる種をすぐに絶滅させるおそれがある。_●中央アフリカ

では、象、サイ、ゴリラがこの運命をたどった。最後に、⑯政府が農家に自然森林を農園にするのを許可すると、そこに生息している動物はすみかを失って死ぬ。⑰このことは、インドネシアのオランウータンなどの種に起こっている。

⑱人々はどのようにして、森林から利益を受け続けながら、環境、野生動物、大気に対する悪影響を最小限にとどめられるだろうか。⑲世界中の森林の80％は、公的に所有されている。したがって、適切な政策を制定することが重要だ。たとえば、⑳ブラジル政府は、地主に所有地の20％だけを開拓することを許可し、残りは森林として残さなくてはならないとする法律を制定した。㉑これは、アマゾンの森林破壊の進行を遅らせることに成功した。㉒国際的なレベルでの協力も必要である。㉓全世界が温室効果ガスを削減する森林の能力から利益を得る一方で、現時点では、その国の森林によって得られる利益に対してその国に対価を払うための、一般に承認されたシステムがない。㉔国々に報酬を与えて森林を保護させる公平なシステムを確立すれば、政府が全員の利益になる措置を取るのを促すことになるだろう。

重要語句

🈖　temperate「温暖な」　deforestation「森林破壊」　degrade「劣化する」
fragmentation「分断」　carbohydrate「炭水化物」　photosynthesis「光合成」
trap「〜をとらえる」　erosion「浸食」　convert「〜を変形させる、変質させる」
ranch「大牧場」　livestock「家畜」　grazing land「放牧地」
decompose「分解する、腐敗する」　rhino「サイ」　enact「〜を制定する」
compensate「(報酬)を支払う」

🈔　clear away 〜「〜を消し去る、一掃する」

---

(55)　**正解** 1　パッセージを最もよく要約しているのは、どの記述ですか。

1　世界中の政府は、地球上の森林を保護して利益を得ることに取り組まなければならない ➡ 最終段落で疑問文の形でテーマが提示され（⑱）、㉒「国際的なレベルでの協力が必要」とある。㉔にも「国々に報酬を与えて森林を守らせる公平なシステムを作れば、誰もが利益を受けられる行動を各国の政府が取ることを促す」とある

2　地球上の森林の一部は縮小している一方で、拡大しているものもある ➡「森林が拡大している」という話はない

3　違法行為が地球上の森林に恒久的な損害を与えている ➡ ⑬ ⑭ illegal hunter「違法なハンター」の話があるが、これがメインのテーマではない

4　世界中の人々がより多く植林すれば、地球温暖化を逆行させることができる ➡「地球温暖化を reverse（逆にする）」つまり「冷やす」ことができるという話はない

😀
ポイント

このような「英文全体の要約」に関わるものは、最初に解いてはいけません。確かに第1段落でテーマが提示されることもありますが、今回のように最後まで読まないと解けないものもあります。しっかり最後まで読めば、他の選択肢が明らかに間違いとわかるので、正解を得ることは難しくないはずです。

---

(56)　**正解** 3　図1に最適なタイトルは、次のうちどれですか。

1　2006年までに失われた地球上の森林の割合 ➡ ❸「森林破壊、森林劣化、分断化があった」、❹「毎年、1300万ヘクタールの森林が失われている」とあるが、「どの森がどの程度減っているか」という具体的な数字はない

2 世界の森林によって生み出された収益の割合 ➡ ❺❾で「森林の利益」に関する話はあるが、具体的な数字はない

3 世界の森林の種類別の割合 ➡ ❶「森林の形態には北方林、温帯林、亜熱帯林、熱帯林がある」、❷「北方林と熱帯林で全体の80％を占める」とあり、グラフの内容に一致する

4 私有されている森林の割合 ➡ ⓭「世界中の森林の80％は公有である」とあるので、「20％は私有」だとわかるが、具体的な割合はわからない

　グラフでは、すべて "〜 forests" と森林の種類が書かれているので、第1段落に関連事項が書いてあったことを手がかりにして、手際よく解けるはずです。正解の該当箇所の❷にある account for 〜は「〜を占める」という、グラフ問題の超重要熟語です。

---

(57) **正解 4**　パッセージによると、森林が提供する利益の1つは

1 樹木が分解するとき、空気から炭素を取り込むこと ➡ ❻「体内に炭素を取り込む」とあるが、⓬「木が切られると炭素の吸収をやめ、腐敗したり燃やすと炭素を放出する」とあるので不可

2 家畜に与えることができる食物 ➡「家畜に与えられる餌」の話はない

3 野生動物の肉の持続可能な供給源 ➡ ⓮「違法なハンターが狩りをして絶滅に追いやる」とあるので、sustainableではない

4 悪天候による損害に対する防護 ➡ ❽「森林は土地の浸食を減らすのに役立ち、嵐や洪水から守ってくれる」とある。本文のprotection from、storms and floodingがそれぞれsafeguarding against、severe weatherに言い換えられている

　誤答の**3**の選択肢で使われているsustainableという単語は、あまり大学受験では重視されていませんが、今回のような環境問題に関する英文などではキーワードになることがよくあります。「持続可能な」と訳されますが、これは「環境に悪影響を与えずに、常に安定供給が得られる」という意味で使われます。

---

(58) **正解 1**　著者が第3段落でアブラヤシ農園に言及しているのはなぜですか。

1 森林開拓地でどのように作物を育てられるかという例を挙げるため ➡ ❿「森林開拓地は農場や牧場に変えられる」という内容の具体例として、⓫「インドネシアやマレーシアでは、自然森林を伐採してアブラヤシの農場をそこに造る」とある

2 樹木が環境にやさしい燃料源になり得ると示すため ➡「アブラヤシが環境にやさしい燃料になる」という話はない

3 農園がどのように野生動物にすみかを提供するかという例を挙げるため ➡ ❼「自然森林が動植物にとってのすみかになる」とあるが、アブラヤシ農園は自然森林ではない

4 農園がどのように近くの自然森林の状態を改善するかを示すため ➡「農園によって自然森林が改善する」という話はない

　oil palm plantationsという語句は⓫に含まれており、その文にはfor exampleが含まれています。設問は「なぜ筆者はoil palm plantationsに触れているのか」なので、何

かしらの具体例を示すためだとわかります。そこから直前の文（ ⑩ cleared forest land can be converted to farms to grow crops)を正解の該当箇所と考えればOKです。

---

(59) 正解 **3** 第4段落を最も裏付けているのは、次のうちどの記述ですか。

1 樹木を朽ちさせることは、材木を燃やすことより環境に害を与えない ➡ ⑫「木は切られると分解し、燃やされると炭素を放出し、地球温暖化を加速させる」とあり、分解しても燃やしても環境によくない。そもそもどちらが有害かの比較はしていない

2 自然森林によいインフラを建設することは、政府がそこでの違法行為を制限するのに役立つ ➡ infrastructureには「道路」が含まれる。⑬「道路が造られると違法なハンターもその道を使う」、⑭「狩りをして絶滅に追いやる」とあるので、政府は違法な活動を制限できない

3 合法および違法の両方の人的活動が、森林に生息する野生動物を絶滅の危機にさらすおそれがある ➡ ⑯「農家が自然森林の代わりに農場を造ることを政府が許可すると、そこに住む動物はすみかをなくし死んでしまう」、⑭「違法なハンターが狩りをして絶滅に追いやる」とあり、合法でも違法でも「野生動物を危険に追いやる」とわかる

4 インドネシアと中央アフリカの種は、地球上の他のどの場所よりも多く絶滅している ➡ ⑮⑰で「動物が絶滅の危機に瀕している」ことがわかるが、そもそも地域間の比較の話はない

選択肢に「比較表現」が出てきたら、その比較の大小が正しいかを必ずチェックしてください。たとえば本文に「A＞B」とあって、選択肢には「A＜B」とあれば、それは当然不正解です。さらに、もっとひっかかりやすいのが、選択肢には「A＜B」とあり、本文にAもBも出てくるものの、そもそもAとBを比較する内容は書かれていない、というパターンです。今回は**1**と**4**にそのひっかけパターンが使われています。

---

(60) 正解 **2** 結論として、筆者が暗示しているのは

1 世界中の政府は、土地開拓に関するブラジルの規制を採用すべきである ➡ ⑳㉑からブラジルの政策はうまくいっていることがわかるが、「世界中の国がブラジルの政策をとるべき」という話はない

2 1つの政府が別の政府へ報酬を与えることで、世界中の人々が森林から利益を受けられるようになる ➡ ㉓と㉔での要点は「適切な行為に対して、お金を払うことで、誰もが恩恵を受けられる」ということで、その内容と合致する

3 私有地の地主は、自分の森林地帯の管理権を政府に返還すべきである ➡「森林を私有している人がその権利を政府に返すべき」という話はない

4 各国の政府は、森林伐採を止める方法について意見を一致させられそうにない ➡ ㉒「各国間の協力が必要」とはあるが、「解決策を見つけられそうもない」という話はない

設問にimply「暗示する」が使われていますので、正解の選択肢と同じことが、本文にハッキリと書かれているわけではありません。しかも今回は該当箇所が長いので、ズバリ正解を出すのは難しかったかもしれません。消去法が有効な問題です。

Listening Section

Part 1A

No. 1 　正解 1

放送英文 　　　　　　　　　　　　　　　🧑: man 🧑: woman

🧑 Hi Sophie, how are you enjoying the semester so far?

🧑 Oh, hi Masaki. So far, so good. ①I'm finally starting to learn my way around campus.

🧑 That's good. Say, ②are you busy this weekend?

🧑 Well, I have to prepare for a quiz in my Japanese language class, and I have to do some reading for my psychology class. ③Why?

🧑 ④My hiking club here at the university has a short outing planned for this Saturday. Students from many countries are coming. You should join us.

🧑 ⑤That does sound like fun. ⑥I'll do my reading tonight, and you can help me practice my Japanese during the hike.

🧑 Great! ⑦I'll send you an e-mail with the details of where to meet on Saturday. See you later!

🧑 Thanks. See you Saturday!

Question: What will the woman most likely do this weekend?

重要語句 ‖‖

語 semester「学期」 quiz「小テスト」 psychology「心理学」 outing「遠足」

句 learn one's way around ～「～でのやり方を学ぶ」

放送英文の和訳 　　　　　　　　　　　　　　　　　　《ハイキングのお誘い》

🧑 やあソフィー、今学期は今のところどう？

🧑 あら、こんにちは、マサキ。今のところ順調よ。①ようやくキャンパスに慣れ始めたわ。

🧑 それはよかった。ところで、②今度の週末は忙しい？

🧑 日本語の授業の小テストの準備をしなければならないし、心理学の授業のために何冊か本を読まなければならないの。③どうして？

🧑 ④僕が所属するこの大学のハイキングクラブが、今度の土曜日にちょっとした遠足を予定しているんだ。たくさんの国の学生が来るんだ。ぜひ参加すべきだよ。

🧑 ⑤とても楽しそうね。⑥本は今夜読むから、ハイキングの間に日本語の練習を手伝ってね。

🧑 よかった！⑦土曜日の待ち合わせ場所の詳細を、Eメールで送るよ。ではまたね！

🧑 ありがとう。では土曜日にね！

設問：女性は、今週末におそらく何をするでしょうか。

Listening Section

Part 1A

1　グループでハイキングに行く ➡ ❷「今週末忙しい？」→ ❸「なぜ？」→ ❹「遠足がある」
　　❺「いいね」という流れで、女性は遠足の誘いに乗っている

2　心理学のテキストを読む ➡ ❻本は「今夜、読む」とある

3　大学のキャンパスを見学する ➡ ❶は「キャンパス（の何がどこにあるのか）に慣れてき
　　た」という意味で、キャンパスツアーの予定ではない

4　両親にＥメールを書く ➡ ❼男性が女性に「メールをする」と言っている

 ポイント

　「週末の予定」と「それまでにしなければいけないこと」を混同しないように、整理しながら
聞く必要があります。選択肢がすべて動詞で始まることから、「どちらか一人の今後の予定が
聞かれるのでは？」と軽く予想するのもアリです。また、quiz は「小テスト」のこと。日本の
大学でも「来週の授業ではクイズがあります」という使い方をする教授はたくさんいるので、
しっかりチェックしておきましょう。

No. 2　正解 3

放送英文　　　　　　　　　　　　　　　　　　　　🧑: woman 🧑: man

🧑 Raymond, you speak French, don't you?

🧑 Certainly. My parents speak English, but I participated in a French immersion program growing up in Canada.

🧑 That's fascinating. ❶Actually, I'm hoping to study about bilingual society there next year, but ❷I have to pass my intermediate French class first.

🧑 I'm sure you'll like it there. ❸Make sure to see some sights while you're there, too.

🧑 ❹I'll do that, but ❺my studies are my priority. I'm a bit anxious because I've never lived abroad before.

🧑 ❻I'm sure you'll make new friends. And if you need help with your current French class, just ask me anytime.

🧑 I might take you up on that offer. Thanks.

Question: What does the woman want to do in Canada?

重要語句

語 immersion program「イマージョン・プログラム（＝ある言語環境で他教科を学ぶことで
言語習得を目指すプログラム）」　　句 take 人 up on ～「人 の～に応じる」

放送英文の和訳　　　　　　　　　　　　　　　　　《カナダでの勉強にむけて》

🧑 レイモンド、あなたはフランス語を話すわよね？

🧑 そうだよ。両親は英語を話すけれど、僕はカナダで育ったから、フランス語のイマー
ジョン・プログラムに参加したんだ。

👤 それは興味深いわ。①<u>実は、来年カナダで二カ国語社会について勉強したいと思っ</u><u>ているのだけれど</u>、②<u>まずは中級フランス語の授業をパスしなければならないわ</u>。

👤 君はきっとカナダを気に入るよ。③<u>そこにいる間に名所もいくつか観光すべきだよ</u>。

👤 ④<u>そうするつもりだけれど</u>、⑤<u>勉強が優先ね</u>。以前に海外で暮らしたことがないから、ちょっと心配しているの。

👤 ⑥<u>きっと新しい友達ができるよ</u>。それと、もし今のフランス語の授業で手助けが必要なら、いつでも言って。

👤 お願いするかもしれないわ。ありがとう。

設問：女性は、カナダで何をしたいと思っていますか。

1 新しい言語を習う ➡ ②「フランス語の授業をパスしなくてはいけない」のはカナダでの話ではない。フランス語をパスしたうえで①「二ヵ国語社会の勉強をしたい」と言っている

2 レイモンドの友人の何人かに会う ➡ ⑥「新しい友達ができる」とあるだけで、「レイモンドの友人に会う」という話はない

3 言語と社会について勉強する ➡ ①「カナダで二カ国語社会について勉強したいと思っている」、⑤「勉強が優先」とある

4 田園地方を旅行する ➡ 「田園地方を旅行する」という話はない／③「観光もすべき」④「そうする」とあるが、「田園地方」かどうかは不明

😊 **ポイント**

①がActuallyから始まりますね。Actuallyで始まる文は、何か大事なことを告白することがよくあるので、今回のように設問に関わることが頻繁にあります。Actuallyが出てきたら、特にしっかり聞き、メモするなり、強く印象づけるなりの対策が有効です。

No. 3 　正解 4

放送英文　　　　　　　　　　　　　👤: man 👤: woman

👤 That test was really hard. I'm sure I failed.

👤 Really? I thought it was hard, too, but everything was from the professor's review sheet the professor handed out last week. Didn't you get it?

👤 I did, but it took so long to look everything up. I only got about halfway through the list.

👤 You should join our study group. Each member is assigned part of the list, and every week ①<u>we share what we've found.</u> ②<u>It's much easier than</u> <u>working alone.</u>

👤 That's very kind of you. Yes, ③<u>I'd like to join your group.</u>

👤 Okay. We meet in the library after class every Thursday. Wait for me after class, and we can walk there together.

Question: What does the man decide to do?

重要語句 ||||||||||||||||||||||||||||||||||||||||||||||||||||||||||||||||||||||||||||||||||||||||||||||||||||||||||||||||||||||||||||||||||||||||||||||||||||||

🈖 fail「落第点を取る」 review「復習」 halfway「中間地点」 assign「～を割り当てる」

Part 1A

Listening Section

放送英文の和訳   《テスト対策》

👤 あのテストは本当に難しかったよ。間違いなく落第点だ。

👤 本当に？ 私も難しいと思ったけど、すべて教授が先週配った復習シートから出ていたわよ。もらわなかったの？

👤 もらったけど、全部を調べるのにはとても時間がかかったんだ。リストの半分くらいまでしかできなかったよ。

👤 私たちの勉強会に加わるといいわ。各メンバーはリストの一部を割り当てられて、毎週❶わかったことを教え合うの。❷1人で取り組むよりずっと簡単よ。

👤 ありがとう。うん、❸君のグループに加わりたいな。

👤 いいわよ。私たちは毎週木曜日の放課後に図書館に集まるの。授業後に私を待っていてくれれば、一緒に歩いて行けるわ。

設問：男性は、何をすることに決めていますか。

選択肢の意味と解説

1 より早く勉強を始める ➡「より早く」という話はない／❷「グループのほうが簡単」なだけ

2 追試を受ける ➡「追試を受ける」という話はない

3 自分で復習する ➡ ❶「わかったことを教え合う」ので、「自分で」ではない

4 グループに加わる ➡ ❸「グループに加わりたい」とある

 ポイント

　このような話題では、「理由（なぜ試験ができなかったのか）」と「対策（次にどう備えるか）」が問われることが頻繁にあります。今回の英文を何度も聞いて、「たぶんこの辺が狙われるなあ」という、「よい意味での勘」を養ってください。

No. 4 正解 3

放送英文   👤: woman 👤: man

👤 Hi Andy. Did you go to our philosophy class this morning?

👤 Yes. We missed you. Why weren't you there?

👤 ❶I was up late last night working on a report. I guess I overslept.

👤 I see. We had an unannounced quiz today, and you know Professor Dundee's rule, no make-ups.

👤 Oh no. I was hoping to get an A in that class, and ❷that's going to hurt my grade. I think I'll go talk to the professor. Maybe she'll let me do an extra credit assignment to make up the points I missed.

👤 You never know. Good luck.

Question: Why wasn't the woman in class?

重要語句 ||||||||||||||||||||||||||||||||||||||||||||||||||||||||||||||||||||||||||||||||||||||||||||||

語　philosophy「哲学」　extra credit assignment「追加得点がもらえる課題」

句　make up ～「～を補う」　you never know「ひょっとすると（先のことは）わからない」

放送英文の和訳　　　　　　　　　　　　　　　　　　　　　　《欠席した授業》

👤 こんにちは、アンディ。今朝の哲学の授業には出た？

👤 うん。君がいないのに気付いていたよ。どうしていなかったの？

👤 ①昨夜はレポートに取り組んで、遅くまで起きていたの。寝過ごしたみたい。

👤 なるほど。今日は抜き打ちの小テストがあったんだ。ダンディ教授のルールは知っているだろうけど、追試はなしだよ。

👤 なんてことかしら。あの授業でAを取りたかったのに、②成績が下がってしまうわ。教授と話しに行こうと思うの。私が取れなかった点を補うために追加得点用の課題を出してくれるかもしれない。

👤 ひょっとするとね。幸運を祈るよ。

設問：女性は、なぜ授業に出ませんでしたか。

選択肢の意味と解説

1　通学中にケガをした ➡ ❷「成績に傷がつく」が、本人はケガをしていない

2　別の授業の試験を受けていた ➡「別の授業の試験を受ける」という話はない

3　起きるのが遅すぎた ➡ ❶「遅くまで起きていて寝過ごした」とある

4　アルバイトに行かなければならなかった ➡「アルバイト」の話はない

　　前のNo. 3と目の付け所は同じです。今回は「理由」のほうが問われています。❶のup late「遅くまで起きている」、working on a report「レポートに取り組む」は日本の学生にもなじみ深い表現ですね。ちなみに、男性の1回目の発言にあるWhy weren't you there? の下線部tという音は、語末にくると「飲み込まれる（発音されない）」ことが多く、聞き取れないのが普通です。weren'tは「ワーン」と聞こえることを知っておいてください。

No. 5　正解 2

放送英文　　　　　　　　　　　　　　　　　　　　　👤: man 👤: woman

👤 Rita, have you already submitted your chemistry lab write-up? I'm going over to Dow Hall to submit mine now.

👤 ①Not yet. I'll do it tonight. But ②you know we're supposed to send in our write-ups by e-mail now, right?

👤 ③I forgot about that. Thanks for reminding me.

👤 As a matter of fact, I had a couple of questions I wanted to ask you about the assignment. ④Are you free now?

Sure. Where shall we go?

<u>Why don't we go to the computer lab</u> and I can show you what I've done so far.

Question: What does Rita point out?

重要語句

語 lab (= laboratory)「実験、研究室」 write-up「レポート」

句 go over to ～「～へ出向いていく」 send in ～「～を提出する」

[放送英文の和訳] 《化学のレポートの提出》

リタ、化学の実験レポートはもう提出した？ 僕は自分のを提出しにダウ・ホールへ行くところだよ。

①まだよ。今夜やるつもり。でも②今ではEメールでレポートを提出することになっているわよね？

③忘れていたよ。思い出させてくれてありがとう。

実は、課題についてあなたに2、3聞きたいことがあったの。④今、時間はある？

もちろん。どこに行こうか。

⑤コンピュータ室に行けば、今までにやったところを見せられるわ。

設問：リタは、何を指摘していますか。

[選択肢の意味と解説]

1 コンピュータ室は閉まっている ➡ ⑤「コンピュータ室に行こう」とあるので、「コンピュータ室は閉まっている」とは言えない

2 宿題はオンラインでのみ受理される ➡ ②「レポートはEメールで提出することになっているよね？」、③「忘れていた」とある

3 彼女はすでに課題を提出した ➡ ①「まだ」とあるので課題は提出していない

4 彼女には男性と話す時間がない ➡ ④「時間ある？」と女性から聞いているので、女性には男性と話す時間があるとわかる

 ポイント

②で使われているbe supposed to ～ は「～することになっている」という意味で、「義務」や「予定」を表し、いろいろな場面で使われる超重要表現です。こういった「約束事」もTEAPのリスニングではよく狙われます。

No. 6　正解 1

[放送英文] 　　🧑: man 👩: woman

Excuse me, ①can you tell me how to get to Taft Hall?

Let me see. Just go straight down Madison Avenue and turn right onto Albert Street. Taft Hall is on the left.

👤 Thanks. ②My daughter is an incoming freshman and she's moving into the dorm today.

👤 In that case, there should be student volunteers in front of the building to give your daughter her room key. They can show you ③where to unload your van, too.

👤 That's very helpful. Thanks again.

👤 Good luck to your daughter.

Question: What does the man want to know?

重要語句

語 incoming freshman「新1年生」　dorm（＝dormitory)「寮」　unload「〜から荷物を降ろす」

句 move into 〜「〜に入居する」　in that case「その場合は」

放送英文の和訳　　　　　　　　　　　　　　　　　　《娘の引っ越しの手伝い》

👤 すみません、①タフト・ホールへの行き方を教えてもらえませんか。

👤 ええと。マディソン通りをまっすぐ行って、右へ曲がってアルバート通りに入ってください。タフト・ホールは左側にあります。

👤 ありがとう。②娘が新1年生で、今日、寮へ引っ越すのです。

👤 それなら、お嬢さんに部屋の鍵を渡すために、建物の前に学生ボランティアがいるはずです。彼らが、③どこでバンの荷物を降ろせばいいかも教えてくれますよ。

👤 非常に助かりました。あらためて、ありがとうございました。

👤 お嬢さん、がんばってください。

設問：男性は、何を知りたがっていますか。

選択肢の意味と解説

1 寮への道順 ➡ ❶「タフト・ホールへの行き方を教えてもらえませんか」とあり、「タフト・ホール」は❷から寮のことだとわかる

2 建物の名前 ➡「建物の名前を知りたい」という話はない

3 車を駐車するための場所 ➡ ❸「どこでバンの荷物を降ろせばいいか」とあるだけで、「車を駐車する」という話はない

4 彼の娘のための学習アドバイス ➡「学習アドバイス」の話はない

　　❷のdormは選択肢1にあるdormitoryの略で、「寮」という意味です。実生活では、dormのほうが使われることが多く、TEAPでは「留学先での生活」などがテーマになることが多いので、こういう単語をしっかりチェックしておくと、大きく差がつきますよ。

No. 7　正解 2

放送英文　　　　　　　　　　　　　　　　　　　　　　👤: man　👤: woman

👤 Excuse me, but are you Professor Li?

👤 That's me. What can I do for you?

👤 I would like to audit your introductory Chinese history course.

👤 That's an honors seminar for history majors. Are you a history major?

👤 No, I'm not. I'm majoring in Chinese language. ❶I'll be studying in Shanghai next semester, so I'd like to learn about China before I go, but I already have a heavy course load.

👤 OK. Please come to the first day of the course. ❷If there are any spaces left, I'll sign your audit permission slip.

👤 Thank you very much. I'll see you then.

👤 You're welcome.

Question: Why does the man want to audit the class?

重要語句
🈑 audit「～を聴講する」 honors seminar「上級セミナー」 course load「履修単位数」
permission slip「許可証」

放送英文の和訳　　　　　　　　　　　　　　　　　　　　　《中国史入門の講義の聴講》

👤 すみません、リー教授でいらっしゃいますか。
👤 そうです。どんなご用件でしょう？
👤 教授の中国史入門の講義を聴講したいのです。
👤 それは歴史学専攻の学生のための上級セミナーです。あなたは歴史学専攻ですか。
👤 いいえ、違います。私は中国語を専攻しています。❶来学期に上海に留学するので、行く前に中国について学びたいのですが、履修単位数がすでにかなり多いのです。
👤 わかりました。講義の初日に来てください。❷空きがあれば、あなたの聴講許可証にサインしましょう。
👤 どうもありがとうございます。では、そのときにお目にかかります。
👤 どういたしまして。

設問：なぜ、男性は講義を聴講したいのですか。

選択肢の意味と解説

1 講義がすでに定員に達しているから ➡ ❷「少しでも空きがあれば」とあるだけで、「すでに定員に達している」かどうかは不明

2 彼は近い将来、旅行をすることになっているから ➡ ❶「来学期に上海に留学するので、行く前に中国について学びたい」とある

3 彼は、学期が始まる前に登録しなかったから ➡「学期が始まる前に登録しなかった」という話はない／❷「許可証にサインする」とあるので、「学期が始まる前に登録しなかった」

ことは考えられるが、これが理由ではない

4　彼は、以前に１度その講義を取ったことがあるから ➡ 「以前受講していた」という話はない

本文と設問で使われている audit は「聴講する」という意味です。「オーディオ」でお馴染みの audio「音声」は、本来「聞こえる」という意味で、そこから audience は「聴衆」、そして今回の audit は「（いろいろ聞いて）検査する」や「聴講する」という意味になります。かなり難しい単語ですが、大学の話がたくさん出る TEAP では、知っておくと差がつく単語ですよ。

No. 8 正解 4

放送英文　　　　　　　　　　　　　　　　　　　　🧍: woman　🧍: man

🧍 What did you want to see me about, Professor Pearson?

🧍 I wanted to give you feedback on your first draft of your research paper. You have many good ideas, but the graphs and tables have room for improvement.

🧍 I see. Well, I've never written a paper with so much data before.

🧍 ❶On the class website, one of the reference books listed there is all about presenting data. ❷I recommend you get a copy and revise the graphs for your next draft.

🧍 Thank you, Professor Pearson. I'll do that.

🧍 I'll see you in class on Monday.

Question: What does the professor suggest the woman do?

重要語句

語　draft「草稿」　research paper「研究論文」　reference「参考」　revise「～を修正する」

句　room for improvement「改善の余地」

放送英文の和訳　　　　　　　　　　　　　　　　《研究論文へのアドバイス》

🧍 私に会いたいとおっしゃるご用件は何でしょうか、ピアソン教授？

🧍 あなたの研究論文の第１草稿について感想を伝えたかったのです。アイディアはとてもよいですが、グラフと表には改善の余地がありますね。

🧍 そうですか。ええと、私は以前に、これほど多くのデータを使って論文を書いたことがないのです。

🧍 ❶授業のウェブサイトに載っている参考書の１冊が、データの提示に関するすべてを扱っていますよ。❷１冊入手して、次の草稿でグラフを修正することを勧めます。

🧍 ありがとうございます、ピアソン教授。そうします。

🧍 月曜日の授業で会いましょう。

設問：教授は、女性に何をするように提案していますか。

Listening Section

Part 1A

1 異なるテーマを選ぶ ➡「異なるテーマを選ぶ」という話はない

2 コンピュータで彼女のデータを分析する ➡「データを分析する」という話はない

3 引用文献一覧に、より多くの書籍を記載する ➡「より多くの書籍を記載する」という話はない／❶「サイトに載っている参考書の１冊が、データの提示に関するすべてを扱っている」とあるだけ

4 彼女のデータの提示方法を修正する ➡ ❷「参考図書を１冊手に入れてグラフを修正することを勧める」とある

 ポイント

❷で使われているcopyには「（コピー機の）複写」以外に、「（本・雑誌などの）１冊」という、とても重要な意味があり、実際によく使われます。「コピーを取る」と勘違いしてしまうので注意してください。copyは本来「たくさん書き写す」という意味で、皆さんが今読んでいるこの本も印刷所で「たくさん書き写したもの」ですね。

No. 9 正解 3

放送英文　　　　　　　　　　　　　　　　　　🧍: man 🧍: woman

🧍 Hi, Tina. Welcome to the academic advising office. How can I help you today?

🧍 Hello, Mr. Radcliff. Actually, I'd like to know the procedure for ₁changing my major. I'm currently majoring in communications, but ₂I'd like to switch to journalism.

🧍 I see. What made you want to change?

🧍 ₃I did a summer internship with a television news crew and really enjoyed it.

🧍 All right. ₄Just get the signature of the head of the journalism department and bring it to me. I'll update your record in the database. That's it.

🧍 Thank you for the help, Mr. Radcliff.

🧍 Any time, Tina.

Question: What does the woman need to do?

重要語句
🈸 communications「コミュニケーション学」　switch「移る」　crew「班、グループ」
🈞 that's it「それで終了である」

放送英文の和訳　　　　　　　　　　　　　　　　　　《専攻変更の手続き》

🧍 こんにちは、ティナ。学習指導事務所へようこそ。今日はどういったご用件ですか。

🧍 こんにちは、ラドクリフさん。実は、₁専攻を変更する手続きについて知りたいのです。現在はコミュニケーション学を専攻していますが、₂ジャーナリズムに変更

したいのです。
🧑 なるほど。変更したいと思った理由は何ですか。
🧑 ③テレビのニュース班と夏のインターンシップを行い、本当に楽しかったのです。
🧑 わかりました。④ジャーナリズム学部の学部長の署名をもらって、私に持ってきて
　　　くれれば結構です。データベースであなたの記録を更新します。それで終了です。
🧑 教えてくれてありがとうございます、ラドクリフさん。
🧑 いつでもどうぞ、ティナ。

設問：女性は、何をする必要がありますか。

選択肢の意味と解説

1 インターンシップの経験についてレポートを書く ➡ 「レポートを書く」という話はない
／❸「テレビのニュース班と夏のインターンシップをして、楽しかった」とあるだけ

2 カウンセリングの予約を変更する ➡ 「カウンセリングの予約」の話はない／❶❷「専攻
をジャーナリズムに変更したい」とあるだけ

3 教授の署名をもらう ➡ ❹「学部長の署名をもらって、私に持ってきて」とある

4 ラドクリフさんにEメールを送る ➡ ❹「私に持ってきて」とあるが、Eメールの話はない

😀 **ポイント**

❹は「Just + 原形」で始まる命令文になっています。Pleaseがつく命令文は有名ですが、このようにJustをつける命令文もよく使われます。「単に〜しなさい」という意味です。このような「命令」、つまり「指示」内容はTEAPのリスニングでよく問われますので、「命令文」には注意が必要です。

No. 10 　正解 2

放送英文　　　　　　　　　　　　　　　　　　　🧑: woman　🧑: man

🧑 This is the office of the registrar. How may I help you?
🧑 Hi. I'm calling to find out how to order an official copy of my transcript
for a job I'm applying for.
🧑 I can help you with that. Do you have a university e-mail account?
🧑 Yes, I do.
🧑 ❶If you go to the office of the registrar's web page, there's a link that says
"order transcripts." ❷First, log in with your e-mail account and password.
❸Then you'll be prompted to input the information about where you want
the transcript sent. ❹Make sure to check the box next to "official copy."
🧑 Thank you. ❺I'll do that. Can you tell me when it will be sent out?
🧑 Transcripts are usually mailed out one business day after we receive your
request. ❻Just call back if you have any problems.
🧑 ❼I certainly will. Thanks again.

Question: What will the man do?

重要語句

語 registrar「教務係」 transcript「成績証明書」 business day「営業日」

句 prompt 人 to ~「人に~するよう指示する」 send out ~「~を発送する」

放送英文の和訳　　　　　　　　　　　　　　　　　　　　　《成績証明書の請求》

👤 こちらは教務課のオフィスです。ご用件をどうぞ。

👤 こんにちは。応募している仕事のために、成績証明書の写しを請求する方法を知りたくてお電話しています。

👤 お手伝いいたします。大学のEメール・アカウントはお持ちですか。

👤 はい、持っています。

👤 ❶教務課のウェブサイトにアクセスすると、「成績証明書を請求する」というリンクがあります。❷最初に、あなたのEメール・アカウントとパスワードでログインしてください。❸そうすると、証明書の送付希望先に関する情報を入力するよう求められます。❹「公式の写し」の横のチェックボックスに忘れずにチェックマークを入れてください。

👤 ありがとうございます。❺そうします。それがいつ発送されるか教えていただけますか。

👤 証明書は通常、請求を受けた1営業日後に郵送されます。❻何か問題があれば、また電話してください。

👤 ❼必ずそうします。あらためて、ありがとうございます。

設問：男性は、何をする予定ですか。

選択肢の意味と解説

1 依頼書を提出するために、事務所を訪ねる ➡「依頼書を提出するために事務所へ行く」という話はない

2 ウェブサイトにアクセスする ➡ ❶「サイトに行けば成績証明書を請求するリンクがある」、❷「ログインする」、❸「情報の入力を求められる」、❹「「写し」の横のボックスにチェックする」、❺「やってみます」という流れなので、「サイトにアクセスする」ことがわかる

3 大学に用紙を郵送する ➡「大学に用紙を郵送する」という話はない

4 電話をかける ➡ ❼「そうします」とあるが、電話するのは❻「何か問題があった」場合だけ

 ポイント

　設問では「男性がすること」が問われており、❶~❺が正解の根拠になります。正解の **2** ではAccess a websiteと❶~❺をまとめて表現しています。よって、❶~❺で多少の「聞き逃し」や「うっかり忘れること」があっても、このような選択肢なら正解を選ぶことは可能ですから、絶対に最後まで諦めずに取り組むようにしてください。

Part 1B

No. 11 正解 3

放送英文

For all of the engineering students in this class, I'd like to tell you about a summer internship program for aspiring engineers. The program pairs current students like you with sponsors who are engineers at manufacturers _①around the country. Internships are four weeks long, and during that time interns work on a small project at the sponsor's company. _②If you complete a report about your internship project, you can earn four credits towards your degree.

Question: What is one benefit for students in the internship program?

重要語句

語 aspiring「意欲的な」

放送英文の和訳 《インターンシップ・プログラム》

このクラスの工学部の学生全員のために、意欲的なエンジニアのための夏期インターンシップ・プログラムについてお話ししたいと思います。プログラムでは、皆さんのような在校生と、_①国中のメーカーのエンジニアであるスポンサーとがペアを組みます。インターンシップは4週間で、研修生はその間、スポンサーの会社で小規模のプロジェクトに取り組みます。_②インターンシップ・プロジェクトのレポートを仕上げれば、学位のための4単位を取得できます。

設問：インターンシップ・プログラムの、学生のための利益の1つは何ですか。

選択肢の意味と解説

1 仕事に対する報酬 ➡ 「報酬」の話はない
2 卒業後すぐの常勤雇用 ➡ 「卒業後すぐに常勤雇用」という話はない
3 履修単位を得る機会 ➡ ② 「レポートを終えれば、4単位得られる」とある
4 海外で働く機会 ➡ ① 「国中で」とあり、「海外」の話はない

 ポイント

②でも、正解の**3**でも、earnが使われています。earnは「稼ぐ」とばかり訳されますが、earnは本来「収穫する」という意味で、earn = getと考えたほうがイメージがハッキリします。今回はまさにその例ですね。また、earn a reputation「評判を得る」などもチェックしておきましょう。

No. 12 正解 4

放送英文

Good afternoon, class. Next week we are very fortunate to have as a guest lecturer, ①best-selling science fiction novelist, Charles Pike. ②Mr. Pike is going to talk about how he selects themes when he writes his novels. ③He worked as a climate scientist for many years before ④he changed careers, and he frequently writes about climate and the environment in his stories, so his two careers are not as unrelated as you might imagine.

Question: What will the guest lecturer talk about?

重要語句

語 climate scientist「気候科学者」 career「職業」 environment「環境」

Listening Section

Part 1B

放送英文の和訳

《チャールズ・パイク》

こんにちは、皆さん。来週、我々は幸運なことに、①SF 小説のベストセラー作家であるチャールズ・パイク氏をゲスト講師として迎えます。②パイク氏は、ご自身が小説を書く際にどのようにテーマを選ぶかについて話す予定です。彼は、④転職する前は③長年気候科学者として働いていて、小説の中でよく気候と環境について書くので、彼の 2 つの職業は皆さんが思うほど無関係ではありません。

設問：ゲスト講師は、何について話す予定ですか。

選択肢の意味と解説

1 世界的な気候変動 ➡ ③「気候科学者として働いていた」とあるが、気候変動についての講演ではない

2 職業の選択 ➡ ④「転職した」とあるが、それについての講演ではない

3 人気作家になる方法 ➡ ①「ベストセラー作家」とあるが、ベストセラー作家になる方法についての講演ではない

4 執筆のプロセス ➡ ②「小説を書くときのテーマをどのように選ぶかについて話す」とある

 ポイント

　解答のキーになる部分である②の聞き取りがポイントなわけですが、特にthemeという単語に注意しましょう。TEAPの「教室での会話」でよく使われますし、日本語の「テーマ」という発音を引きずると、themeを聞き取れないことがよくあるからです。何度も繰り返し聞いて慣れておきましょう。

No. 13 正解 2

放送英文

Welcome to the first day of this 16-week statistics course for psychology majors. First, I'd like to talk about how your course grade will be determined. ❶Weekly homework assignments account for two-thirds of your grade, and ❷the midterm and final exam together make up the remaining one-third. ❸You're also allowed to choose not to hand in the homework assignments at all, in which case your grade will be based solely on your exams.

Question: What does the speaker imply about the homework assignments?

重要語句

🔤 statistics「統計学」　psychology「心理学」　midterm exam「中間試験」　final exam「期末試験」

🔤 account for ～「～の割合を占める」　make up ～「～を構成する」

放送英文の和訳　　　　　　　　　　　　　《統計学の授業のガイダンス》

心理学専攻学生向けの、16週間の統計学講座にようこそ。最初に、授業の成績の決め方についてお話ししたいと思います。❶毎週出る宿題は成績の3分の2を占め、❷中間試験と期末試験を合わせて残りの3分の1となります。❸また、宿題を一切提出しないという選択も可能で、その場合、成績は試験だけに基づきます。

設問：話し手は、宿題について何を示唆していますか。

選択肢の意味と解説

1 学生の成績の3分の1を占める ➡ ❶「宿題は成績の3分の2を占める」とある
2 任意である ➡ ❸「宿題は提出しなくてもよい。その場合は試験のみで成績が決まる」とある
3 遅れると受理されない ➡「遅れると受理されない」という話はない
4 試験と同じ価値がある ➡ ❶「宿題は成績の3分の2」、❷「試験は3分の1」とある

 ポイント

❸でhand in ～「～を提出する」、be based solely on your exams「試験だけに基づく」など、教室で使われる重要表現が出てきています。また、two-thirds「3分の2」など分数の聞き取りにも慣れてください。日本語と違って「分子→分母」の順に読まれます。

No. 14　正解 4

放送英文

Director of university health services, Valerie Mills, will be speaking at the Kennedy Student Union this Friday at 2:00 p.m. The topic of her talk will be the relationship between student fitness and academic success. Many students adopt unhealthy lifestyles while in college, such as staying up late at night, ❶eating a lot of junk food and ❷failing to get enough exercise. ❸Ms. Mills' talk will also include advice to students on how to stay fit to succeed academically.

Question: Who should attend the talk?

重要語句

語 student union「学生会館」　fitness「健康」　adopt「（習慣などを）身につける」

句 stay up late「夜更かしをする」　fail to ～「～できない」　stay fit「健康でいる」

Listening Section

Part 1B

放送英文の和訳　　　　　　　　　　　　　　　　　　　　　　《健康のための講演会》

大学医療サービス局長であるヴァレリー・ミルズは、今週金曜日の午後2時にケネディ学生会館で講演を行うことになっています。講演のテーマは、学生の健康と学業における成功の関係についてです。多くの学生は大学時代に夜更かしをしたり、❶多くのジャンクフードを食べたり、❷十分な運動ができなかったりと、不健康な生活スタイルを身につけます。❸ミルズ氏の講演では、学業をうまくこなすために健康でいる方法に関する、学生へのアドバイスもあります。

設問：誰が講演に出席すべきですか。

選択肢の意味と解説

1　新しいスポーツを学びたい学生 ➡「新しいスポーツを学びたい学生」の話はない

2　学生食堂で働く学生 ➡「食堂で働く学生」の話はない／❶「ジャンクフードを食べる」と食事の話があるが、これは学生の不健康な生活の例

3　大学のスポーツチームのメンバーである学生 ➡「スポーツチームのメンバー」の話はない／❷「運動不足」と運動の話があるが、これは学生の不健康な生活の例

4　健康を維持するのに助けを必要とする学生 ➡ ❸「学生に、どう健康を維持するのかについてアドバイスをする」とある

ポイント

❸のincludeは、「含む」と訳されることが多いのですが、リスニングでは、S include O. で「S＝O」と考えたほうが、文の内容をパッとイメージできます。今回の英文なら、Ms. Mills' talk ＝ advice to students on ～ ということです。p.79のポイントをチェックしておきましょう。

No. 15　正解 1

放送英文

A successful job search starts with having ①an attractive, well-written résumé that will encourage employers to call you for an interview. The Student Career Development Center hosts résumé writing workshops every Saturday from 9:00 a.m. to noon. In the workshops, students learn the do's and don'ts of résumé writing, and create rough drafts of a résumé using templates provided by the facilitator. ②Participants can then schedule an individual follow-up session with a counselor to review and finalize their résumé.

Question: What can workshop participants do?

重要語句

語 résumé「履歴書」 interview「面接」 template「定型書式」 facilitator「進行係」
句 the do's and don'ts「すべきことと、してはいけないこと」

放送英文の和訳

《履歴書のための研修会》

成功する就職活動は、①雇用者が面接のためにあなたを呼び出したくなるような、魅力的で上手に書かれた履歴書を手にすることから始まります。学生キャリア開発センターは、毎週土曜日の午前9時から正午まで、履歴書作成の研修会を主催しています。研修会では、学生は履歴書を書くうえですべきこととしてはいけないことを学び、進行係が提供する定型書式を使用して履歴書の下書きを作成します。②参加者はその後、履歴書を見直して仕上げるために、カウンセラーとの個人的な追加セッションの予定を入れることができます。

設問：研修会の参加者は、何をすることができますか。

選択肢の意味と解説

1　アドバイザーとマンツーマンで面談する ➡ ②「参加者はカウンセラーと面談の予定を立てられる」とある／ counselor が選択肢で advisor に変わっている

2　面接の技術を練習する ➡「面接の技術の練習をする」という話はない／ ①「面接に呼んでもらえるような履歴書」とあるだけ

3　様々な履歴書の形式を比較する ➡「形式の比較」の話はない

4　電話でカウンセラーからアドバイスをもらう ➡「電話でアドバイスをもらう」という話はない／ ①の call は「呼び出す」という意味で、counselor とは無関係

 ポイント

②の individual「個人の」が、正解の 1 では one-on-one と言い換えられています。今後TEAP でよく出てきそうな表現ですから、しっかりチェックしておきましょう。

No. 16 正解 4

放送英文

Today we're going to talk about an airplane called the Concorde. The Concorde had its first commercial flight in 1976. ①It's unique because it's the only major passenger plane to travel faster than the speed of sound. Two factors led to the retirement of the airplane in 2003. First, ②a Concorde crashed in 2000 leading people to question the airplane's safety. Second, ③flying and maintaining the aircraft was very expensive. Even so, ④the Concorde represents an unmatched achievement of commercial aviation.

Question: What is the speaker's opinion about the airplane?

重要語句

語 commercial「商業の」 crash「墜落する」 question「〜を疑問視する」
unmatched「比類ない」 aviation「航空」

句 lead to 〜「〜につながる」 A represent B「AがBを象徴する」

放送英文の和訳

《コンコルド》

本日は、コンコルドという飛行機についてお話しします。コンコルドは、1976年に最初の民間飛行を行いました。それは、音速より速く移動する唯一の大手の旅客機であるという点で①ユニークです。2つの要因のために、その飛行機は2003年に引退することになりました。1つめに、②1機のコンコルドが2000年に墜落し、これにより人々は飛行機の安全性を疑問視するようになりました。2つめに、③その航空機を飛行させて維持することは非常に費用がかかりました。それでもなお、④コンコルドは民間航空の比類ない業績の象徴です。

設問：その飛行機に関する話し手の意見は、どのようなものですか。

選択肢の意味と解説

1 経費削減のために、さらなる努力がなされるべきだった ➡ ③「費用が高かった」とはあるが、経費削減に関する話はない

2 将来、より速い飛行機が開発される ➡「未来の飛行機」の話はない

3 従来の飛行機より安全だった ➡ ②「事故を起こして、それで人々はその飛行機の安全性に疑問を持った」とある

4 他のどの民間飛行機とも異なっていた ➡ ①「ユニークだった」、④「コンコルドは民間航空の比類ない功績を象徴している」とある

 ポイント

④のrepresentは「代表する」と訳されることが多いのですが、S represent O. で「S＝O」と考えるとわかりやすい表現です（p.79）。No. 14のinclude、No. 19のrefer toと同じ「イコール」の意味を持つわけです。この3つはリスニングだけでなく、リーディングでも重宝しますよ。

No. 17 正解 2

放送英文

In the United States, over the past two decades, ①the number of elementary and secondary schools that offer foreign language instruction has been declining. ②One reason for this is budget cutting. Moreover, ③at the university level, there has been a trend to eliminate classes in less-taught languages. On the other hand, ④new videoconferencing technology has the potential to enable students to take foreign language classes, even if there is no teacher for that language at their school.

Question: What does the speaker say about foreign language education in the United States?

重要語句

語　decade「10年」　secondary school「中等学校」　budget cuting「予算削減」

句　enable 人 to ～「人が～できるようにする」

放送英文の和訳　　　　　　　　　　　　　　　　　　　　《アメリカの外国語教育》

アメリカ合衆国では、過去20年の間、①外国語指導をしている小学校および中等学校の数が減少してきています。②このことの理由の1つは予算削減です。さらに、③大学の段階で、教える機会の少ない言語の授業を廃止する傾向があります。一方、もしその言語の教師が学校にいなくても、④新しいテレビ会議の技術には、学生が外国語の授業を取れるようになる可能性があります。

設問：話し手は、アメリカ合衆国の外国語教育について何と言っていますか。

選択肢の意味と解説

1 現在、外国語の授業を提供する大学は、以前より少ない ➡ ③「大学では、学ぶ人が少ない言語の授業がなくなってきている」とあるだけで、「外国語教育をする大学が減っている」とは言っていない

2 資金不足が、授業数の減少の原因の1つである ➡ ①②「外国語教育をしている小中学校は減っており、予算カットが原因」とある／budget cutting は lack of funds に言い換えられている

3 新技術により、外国語学習の人気がすでに高くなっている ➡ ④「新しい技術には学生が外国語教育を受けられる potential（可能性）がある」と将来のことを言っており、already「すでに」と過去の話はしていない

4 多くの外国語学教師は、職を見つけるのに苦労している ➡ 「多くの外国語教師が職探しで苦労している」という話はない

ポイント

②でOne reasonと聞いた瞬間に、特に注意して聞くorメモを取らないといけません。TEAPのリスニングで「理由」はかなり頻繁に狙われるからです。

No. 18　正解 3

放送英文

Jimmy Wales and Larry Sanger are the co-founders of the free online encyclopedia, Wikipedia, which ❶they launched in English only in 2001. ❷It was originally intended to be a place to gather content for another encyclopedia project, Nupedia. However, Wikipedia became far more popular than Nupedia, so in 2003 they combined ❸the two websites. Even though Wikipedia is run entirely on donations and ❹doesn't accept advertising, it's now available in over 250 languages, and is one of the ten most frequently accessed websites in the world.

Question: According to the speaker, what was one of the original goals of Wikipedia?

重要語句

語 co-founder「共同創立者」 encyclopedia「百科事典」 launch「〜を立ち上げる」

《ウィキペディア》

放送英文の和訳

ジミー・ウェールズとラリー・サンガーは無料オンライン百科事典であるウィキペディアの共同設立者で、2001 年に❶英語版のみを立ち上げました。❷それはもともとは、別の百科事典プロジェクトであるヌーペディアの内容収集の場となることを意図していました。しかし、ウィキペディアがヌーペディアよりはるかに人気が高くなったので、彼らは 2003 年に❸2 つのウェブサイトを 1 つにしました。ウィキペディアは完全に寄付によって運営され、❹広告を受け付けないにもかかわらず、現在 250 あまりの言語で利用でき、世界で最も頻繁にアクセスされる 10 のウェブサイトの 1 つです。

設問：話し手によると、ウィキペディアの最初の目的の 1 つは何でしたか。

選択肢の意味と解説

1 広告で収入を得ること ➡ ❹「広告を受け付けない」とある

2 人々が、他の言語を話す人々と情報を共有できるようにすること ➡ ❶「英語だけで始めた」とある

3 別のウェブサイトで使われる情報を収集すること ➡ ❷「もともとはヌーペディアのために内容を集める場所だった」とあり、❸よりヌーペディアもウェブサイトだとわかる

4 新しい事業アイディアのために討論の場を提供すること ➡「新しい事業アイディアのために討論の場を提供する」という話はない

ポイント

❷の originally「もともとは」が聞こえた瞬間に、「ビフォー（最初のこと）」と「アフター（その後のこと）」をしっかり分けて聞く必要があります。ここをいい加減にしてしまうと、選択肢で簡単にひっかかってしまうのです。

No. 19 正解 1

放送英文

In the reading you did for today's class you came across the term "free trade agreement." ₁This term refers to agreements between two or more countries to lower or eliminate completely taxes they charge on goods shipped between member countries. ₂This in turn has the effect of promoting trade between member countries. ₃Not everyone supports free trade agreements, but ₄for the most part, economists claim that they benefit consumers and make businesses more efficient.

Question: What does the speaker mention about free trade agreements?

重要語句

語 free trade「自由貿易」 eliminate「〜を撤廃する」 economist「経済学者」

句 come across 〜「〜に出くわす」 in turn「見返りとして」

放送英文の和訳 《自由貿易協定》

皆さんが今日の授業のために読んだ教材の中に、「自由貿易協定」という用語がありましたね。₁この用語は、加盟国間で輸送される商品にかける税金を下げたり完全に撤廃したりする、2カ国以上の間の合意のことです。₂これは見返りとして、加盟国間の取引を促進する効果があります。₃誰もが自由貿易協定を支持するわけではありませんが、₄ほとんどの場合、経済学者はそれが消費者の利益となり、企業をより効率的にすると主張しています。

設問：話し手は、自由貿易協定について何と言っていますか。

選択肢の意味と解説

1 経済学者はそれが加盟国の消費者の利益になると主張する ➡ ₄「ほとんどの場合、経済学者は、自由貿易協定は消費者に利益があると主張する」とある／₂「加盟国間で」とある
2 それは一部の業界を助けるが、他の業界に損害を与える ➡「一部の業界を助ける」という話はない
3 すべての政府がそれを支持するわけではない ➡ ₃「全員が支持しているわけではない」とあるが「政府」の話はない
4 それは通常、3カ国以上の間で作られる ➡ ₁「2カ国以上の間で」とあるが、「普通は3カ国以上で行われる」という話はない／ more than 〜は「〜より多い」という意味で「〜」の数字は含まないので more than two countries は「3カ国以上」となる

ポイント

　リスニングにしては少し難しい英文でしょうが、ポイントは refer to です。この単語は「言及する」と訳されることが多いのですが、**No. 14** で出てきた include 同様に、S refer to O. で「S=O」と考えるとわかりやすい表現です。This term refers to 〜 で「この用語はすなわち〜だ」と考えれば、英文の内容がスッと入ってくると思います。

No. 20 | 正解 2

放送英文

These days going to a top university is no guarantee of receiving a job offer. ①Companies are looking for employees who possess both specialized knowledge in one field such as finance or computer programming, and excellent teamwork skills. University students can gain specialized knowledge through their coursework, and ②can build collaboration skills by taking a leadership role in a school club, ③studying abroad, and so on. ④By planning their four years at university wisely, incoming freshmen can maximize their opportunities for employment upon graduation.

Question: What is the speaker doing?

重要語句

語 finance「金融」 maximize「〜を最大限に生かす」 employability「雇用の可能性」
句 A is no guarantee of B「A は B の保証にならない」

《就職できる可能性を高める方法》

放送英文の和訳

近頃では、一流大学に行ったからと言って、仕事を受けられる保証があるわけでは全くありません。①企業は、金融やコンピュータ・プログラミングなどのある分野の専門知識と、秀でたチームワーク能力の両方を備えている社員を探しています。大学生は講義を通じて専門知識を得ることができ、②学校のクラブでリーダー的役割を引き受けたり、③留学をしたりすることなどによって、連携能力を培うことができます。④大学での 4 年間を賢く計画することによって、新入生は、卒業してすぐに雇用される機会を最大にすることができます。

設問：話し手は何をしていますか。

選択肢の意味と解説

1 学生がクラブ活動に参加するのを奨励している ➡ ②「クラブ活動でリーダーシップを取ることで連携能力を培う」とあるだけで、これが話し手が主張しているメインのテーマではない

2 学生が雇用される可能性を高める方法を説明している ➡ ①「企業はある分野の専門的な知識と素晴らしいチームワーク能力の両方を備えた社員を探している」、④「賢く大学生活を計画することで、卒業後に雇用の機会を最大にすることができる」とある

3 新入生が特定の専攻科目を選ぶように勧めている ➡「新入生に特定の専門を選ぶように勧める」という話はない／①の finance や computer programming は one field「ある分野」の「具体例」であって、この 2 つを勧めているわけではない

4 海外留学プログラムに関する情報を与えている ➡ 留学に関する具体的な情報の話はない／③では「連携能力を培う」ための手段の例として出しただけ

ポイント

これは「細部を押さえつつ、全体の内容を問う」問題です。細部を押さえるにあたって大事なのは、①の A such as B「A、たとえば B」で、such as は具体例の合図になります。

Part 1C

No. 21 　正解 2

放送英文

The city of Sugar Hill has been providing public transportation for over twenty years. ①In 1995, tram service was far more popular than bus service, with approximately 50,000 and 10,000 daily passengers respectively. The city gradually added bus routes to more suburbs, and ②by 2005 the number of daily passengers for buses and trams were almost equal. However, due to the redevelopment of the downtown area, ③by 2015 tram usage had again surpassed that of buses by a considerable margin.

Question: Which graph best matches the description given?

重要語句

🗣 tram「路面電車」　respectively「それぞれ」　usage「利用」
句 by a considerable margin「大差で」

放送英文の和訳　　　　　　　　　　　　　　　　　　　《シュガー・ヒル市の交通機関》

　シュガー・ヒル市は、20 年あまりの間、公共交通機関を提供しています。①1995 年には、路面電車はバスよりはるかに人気があり、1 日の乗客数はそれぞれおよそ 5 万人と 1 万人でした。同市は徐々に、より多くの郊外地域にバスの路線を増やし、②2005 年までには、バスと路面電車の 1 日の乗客数はほぼ同じになりました。しかし、商業地域の再開発が原因で、③路面電車の利用は 2015 年までに再び大差でバスの利用を凌ぎました。

設問：説明された内容に最も合っているのは、どのグラフですか。

選択肢と解説

1　① 「1995 年に路面電車の利用客が 5 万人、バスの利用客が 1 万人」を満たさない
2　① 「1995 年に路面電車の利用客が 5 万人、バスの利用客が 1 万人」、② 「2005 年までには路面電車とバスの利用客がほぼ同じ」、③ 「2015 年までには路面電車の利用客がバスの利用客を上回った」をすべて満たす
3　① 「1995 年に路面電車の利用客が 5 万人、バスの利用客が 1 万人」を満たさない
4　② 「2005 年までには路面電車とバスの利用客がほぼ同じ」を満たさない

　①で respectively「それぞれ」が使われています。tram service、bus service の順で出てきているので「tram service が 5 万人、bus service が 1 万人」となるわけです。名詞 respect には「尊敬」以外に「点」という意味があり、その形容詞は respective「それぞれの」、そして副詞が respectively「それぞれ」です。

No. 22 正解 2

放送英文

Welcome to International Relations 221: World Politics. Before we get started, I'd like to explain how your grades in this course will be calculated. ①Weekly quizzes will account for 35% of your grade. There will be ②a number of small and large homework assignments throughout the semester, and ③these will combine for 25% of your grade. Finally, there will be ④a midterm and a final exam, and they each count for 20% of your final grade.

Question: Which chart best fits the description given?

重要語句

語 international relations「国際関係論」 politics「政治」 calculate「〜を算出する」

句 combine for X% of 〜「合わせて〜の X パーセントを占める」

放送英文の和訳

《成績のつけ方》

「国際関係論 221：世界政治」へようこそ。始める前に、この講座での成績の算出の仕方についてお話ししたいと思います。①毎週の小テストが成績の 35% を占めます。②学期を通じて大小のいくつかの課題があり、③これらは合わせて成績の 25% を占めます。最後に、④中間試験と期末試験があり、それぞれが最終的な成績の 20% を占めます。

設問：説明された内容に最も合っているのは、どの図表ですか。

選択肢と解説

1 ①「小テストは 35%」を満たさない
2 ①「小テストは 35%」、②③「課題は 25%」、④「試験はそれぞれ 20%」をすべて満たす
3 ①「小テストは 35%」を満たさない
4 ①「小テストは 35%」は OK、②③「課題は 25%」を満たさない

ポイント

③の combine for 25% は「合計して 25%」、④には each があるので、「それぞれ 20%」となります。このような細かいことも TEAP のグラフ対策では重要です。

No. 23 正解 4

放送英文

Agatha Christie is the best-selling detective novel writer of all time. She wrote an impressive total of 66 detective novels during her career as an author, which spanned from the 1920s to the 1970s. That's an average of more than one novel per year. ❶The 1930s was her most prolific decade, followed by the 1940s. She published her last novel in 1976, which meant that she only published 6 novels in that decade.

Question: Which graph best matches the description given?

重要語句 ||||||||||||||||||||||||||||||||||||||||||||||||||||||||||||||||||||||||||||||||||||||||||||||||||||||||||||||||

> 語　detective novel「推理小説」　span「〜にわたる」　prolific「多作な」
>
> 句　of all time「史上」　an average of 〜「平均〜」　be followed by 〜「その後に〜が続く」

放送英文の和訳　　　　　　　　　　　　　　　　　　《アガサ・クリスティ》

アガサ・クリスティは、史上最も売れた推理小説作家です。彼女は作家としての経歴の間、66冊という素晴らしい総数の推理小説を執筆し、その経歴は1920年代から1970年代に及びました。これは平均すると、1年につき小説1冊を超えます。❶1930年代は彼女の最も多作な10年で、その次が1940年代です。彼女は1976年に最後の小説を発表しました。つまり、彼女がその10年間に発表した小説はわずか6冊だったということです。

設問：説明された内容に最も合っているのは、どのグラフですか。

選択肢と解説

1　❶「1930年代が一番著作が多く、次が1940年代」を満たさない
2　❶「1930年代が一番著作が多く、次が1940年代」を満たさない
3　❶「1930年代が一番著作が多く、次が1940年代」を満たさない
4　❶「1930年代が一番著作が多く、次が1940年代」を満たす

> ❶でグラフ問題の超重要表現である、SV, followed by 〜「SはVだ。その次にくるのが〜だ」が使われ、しかもそこがポイントになっていますね（p.101）。
> prolific「（作品、子供を）たくさん作り出す、残す」という意味はかなり難しいですが、重要な単語です。ただし今回に関していえば、most prolificという最上級から「何かが一番なんだな」と予想すれば解けるはずです。

No. 24　正解 2

放送英文

Today we are going to take a look at three entertainment-oriented magazines' sales during the 1990s. ❶Sales of *Trend* magazine, which focuses on fashion, declined gradually over that time. ❷*Gossip* magazine's sales peaked in 1998 when it outsold both *Trend* and *Sparkle*. While *Sparkle*'s sales fluctuated significantly over the decade, ❸they remained in third place throughout the period.

Question: Which graph best fits the description given?

重要語句
- 語 entertainment-oriented「娯楽志向の」 outsell「〜を売上高で上回る」
  fluctuate「変動する」 significantly「かなり」 remain「とどまる」
- 句 take a look at 〜「〜を見てみる」

放送英文の和訳　　　　　　　　　　　　　《娯楽雑誌の売上比較》

本日は、1990 年代の間の、3 冊の娯楽志向の雑誌の売上高を見てみましょう。①ファッションに焦点をあてた『トレンド』誌の売上高は、その期間に徐々に減少しました。②『ゴシップ』誌の売上高は、『トレンド』と『スパークル』の両方の売上高を上回った 1998 年に頂点に達しました。③『スパークル』の売上高は 10 年間にかなり変動したものの、この期間を通じて 3 位にとどまりました。

設問：説明された内容に最も合っているのは、どのグラフですか。

選択肢と解説
1 ①「『トレンド』の売り上げは徐々に減っている」を満たさない
2 ①「『トレンド』の売り上げは徐々に減っている」、②「『ゴシップ』の売り上げは 1998 年が最高で、『トレンド』と『スパークル』を上回っていた」、③「『スパークル』は常に 3 番手」をすべて満たす
3 ①「『トレンド』の売り上げは徐々に減っている」を満たさない
4 ①「『トレンド』の売り上げは徐々に減っている」は OK、②「『ゴシップ』の売り上げは 1998 年が最高で、『トレンド』と『スパークル』を上回っていた」を満たさない

②の動詞 peak「頂点に達する」や、outsell「〜より多く売る」という、難しいですが、グラフでは重要な表現をチェックしておきましょう。

No. 25 正解 **1**

放送英文

Every year, Faber University sends over one thousand students to study at partner universities around the world. Last year, ①the most popular destination was the United Kingdom. Also in the top five were Italy and France. China has become increasingly popular, now that the university has a Chinese studies major, and ②China ranked ahead of Italy and France for the first time last year. ③The popularity of the environmental studies program in Costa Rica, now in its second year, has made that country the fifth most popular destination overall.

Question: Which graph best fits the description given?

重要語句 ‖‖‖

- 語　destination「目的地」　increasingly「ますます」
- 句　send over ～「(人)を行かせる」　now that ～「今や～なので」
　　　rank ahead of ～「～より上位にランクインする」

放送英文の和訳　　　　　　　　　　　　　　　　　　　　　　《留学先の比較》

　毎年、フェイバー大学は 1000 人あまりの学生を世界中の提携大学へ留学に行かせてい
ます。昨年、❶最も人気のあった行き先は英国でした。また、イタリアとフランスが上
位 5 位に入りました。同大学に中国学の専攻課程ができた今、❷中国はますます人気が
出て、昨年初めてイタリアとフランスより上位にランクインしました。❸今年で 2 年目
を迎えるコスタリカでの環境学プログラムの人気により、同国は全体で 5 番目に人気の
ある目的地になりました。

　設問：説明された内容に最も合っているのは、どのグラフですか。

選択肢と解説

1 ❶「一番人気は英国」、❷「中国がイタリアとフランスよりも上」、❸「コスタリカの人気が
　5 番目」をすべて満たす

2 ❶「一番人気は英国」、❷「中国がイタリアとフランスよりも上」は OK、❸「コスタリカ
　の人気が 5 番目」を満たさない

3 ❶「一番人気は英国」、❷「中国がイタリアとフランスよりも上」は OK、❸「コスタリカ
　の人気が 5 番目」を満たさない

4 ❶「一番人気は英国」を満たさない

　　❷に出てくる、動詞 rank「位置する」、ahead of ～「～の前に」など、グラフ問題における
重要表現をしっかりマスターしておきましょう。❸の now in its second year はひっかけで
す。今回はそのすぐ後に、the fifth most popular destination と出てくるので難しくはない
でしょうが、このようなひっかけはよく出るので、何度も復習して慣れておきましょう。

Part 2A

| A | 正解 | No. 26 | 1 | No. 27 | 2 | No. 28 | 3 |

放送英文   👤: man 👤: woman

Situation: Ayako and Johnny are talking about campus activities.

👤 Hi Ayako, have you decided if you are going to participate in any campus activities this year?

👤 Oh, hi, Johnny. I've been thinking about it, but I haven't decided yet. What about you?

👤 I'm planning to join an intramural basketball league. ①I think it will be a good way to meet other people who like sports and to get some exercise.

👤 ②Exercise is important, so I think that's a good idea. As for me, ③I'm looking into tutoring Japanese at the language resource center and doing some kind of volunteer activity.

👤 Wow! Those sound more like work than fun.

👤 Well, ④I enjoy teaching and sharing my culture with others, so I don't really think of language tutoring as work. As for volunteering, I enjoy helping people, and ⑤I think it will look good on my résumé.

👤 I'm impressed. It sounds like you have everything planned out. Do you really think having volunteer activities on your résumé will make a difference to prospective employers?

👤 That's what Professor Iverson says. She also says that if I can take a leadership role, it will be even more impressive.

👤 I see. So how will you decide what kind of activity to get involved in?

👤 Well, the university has a center for public service. I've got an appointment with a counselor there this afternoon to talk about my options.

👤 ⑥You mean they actually recommend what organizations you can volunteer at?

👤 ⑦Not only that, students who volunteer through the center are also eligible for leadership training and special career advice.

👤 In this difficult job market university graduates need all the advantages they can get to get a good position at a good company.

👤 ⑧You should come with me to the center. If it looks interesting, ⑨you can sign up for a counseling appointment when you're there.

👤 ⑩Thanks a lot for the offer.

Questions:

No. 26　**What does Ayako say about playing basketball?**
No. 27　**What is true about the center for public service?**
No. 28　**What will Johnny do next?**

重要語句

語 intramural「校内の」　prospective「見込みのある」　eligible「資格がある」
句 as for ～「～に関しては」　make a difference「違いを生む」
get involved in ～「～に参加する」

放送英文の和訳　　　　　　　　　　　　　　　　　　《キャンパス内での活動》

状況：アヤコとジョニーは、キャンパスでの活動について話している。

👤 やあ、アヤコ、今年は何かキャンパスでの活動に参加するかどうか決めた？

👤 あら、こんにちは、ジョニー。ずっと考えているけど、まだ決めていないの。あなたはどう？

👤 僕は、校内バスケットボール・リーグに入ろうと思っているよ。❶他のスポーツ好きな人たちに会って、いくらか運動をするよい方法だと思うんだ。

👤 ❷運動は大切だから、よい考えだと思うわ。私のほうは、❸言語人材センターで日本語を教えることと、何かボランティア活動をしようかと検討しているの。

👤 そう！ 楽しむためにやるというよりは仕事みたいだね。

👤 その、❹私は教えたり、自分の文化を他の人と共有したりすることが楽しいから、言葉を教えるのが仕事だとはあまり思わないのよ。ボランティアのほうは、人を手伝うのが楽しいし、❺履歴書に書いてあると見栄えがすると思うしね。

👤 感心したよ。君はすべて計画してあるみたいだね。履歴書にボランティア活動が記載してあると、将来の雇用者になる人に影響を与えると本当に思うかい？

👤 アイバーソン教授がそう言っているの。教授は、私がリーダーシップをとれるなら、さらに印象的になるとも言っているわ。

👤 なるほど。それで、どんな活動に参加するかをどうやって決めるつもり？

👤 ああ、大学には公共事業センターがあるわ。今日の午後にそこのカウンセラーと会って、私が何を選んだらよいか話し合う約束になっているの。

👤 ❻ボランティアができる団体を実際に勧めてくれるっていうこと？

👤 ❼それだけでなく、センターを通じてボランティアをする学生は、リーダーシップ研修や特別な職業に関するアドバイスを受ける資格も得られるの。

👤 最近の難しい求人市場では、大学の卒業生は、よい会社でよい仕事を手に入れるために得られる強みはすべて必要だね。

👤 ❽あなたは、私と一緒にセンターに来るべきよ。もしおもしろそうだったら、その場で❾カウンセリングの予約を申し込めるわ。

👤 ❿提案してくれてどうもありがとう。

No. 26　正解 1　アヤコは、バスケットボールをすることについて、何と言っていますか。

1 運動をするのによい方法である ➡ ❶「バスケットボール・リーグはスポーツ好きの人と会ったり、運動したりするいい方法」を受けて、❷「運動は大事だからいい考えだ」とある

2 履歴書に書いてあると見栄えがする ➡ ❺「ボランティア経験が履歴書に書いてあると見栄えがする」とある

3 見るのが楽しい ➡ 「バスケットボールを見るのが楽しい」という話はない／**④** アヤコは「人に教えることを楽しんでいる」とあるが、これはバスケットボールの話ではない

4 人々に会うよい方法である ➡ **①**「他の人と会うよい方法」と思っているのはジョニー

No. 27 正解 **2** 公共事業センターについて正しいのはどれですか。

1 アイバーソン教授がそこで働いている ➡ アイバーソン教授が「どこで働いているのか」という話はない

2 仕事についてのアドバイスをくれる ➡ **⑥**「公共事業センターはボランティアができる団体を勧めてくれるってこと？」、**⑦**「それだけじゃなく、センターを通じてボランティアをした学生は、リーダーシップ研修や特別な職業アドバイスを受けられる」とある

3 アヤコはそこで、無料で日本語を教えている ➡ **③** アヤコは「日本語を教えることを検討している」だけ

4 学生によって運営されている ➡ 「学生が運営している」という話はない

No. 28 正解 **3** ジョニーは、次に何をしますか。

1 バスケットボールの練習に行く ➡ 「バスケットボールの練習に行く」という話はない

2 履歴書を書き直す ➡ 「ジョニーが履歴書を書く」という話はない

3 公共事業センターを訪問する ➡ **⑧**「センターに一緒に来たほうがいい」、**⑩**「ありがとう」とアヤコの提案に前向きに乗っている

4 日本語を手伝ってもらうために登録する ➡ **⑨**「カウンセリングの予約を申し込める」とあるが、「ジョニーが日本語を手伝ってもらう」という話はない

ポイント

⑦ の Not only that「それだけでなく」といった表現の後は大事な内容がくるので、特に注意が必要です。実際に **No. 27** で問われていますね。

また、**No. 26** の選択肢 **2** の résumé や、**No. 28** の選択肢 **4** の Sign up for などにつられてミスをする人が多いと思います。このように本文で出てきた語句を使ったひっかけは頻出ですから、「あ、なんかそんな単語言ってたなあ」というだけで選択肢を選ぶとひっかかってしまいます。選択肢全体を吟味することを忘れないようにしましょう。

Listening Section

Part 2A

B   正解 No. 29 4   No. 30 2   No. 31 1

放送英文   👤: man 👤: woman

Situation: A student is talking with a tutor in the campus computing lab.

👤 Welcome to the campus computing lab help desk. Please have a seat. So, how can I help you?

👤 I have a problem. I have to write a report for my sociology class, and it's due in two weeks. I already conducted the survey for the report, but now I have to analyze and summarize the data. Then I have to prepare a presentation based on my analysis.

👤 I see. So what's the problem?

👤 Well, students are supposed to use a software package called "R." I was supposed to be using the software throughout the course, but ₁up until now I was able to do the assignments using some other spreadsheet software instead. But this time the analysis is too complicated so I think I have to use R.

👤 You wouldn't happen to be in Professor Lombardi's Sociology 241 class, would you?

👤 Yes, that's right. How did you know?

👤 As a matter of fact, you're about the fifth person to come here with the exact same problem. It seems that you're not alone.

👤 Oh. I had no idea.

👤 Because there are so many people with the same problem, ₂we've organized a two-hour group session during which one of the tutors will cover all of the functions you will need for your assignment. The session will be held here in the computing lab this Thursday evening from 7:00 to 9:00 p.m.

👤 I think I can make it. That sounds great.

👤 ₃After the group session, you might still have some questions, so you can come back for a private follow-up session.

👤 That would be great.

👤 ₄There are some online videos about how to use the software that you should watch before the group session. ₅Watching the videos in advance will make the session easier to follow. Also, ₆make sure to bring your data with you to the group session, because you'll need that for some of the exercises.

👤 I certainly will.

Questions:

No. 29 How did the student complete her previous assignments?
No. 30 According to the tutor, why should the student visit the computing lab again after Thursday?
No. 31 What does the tutor suggest the student do?

重要語句 ||||||||||||||||||||||||||||||||||||||||||||||||||||||||||||||||||||||||||||||||||||||||||||||||||||||||||||||||

🔤 sociology「社会学」 spreadsheet「表計算ソフト」 cover「(テーマなどを)取り上げる」
🔤 up until now「今まで」 make it「都合がつく」 make sure to ~「忘れずに~する」

放送英文の和訳   《グループセッション》

状況：学生が、大学構内のコンピュータ研究室で、チューターと話している。

👤 構内コンピュータ研究室のヘルプデスクへようこそ。どうぞお座りください。それで、どういったご用件でしょうか。

👤 困っているんです。社会学の授業のレポートを書かなければならなくて、期限は2週間後なんです。レポートのための調査はすでに実施しましたが、今度はデータを分析してまとめる必要があります。それから、分析に基づいたプレゼンの準備をしなければなりません。

👤 なるほど。それで、何が問題なのですか。

👤 ええと、学生は「R」というソフトウェアパッケージを使うことになっているのです。私はそのソフトを講義の間に使用することになっていたのですが、❶今まで私は代わりに別の表計算ソフトを使用して課題をこなすことができていました。しかし、今回は分析があまりに複雑なので、「R」を使用しなければならないと思うのです。

👤 もしかして、あなたはロンバルディ教授の社会学241のクラスにいるのではありませんか。

👤 ええ、そうです。どうしてわかったのですか。

👤 実は、まったく同じ問題でここに来たのは、あなたで5人目くらいなのです。どうやらお困りなのはあなただけではないようです。

👤 あら。それは知りませんでした。

👤 多くの方が同じ問題を抱えているので、❷チューターの一人が課題に必要な機能のすべてを扱う、2時間のグループ・セッションを企画しました。セッションはこのコンピュータ研究室で、今週の木曜日の夜、午後7時から9時まで開催されます。

👤 行けると思います。いいですね。

👤 ❸グループ・セッションの後もまだいくつか質問があるかもしれませんから、個別指導を受けにまた来ることもできます。

👤 それは素晴らしいですね。

👤 ❹グループ・セッションの前に見ておくべき、ソフトの使用方法に関するオンライン・ビデオがいくつかあります。❺前もってビデオを見ておけば、セッションをより簡単に理解できるでしょう。それと、演習に必要になりますから、❻グループ・セッションにあなたのデータを忘れずに持ってきてください。

👤 必ずそうします。

No. 29　正解 4　　学生はどのようにして以前の課題を仕上げましたか。

1 何人かの同級生から援助を得た ➡ 「同級生に手伝ってもらった」という話はない

2 彼女の教授から援助を得た ➡ 「教授に手伝ってもらった」という話はない

3 数を暗算した ➡ 「暗算した」という話はない

4 別のソフトウェアを使った ➡ ❶ 「今までは、別のソフトウェアを使って課題ができた」とある／up until now が設問では previous に言い換えられている

No. 30　正解 2　　チューターによると、なぜ学生は木曜日より後にもう一度コンピュータ研究室を訪れるべきですか。

1 グループ・レッスンに参加するため ➡ ❸ 「グループ・セッションの後にまた来てもよい」とある／❷木曜日に「2 時間のグループ・セッション」がある

2 いくつかの質問をするため ➡ ❸ 「グループ・セッションの後に質問があれば個別指導を受けられる」とある

3 ビデオレッスンを見るため ➡ 「ビデオレッスン」の話はない／❹ 「ソフトウェアの取り扱いに関するビデオがネット上にある」とあるだけ

4 データをコピーするため ➡ 「データをコピーする」という話はない

No. 31　正解 1　　チューターは、学生に何をするよう提案していますか。

1 インターネットでいくつかのビデオを見る ➡ ❹ 「グループ・セッションの前に見るべき、ソフトウェアの取り扱いに関するビデオがネット上にある」とある

2 教授に締め切り期日の変更を頼む ➡ 「締め切りを変えてもらう」という話はない

3 レポートのためにより簡単なテーマを選ぶ ➡ 「より簡単なテーマを選ぶ」という話はない／❺ 「前もってビデオを見るとセッションについていきやすい」とあるだけ

4 データのバックアップを取る ➡ 「データのバックアップを取る」という話はない／❻ 「グループ・セッションにデータを持参するように」とあるだけ

😊 **ポイント**

❶の up until now 「今までは」といった表現を聞いたら、「ビフォー（最初のこと）」と「アフター（その後のこと）」を分けて聞く必要があります（No. 18 と同じパターンです）。今回は、「ビフォー」の内容で「簡単なソフトウェアを使った」という内容が、No. 29 で問われています。

C | 正解 | No. 32 4 | No. 33 1 | No. 34 3

放送英文   🧑: man1   🧑: woman   🧑: man2

Situation: Two students are talking to their professor in his office.

🧑 Hi, Misaki and Ken. Please come into my office. What can I do for you today?

🧑 Thank you, Professor Walker. ①We'd like to talk to you about our plans for next semester.

🧑 That's right. ②We both want to study abroad, but if we're overseas, ③we're worried that it'll make searching for a job difficult. We were hoping you could give us some advice.

🧑 I see. If you did study abroad, where were you thinking of going?

🧑 We haven't decided yet. But since ④we're international politics majors, we wanted to go to a program where we could apply what we've learned and interact with people from a variety of countries.

🧑 Well, ⑤have you considered participating in an internship program instead of studying at a university? For example, ⑥the United Nations offers internships at many locations around the world. In addition, many global companies hire interns for overseas positions, too.

🧑 Those sound really interesting. But ⑦what about finding a fulltime job for after graduation?

🧑 It's true that being overseas can make looking for a job more difficult, but having an international internship experience will make you stand out with recruiters. Besides, ⑧these days most applications can be submitted through the company's website, and employers can often conduct the first interview over the telephone.

🧑 How can we find out more about overseas internships like the ones you mentioned?

🧑 The best place to find information is at the campus career center. The staff there are very helpful.

🧑 I don't know. ⑨I'm still concerned that we may miss some good job opportunities if we're overseas.

🧑 Well, ⑩why don't you go to the campus career center now and ask about it there? Advisors there are very knowledgeable about looking for fulltime jobs as well.

🧑 ⑪That sounds like a very good idea. ⑫If either of us need a letter of recommendation, would you be willing to write one?

I would be more than happy to. Good luck with your decision, and please come back if there is anything else I can help you with.

We certainly will. I'm glad we asked you for your advice today.

Questions:

　　No. 32　Why did the students come to see the professor?
　　No. 33　What are the students concerned about?
　　No. 34　What will the students probably do next?

重要語句 |||||||||||||||||||||||||||||||||||||||||||||||||||||||||||||||||||||||||||||||||||||||||||||

語　international politics「国際政治学」　career center「職業指導センター」
　　knowledgeable「知識の豊富な」

句　interact with ～「～と交流する」　stand out「目立つ」　be willing to ～「～する意志がある」

放送英文の和訳　　　　　　　　　　　　　　　　　　　　　　　　　　　《留学と就職》

状況：2人の学生が、彼らの教授と、教授のオフィスで話している。

やあ、ミサキにケン。どうぞオフィスへ入ってください。今日はどんなご用件かな？

ありがとうございます、ウォーカー教授。①私たちの来学期の計画についてお話ししたいのです。

そうなんです。②僕たちは2人とも留学したいのですが、海外にいたら③仕事を探すのが難しくなるかもしれないのではと心配しています。僕たちにアドバイスをいただけないでしょうか。

なるほど。もし留学するならどこに行こうと考えていましたか。

まだ決めていないのです。しかし、④私たちは国際政治学専攻ですから、学んだことを応用できて、様々な国の人々と交流できるプログラムに行きたいと思っていました。

では、大学で勉強する代わりに、⑤インターンシップ・プログラムに参加することを検討しましたか。たとえば、⑥国連は世界中の多くの場所でインターンシップを提供しています。さらに、多くの世界的企業も、海外勤務のために研修生を雇っています。

それはかなりおもしろそうですね。でも、⑦卒業後に常勤の仕事を見つけることに関してはどうでしょうか。

海外にいると仕事を探すことがより難しくなる可能性があるのは事実ですが、国際的なインターンシップの経験があると、求人担当者の目につきやすくなります。そのうえ、⑧近頃はほとんどの応募書類は会社のウェブサイトを通じて提出できますし、雇用者が最初の面接を電話で行うこともよくあります。

先生がおっしゃったような海外インターンシップについて、もっと知るにはどうすればよいでしょうか。

情報を見つけるのに最適な場所は、構内の職業指導センターです。そこの職員がいろいろと手助けしてくれますよ。

知りませんでした。⑨海外にいたら、よい雇用の機会を逃すかもしれないのがまだ心配です。

では、⑩すぐに構内の職業指導センターへ行って、そこでそれについてたずねてはどうですか。　そこのアドバイザーは、常勤の仕事を探すことについても非常に知識

がありますよ。

👤 ⓫それはとてもよいですね。⓬もし私たちのどちらかが推薦状を必要とする場合、1通書いていただけますか。

👤 喜んで書きますよ。決断がうまくいくよう祈っていますし、他に手助けできることがあれば、また来てください。

👤 必ずそうします。今日は先生にアドバイスをお願いしてよかったです。

No. 32　正解 4　なぜ、学生たちは教授に会いに来ましたか。

1 夏期インターンシップについて質問をするため ➡ ❺「インターンシップに参加すること」を提案したのは教授

2 推薦状を求めるため ➡ ⓬「もし推薦状が必要になったら」とあるので、推薦状が必要かどうかはまだわからない

3 専攻を変えることについて話すため ➡「専攻を変える」という話はない／❹「国際政治が専攻」とあるだけ

4 海外留学プログラムについて話すため ➡ ❶「来学期について話したい」、❷「2人とも留学を考えている」とある

No. 33　正解 1　学生たちは、何について心配していますか。

1 卒業後に正社員の職を見つけること ➡ ❸「留学によって仕事を探すのが難しくなることを心配している」とある／❼❾でも「卒業後の仕事探し」について心配している

2 卒業日が遅れるかもしれないこと ➡「卒業日が遅れる」という話はない

3 国連が、日本ではインターンシップを提供していないこと ➡ ❻「国際連合は世界中でインターンシップを提供している」とあり、具体的に日本については触れていない

4 応募用紙を英語で書かなくてはならないこと ➡「応募書類を英語で書かなくてはいけない」という話はない／❽「会社のウェブサイトで応募書類が提出できる」とあるだけ

No. 34　正解 3　学生たちは、おそらく次に何をしますか。

1 履歴書を書く ➡「履歴書を書く」という話はない／⓬「もし推薦状が必要なら書いていただけますか」とあるだけ

2 申込書を書き上げる ➡「申込書を書き上げる」という話はない／❽「最近は、会社のウェブサイトで応募書類が提出できる」とあるだけ

3 大学の事務所を訪ねる ➡ ❿「構内の職業指導センターに行ってみてはどうか」と提案されて、⓫「いいですね」と言っている

4 Eメールを送る ➡「Eメールを送る」という話はない

ポイント

　No. 32 は、かなり苦戦した人が多いと思います。あくまで教授に会いにきた目的自体は「留学」です。話の途中で教授から「インターン」を提案されただけなんです。

　また、No. 34 では、❿the campus career centerが、正解の **3** でa university officeに言い換えられています。このように良質の問題を通して、「あ、TEAPではこういう語句の書き換えがされるんだ」と、慣れていってください。

　さらに、❿ではwhy don't you ~? 「~したらどう？」という表現があります。「提案」内容はリスニングでよく狙われるので、こういう表現が出てきたら特に注意して聞きましょう。

Part 2B

| D | 正解 | No. 35 | 1 | No. 36 | 2 | No. 37 | 3 | No. 38 | 3 |

放送英文

Situation: A professor is speaking to her students on the first day of class.

　Welcome. I'm Professor Standish, and ❶this course is "History of Education." We'll meet twice a week, on Mondays and Wednesdays, from 1:30 to 3:00, right here in room 211 of Graves Hall. This is a permanent change, ❷as the original room wasn't able to accommodate everyone who signed up for the course.

　❸In this course, we'll explore a variety of teaching methodologies, from the Greeks to the present day. You may think that learning about old ways of teaching is not useful for future teachers, but having this knowledge can help you understand how modern teaching methods came about.

　I apologize if ❹any of you already tried to buy the course text at the university bookstore. ❺We're using a brand new textbook, and that's the reason for the delay. However, ❻I spoke with Clara at the bookstore, and she assured me that ❼it would be arriving from the distributor tomorrow. Please pick it up as soon as possible.

　❽Your assignment for next week is to read Chapter 1 of the text and ❾to be prepared to discuss traditional ways of passing on knowledge in the ancient world.

　Next, ❿I'd like to talk about the supplementary reading list, which I'm passing out now.

Questions:

No. 35　What is the topic of the course?
No. 36　Why was the classroom changed?
No. 37　What does the professor say about the textbook?
No. 38　What should students do by next week?

重要語句

語　accommodate「～を収容する、～を受け入れる」　methodology「方法論」
supplementary「補足の」

句　come about「生じる」　pass out ～「～を配る」

放送英文の和訳　　　　　　　　　　　　　　　《「教育史」の授業のガイダンス》

　状況：教授が、授業の初日に学生たちに話しています。

　ようこそ。私はスタンディッシュ教授で、**①この授業は「教育史」です**。私たちは週に2回、月曜日と水曜日の1時半から3時まで、ここグレイブズ・ホールの211番教室に集まります。**②最初の教室ではこの授業に登録した全員が入りきらなかったので**、これからはずっとこの教室です。

　③この授業では、ギリシア時代から現代までの様々な教授法を研究します。皆さんは、古い教授法を学ぶことは未来の教師にとって役立たないと思うかもしれませんが、こういった知識があれば、現代の教育法がどのように生まれたのかを理解するのに役立ちます。

　④皆さんの中で、すでに大学の書店で授業のテキストを購入しようとした方がいれば、お詫びします。**⑤私達は発売されたばかりのテキストを使うので、それが遅れの原因です**。しかし、**⑥書店でクララと話したところ**、**⑦テキストが明日卸売業者から届くと保証**してくれました。できるだけ早くテキストを入手してください。

　⑧来週の課題は、テキストの第1章を読んで、**⑨古代世界での知識を伝達する伝統的な方法について話し合う用意をすること**です。

　次に、**⑩補足のリーディング教材のリストについてお話ししたいと思います**。今配っているのがそれです。

No. 35　正解 1　授業のトピックは何ですか。

1　歴史を通しての教授法 ➡ ① 「このコースは『教育史』である」、③ 「このコースでは、ギリシア時代から現代までの教授法を研究する」とある

2　歴史を教える技術 ➡ ① 「教育史」とある／「歴史を教える技術」ではない

3　大学の歴史 ➡ ① 「教育史」とあり、「大学の歴史」の話はない

4　古代の有名な教師 ➡ 「古代の有名な教師」の話はない

No. 36　正解 2　なぜ教室は変更されましたか。

1　最初の部屋が大きすぎたから ➡ ② 「もともとの部屋が登録者全員分のスペースがなかった」とあるので、逆

2　最初の部屋が小さすぎたから ➡ ② 「もともとの部屋が登録者全員分のスペースがなかった」とある

3　教授のオフィスにより近くするため ➡ 「教授のオフィスに近くする」という話はない

4　教授の要求を受け入れるため ➡ 「教授の要求を受け入れる」という話はない／② のaccommodate は「収容する」という意味（ポイント参照）

No. 37　正解 3　教授は、テキストについて何と言っていますか。

1　教授によって書かれた ➡ 「テキストを教授が書いた」という話はない

2　一部の学生は、すでにそれを購入した ➡ ⑦ 「テキストは明日届く」のでまだ買っていない／④ は「買おうとした」だけで買ってはいない

3　現在入手できない ➡ ⑤ 「新しいテキストを使う予定なので、遅れている」、⑦ 「明日届く」とある

4　現代の指導方法が述べられている ➡ 「テキストの中身」に関しての話はない

No. 38　正解 3　学生は、来週までに何をしなければなりませんか。

1　補足リーディング教材のリストにある1冊を読む ➡ ⑧ 「テキストの第1章を読んでくる」とある／⑩ 「補助教材について話す」のは教授

2 書店でクララと話す ➡ ❻「書店でクララと話した」のは教授

3 コースのテキストの一部を読む ➡ ❾「来週までの課題はテキストの第1章を読んでくること」とある

4 授業のためのプレゼンの準備をする ➡ ❾「古代の知識の伝達方法について話し合う準備をする」とあるが、プレゼンの準備の話はない

 ポイント

　❷に original とあります。「本来の」という語句が出てくると、かなりの確率でビフォー＆アフターの内容が狙われます。No. 18 では、originally が使われていましたね。No. 36 では、ビフォーの「もともとの部屋が小さい」が問われています。

　また、❷の accommodate は「収容できる」という意味で、今回のような大学の授業での教室変更で使われるので、しっかりチェックしておいてください。ちなみに、accommodate 本来の意味は「何かを受け入れる」で、そこから「場所が人を受け入れる」→「収容できる」となりました。本来の意味通り「受け入れる」という意味でもよく使われます。

E　　正解　**No. 39** 2　**No. 40** 4　**No. 41** 3　**No. 42** 1

放送英文

Situation: You will hear part of a lecture from an English literature class.

Good morning, class. ❶Today we're going to take a look at the writing of the most famous author of the Beat movement, Jack Kerouac. Along with the writings of a handful of other Beat authors, ❷Kerouac's works, published in the 1950s and 1960s, influenced a generation.

❸The style in Kerouac's novels is significantly influenced by the idea of improvisation in jazz music. It often feels as if you are listening to an excited person who can't help but say everything that comes to mind. ❹There are also influences of his Catholic upbringing and his study of Buddhism as an adult.

❺Kerouac published over a dozen novels and a number of poetry collections in his lifetime, but without question, ❻his most famous and most influential work is *On the Road*, published in 1957. This work prominently features the improvisation style I just mentioned. ❼Other notable novels he wrote include *Big Sur*, *Desolation Angels* and *The Dharma Bums*.

❽The characters and events in most of the author's works are based on his experiences with his friends and family in the real world. However, ❾his publishers always insisted that the characters' names be changed in order to avoid possible lawsuits.

❿Today we are specifically going to look at his writing style by examining some passages from each of these novels.

Questions:

No. 39 **What is the main theme of this lecture?**

No. 40 **What is one thing the speaker mentions about Jack Kerouac?**

No. 41 **According to the speaker, what is Kerouac's best-known work?**

No. 42 **Why were characters' names changed?**

重要語句

語 improvisation「即興」 upbringing「生い立ち」 prominently「顕著に」 lawsuit「訴訟」

句 a handful of ～「少数の～」 without question「疑いもなく」

放送英文の和訳　　　　　　　　　　　　　　　　　　　　　　　　　　《ジャック・ケルアック》

状況：英文学の授業の講義の一部を聞きます。

　皆さん、おはようございます。❶本日は、ビート運動の最も有名な作家であるジャック・ケルアックの作風を見てみます。少数のビート作家の著作とともに、❷1950年代と1960年代に発表されたケルアックの作品は、同世代に影響を与えました。

　❸ケルアックの小説の作風は、ジャズ音楽の即興のアイディアにかなり影響されています。それはしばしば、頭に浮かぶことをすべて言わずにはいられない、興奮した人の話を聞いているように感じられます。❹カトリックとしての生い立ちと、成人になってからの仏教の研究の影響もあります。

　❺ケルアックは生涯に12編あまりの小説と多数の詩集を発表しましたが、❻彼の最も有名で影響力のある作品は、疑いもなく1957年に発表された『路上』です。この作品は、私が先ほど述べた即興スタイルを顕著に特徴としています。❼彼が書いた他の著名な小説には、『ビッグ・サー』、『荒涼天使たち』、『ザ・ダルマ・バムズ』などがあります。

　❽この作家のほとんどの作品の登場人物と出来事は、現実の世界で彼が友人や家族と共にした経験に基づいています。しかし、❾彼の出版社は起こり得る訴訟を避けるために、登場人物名を変えるよう常に要求しました。

　❿本日は、これらの小説のそれぞれからいくつかの文章を検討することによって、彼の作風を具体的に考察します。

No. 39　**正解** 2　　この講義の主なテーマは何ですか。

1 ジャック・ケルアックの詩 ➡ ❺「詩集もたくさん出版した」とあるが、これがメインのテーマではない

2 ジャック・ケルアックの作風 ➡ ❶「今日は、ジャック・ケルアックが書いたものを見てみる」、❿「特に作風を見てみよう」とある／❸や❹でも「作風・文体」に触れている

3 ジャック・ケルアックの社会への影響 ➡ ❷「同時代に影響を与えた」とあるが、これがメインのテーマではない

4 ジャック・ケルアックの小説の登場人物 ➡ ❽「彼の本の登場人物や出来事は現実の経験に基づいている」とあるが、これがメインのテーマではない

No. 40　**正解** 4　　話し手がジャック・ケルアックについて言及したことの1つは何ですか。

1 最初の本を出版するのに苦労した ➡ 「最初の本を出すのに苦労した」という話はない

2 自分の兄弟についての小説を書いた ➡ 「兄弟についての小説を書いた」という話はない／

❽「登場人物や出来事が友人や家族との経験に基づいていた」とあるだけ

3 執筆中に音楽を聴いた **➡ ❸**「ケルアックの文体はジャズの即興演奏という考え方に影響された」とあるが、「執筆しながら音楽を聴いた」という話はない

4 小説と詩の両方を書いた **➡ ❺**「12 編あまりの小説と多くの詩集を出版した」とある

No. 41　正解　3　話し手によると、ケルアックの最も有名な作品は何ですか？

1 『ビッグ・サー』 **➡ ❼**「他の有名な本には『ビッグ・サー』もある」とあり、最も有名なわけではない

2 『荒涼天使たち』 **➡ ❼**「他の有名な本には『荒涼天使たち』もある」とあり、最も有名なわけではない

3 『路上』 **➡ ❻**「最も有名で影響力のある本は『路上』だ」とある

4 『ザ・ダルマ・バムズ』 **➡ ❼**「他の有名な本には『ザ・ダルマ・バムズ』もある」とあり、最も有名なわけではない

No. 42　正解　1　なぜ、登場人物の名前が変えられましたか。

1 ケルアックの出版社が要求したため **➡ ❾**「出版社が登場人物の名前を変えることをいつも要求した」とある

2 より魅惑的に聞こえるようにするため **➡**「より魅惑的にするために登場人物名を変えた」という話はない

3 ケルアックの宗教的な影響を反映させるため **➡**「ケルアックの宗教の影響を反映させるために登場人物名を変えた」という話はない／**❹**「カトリックの教えや仏教の研究が作風に影響を与えた」とあるだけ

4 ケルアックの友人が要求したため **➡**「友人が登場人物名を変えてくれと要求した」という話はない／**❾**「もしかしたら起こるかもしれない訴訟を避けるために」とあるだけで、訴訟は起きていない

　No. 39 の正解の選択肢 **2** にも本文にも出てくる、style という単語には「作風、文体」という意味があります。TEAP に限らず、難関大学の入試でもキーワードになる重要な単語です。
　また、No. 41 のような問題は、先読みが絶対必要ですが、本文を聞くことに集中し、「聞き終わった後に」記憶に任せて一気に解くか、メモを取りながら聞くか、はたまた、聞きながら選択肢を処理してしまうか、は個人の好みです。普段からいろいろ試してみて、自分に合う方法を本番までに決めておいてください。

F　正解　No. 43 4　No. 44 3　No. 45 1　No. 46 2

放送英文

Situation: You will listen to an instructor discussing a university's plagiarism policy.

　Class, as you all know, this course fulfills your freshman writing requirement. This class is important because in it you will learn what professors expect from students with regards to university writing assignments. One very important aspect of writing essays and research papers is plagiarism, and ①I am required by the university to discuss this issue with you before you write your first paper.

②Simply put, plagiarism is stealing someone else's idea and calling it your own. Copying and pasting even a sentence or two from the Internet or from another student's paper is unacceptable.

All papers that you submit in this course will be checked for plagiarism. ③All instructors at this university have access to online plagiarism checking software which they use to do this. If you copy from another student, or copy from published material or a website, the software will detect it.

④The university has a zero-tolerance policy towards plagiarism. That means that if you are caught plagiarizing one time, ⑤you will fail the course and receive a suspension. ⑥That may sound like very severe punishment, but plagiarism is a very serious issue.

On the course website, you will find a link to a "declaration of originality form." ⑦You must print this out, sign it and submit it with every paper that you hand in. This is for you to confirm to the school that you understand and have complied with this policy.

Questions:

No. 43 **Why is the instructor giving this talk today?**
No. 44 **What does the instructor say about plagiarism?**
No. 45 **How will the instructor check students' papers for plagiarism?**
No. 46 **What does the instructor request that the students do?**

重要語句 ||||||||||||||||||||||||||||||||||||||||||||||||||||||||||||||||||||||||||||||||||||||||||||||||||||||||||||

語 plagiarism「盗用」 detect「～を探知する」 zero-tolerance「一切容認しない」
suspension「停学」

句 with regards to ～「～に関して」 simply put「簡潔に言うと」

［放送英文の和訳］　　　　　　　　　　　　　　《盗用に関する大学の方針》

状況：講師が、盗用に関する大学の方針を話しているのを聞きます。

　クラスの皆さん、全員がご存じのように、この授業は1年生で必要なライティングの単位を満たします。大学のライティングの課題に関して、教授が学生に期待することを学ぶので、この授業は重要です。エッセイと研究論文を書くことの非常に重要な側面の1つは盗用で、①私は、皆さんが最初の論文を書く前にこの問題をお話しするように、大学側から言われています。

　②簡潔に言うと、盗用とは他の誰かの考えを盗み、それを自分のものだと言うことです。インターネットや別の学生の論文から、たとえ1、2文でもコピーペーストすることは、認められません。

　皆さんがこの授業で提出するすべての論文は、盗用のチェックを受けます。③この大学の講師は全員、このチェックに使用するオンラインの盗用チェックソフトウェアにアクセスできます。もし皆さんが別の学生から、あるいは発表されている文献、ウェブサイトから写すと、ソフトウェアがそれを探知します。

　④大学は、盗用に対しては一切容認しない方針です。つまり、盗用行為が1度見つかったら、⑤その科目は落第となり、停学処分になるということです。⑥とても厳しい処罰に聞こえるかもしれませんが、盗用は非常に重大な問題なのです。

　授業のウェブサイトに、「独創性の申告用紙」へのリンクがあります。⑦皆さんはこれを印刷して署名し、提出するすべての論文と共に出さなければなりません。これは、皆さんがこの方針を理解して従ったことを、学校に対して確認するためのものです。

No. 43　正解 4　なぜ、講師は今日この話をしていますか。

1 ソフトウェアの使用方法を説明するため ➡ 「ソフトウェアの使い方」の話はない

2 一部の学生が大学の方針に違反したため ➡ 「学生が規則違反をした」という話はない／④「大学は盗用に対していかなる違反も許さない」とあるだけ

3 学生にそうするように頼まれたため ➡ ❶「大学から言われた」とある

4 大学から要求されているため ➡ ❶「大学からこのテーマについて話し合うように求められている」とある

No. 44　正解 3　講師は、盗用について何と言っていますか。

1 犯罪と見なされる ➡ ⑥「重い処罰」はあるが、「犯罪」ではない

2 学生は、そのために退学処分になっている ➡ ⑤「単位を落とし、停学になる」とあるが、「退学」まではいかない

3 容認されない ➡ ②「盗用は受け入れられない」とある

4 ごく短い文を写すのは盗用ではない ➡ ②「1、2文であっても受け入れられない」とある

No. 45　正解 1　講師はどのようにして、学生の論文の盗用チェックをしますか。

1 オンラインの検知機を使用することによって ➡ ③「教員は全員、盗用をチェックするオンラインのソフトウェアを利用できる」とある

2 学生の論文を比較することによって ➡ 「生徒の論文を比べる」という話はない

3 他の教授と協議することによって ➡ 「他の教授と協議する」という話はない

4 論文の参考文献を読むことによって ➡ 「論文の参考文献を読む」という話はない

No. 46　正解 2　講師は、学生が何をすることを要求していますか。

1 盗用がないか、互いの論文を点検する ➡ 「盗用がないか、互いに見直す」という話はない／③「盗用がないか調べる」のは教員

2 署名済みの用紙を提出する ➡ ⑦「用紙を印刷し、署名し、提出するすべての論文と一緒に出さなくてはいけない」とある

3 講師に論文の下書きを渡す ➡ 「下書きを提出する」という話はない／⑦「用紙を提出する」とあるだけ

4 インターネットで調査をする ➡ 「ネットで調査をする」という話はない

ポイント

　plagiarism「盗用」はかなり難しい単語ですが、❷でSimply put「簡単に言えば」とあり、その後にplagiarismの説明が出てきます（ちなみにこのputは「述べる」という意味です。ここでは過去分詞で「分詞構文」として使われています。このputの使い方を知らない人も多いのですが超重要表現です）。さらに、❹でzero-tolerance policyという難解な表現が出てきますが、これも次の文で、That means ～「それは～という意味」と説明されています。今回のように相当ハイレベルな単語がキーワードとして出てきても、解決の糸口があることはよくあるので、絶対に諦めずにリスニングに集中しましょう。

G	正解	No. 47 1	No. 48 1	No. 49 4	No. 50 2

放送英文

Situation: A professor is giving a lecture on consumer behavior.

　Good afternoon, class. Today we're going to talk about the sources of information consumers use to decide what restaurants to eat at. ₀I'm telling you this information so you can use it to decide your advertising strategy in your business case study.

　₂In the past, people often turned to printed material such as reviews in newspapers and guidebooks to get information written by professionals. According to a recent survey, however, the percentage of consumers who now say these are their primary source of information are only 8% and 5% respectively. ₃One problem with guidebooks in particular is that there are new restaurants all the time, so they quickly become outdated.

　₄These days people often get information from non-professionals over the Internet. Take a look at the chart. ₅Items such as review websites and Internet search are quite popular. ₆The only category that is more popular is recommendations from friends, which consumers used 33% of the time. Even this is related to the Internet, because friends often give advice via e-mail or using chat software.

　In this survey, no distinction was made between consumers who found online information using their PC and others who used tablets or smartphones. ₇In the near future, however, online sources of information will also use the consumer's location to make recommendations, so more and more decisions will be made just using a smartphone. This is very important information for managers to decide how to spend their advertising budgets.

Questions:

No. 47　What is the purpose of the lecture?

Listening Section

Part 2B

No. 48 **What does the speaker say about guidebooks?**

No. 49 **Please look at the chart. Which of the following is represented by the letter X?**

No. 50 **Why will information obtained on smartphones be more important in the future?**

重要語句

語 case study「事例研究」 primary「主要な」 outdated「時代遅れの」
distinction「(目立った)差異」

句 ～% of the time「～%の確率で」

重要語句

放送英文の和訳　　　　　　　　　　　　　　　　《消費者の行動に関する講義》

状況：教授が、消費者行動について講義をしています。

皆さん、こんにちは。本日は、消費者がどのレストランで食事をするかを決めるために利用する情報源についてお話しします。❶皆さんがビジネスの事例研究における宣伝戦略を決定する際に使えるように、この情報を皆さんにお伝えします。

❷過去には、人々はプロが書いた情報を得るために、しばしば新聞の批評やガイドブックなどの印刷物を参照しました。しかし最近の調査によると、現在これらが主要な情報源であると言う消費者の割合は、それぞれわずか 8% と 5% です。❸特にガイドブックの問題の１つは、常に新しいレストランができるので、すぐに時代遅れになってしまうということです。

❹現代では、人々はよくインターネットで素人から情報を得ます。表を見てください。❺レビューサイトやインターネット検索といった項目は、非常に人気があります。❻さらに人気がある唯一のカテゴリーは友人からの推薦で、消費者は 33% の確率でこれを利用しました。友人同士はよく E メールやチャット・ソフトを使ったりしてアドバイスをするので、この分野すらインターネットに関連しているわけです。

この調査において、PC を使ってオンライン情報を見つけた消費者と、タブレットまたはスマートフォンを使った消費者の間に、特に違いは見られませんでした。❼しかし、近い将来、オンラインの情報源は、情報を提案するために消費者の位置情報も使用するようになるので、ますます多くの決定がスマートフォンだけを使ってなされるようになります。これは、経営者が宣伝費の用途を決定する際に非常に重要な情報です。

No. 47 　正解　1　　講義の目的は何ですか。

1 学生が戦略の計画をたてるのを手伝うこと ➡ ❶「事例研究の宣伝戦略を決めるために使えるよう、この情報を伝える」とある

2 インターネットが、非常に人気がある理由を説明すること ➡ ❹「最近では人々はネットで情報を得ることが多い」とあるが、これが話の目的ではない

3 消費者がもっと読書をするように奨励すること ➡「消費者にもっと読んでもらう」という話はない

4 異なる種類の宣伝費用を比較すること ➡「費用を比較する」という話はない

No. 48 　正解　1　　話し手は、ガイドブックについて何と言っていますか。

1 掲載情報がすぐに古くなる ➡ ❸「ガイドブックの問題は、常に新しいレストランができるので、すぐに時代遅れになること」とある

2 ガイドブックのレビューが最も信頼できる ➡ ❷「昔はプロが書いた新聞やガイドブック

の批評を見ていた」とあるが、それが「最も信頼できる」という話はない

3 頻繁に出版される ➡「頻繁に出版される」という話はない

4 非常に包括的である ➡「ガイドブックは包括的である」という話はない

No. 49 正解 4 表を見てください。Xの文字で示されているのは以下のどれですか。

1 雑誌の批評 ➡「雑誌の批評」の話はない

2 同僚からのアドバイス ➡「同僚からのアドバイス」の話はない

3 Eメール広告 ➡「Eメールの広告」の話はない

4 友人からの推薦 ➡ ❺「レビューサイトがとても人気」、❻「もっと人気なのは友人からの
おススメで、33%」とある

No. 50 正解 2 なぜ、スマートフォンで得られる情報は、今後より重要になりますか。

1 PCを所有する消費者がより少なくなるから ➡「パソコンを使う人が少なくなる」という
話はない

2 ウェブサイトが、位置情報に基づいてアドバイスをするようになるから ➡ ❼「近い
将来、オンラインの情報源は情報を提案するために消費者の位置情報も使用するようになる」
とある

3 より多くのガイドブックが電子書籍として出版されるから ➡「ますます多くのガイド
ブックが電子書籍で出版される」という話はない

4 レストランがスマートフォンにクーポンを届けるから ➡「レストランがクーポンを届け
る」という話はない

 ポイント

　No. 47 は、英文全体の「目的」を問うものですが、該当箇所は ❶ になります。このように、
目的は最初の部分に出てくることが多いです。ただ、仮に該当箇所を聞き逃しても、粘り強
く聞き続けることで、消去法で選択肢を絞ることはできますので、せめて話とは関係ない**3**
や **4** の選択肢は消したいところです。また、❸ では One problem with ～「～に関する１つ
の問題点は」で始まっています。「問題点」は、特に設問で狙われやすく、今回も No. 48 の該
当箇所になっています。problem や issue「問題」などの単語には特に注意しましょう。

Listening Section

Part 2B

Writing Section

Task A

解答例

❶There are both good and bad points about using solar panels at home to make electricity. ❷First, people who use them can save money on electricity. ❸Using solar panels is good for the environment, too. ❹In contrast, one disadvantage is that the equipment itself is expensive. ❺Bad weather also reduces the amount of electricity produced. ❻Finally, not all people can use solar panels, because not all people live in a house.

（合計 71 words）

解答例の和訳

❶ソーラーパネルを使って自家発電をすることには、長所と短所の両方があります。❷まず、パネルを利用する人々は、電気料金を節約することができます。❸ソーラーパネルを使うのは環境にもよいことです。❹その一方、1つの短所は装置自体が高価なことです。❺また、悪天候によっても発電量が減ります。❻最後に、すべての人々が一軒家に住んでいるわけではないので、すべての人々がソーラーパネルを使えるわけではありません。

課題文の分析

英文の構造は、TEAPの典型パターン通りで、難しくはないでしょう。

【第1段落】導入	：現代において電気は不可欠。従来は化石燃料から電力を得てきたが、今ではソーラーパネルで自家発電する人もいる ➡ ❶	
【第2段落】長所	：経済的・環境にやさしい・政府の補助もある ➡ ❷❸	
【第3段落】短所	：高すぎる・天気に影響される・一軒家でないとダメ ➡ ❹❺❻	
【第4段落】まとめ	：これから取り入れる人が増えるかは興味深い←結論は出ず	

解答作成の準備

(1) 「要約」なので、絶対に自分の意見・体験を入れてはいけません。
(2) 課題文が綺麗な構成なので、その順番通りに書いていけばOKです。
(3) ロジック・目的等を明確に示すために、ディスコースマーカーを使いましょう。
(4) 今回は、長所・短所がいくつも挙げられています。それぞれの理由・背景まで触れる字数の余裕はなく、できるだけコンパクトに長所・短所をまとめることを最優先します。
(5) 今回の英文は、長所・短所のところで、具体的な人の名前が出てくるパターンの英文ですが、解答には人名を入れる必要はありません。
(6) 第4段落は、例によって「中立的なまとめ」にすぎませんね（p.30参照）。今回は字数に余裕がないため、解答例には入れませんでした。

解答の作成 ✎

❶ 実戦問題①の解説では、The passage discusses the benefits and disadvantages of ～「今回の文章は～の長所と短所を論じています」を紹介しましたが、今回はあえて別の形も紹介するために、There are both good and bad points about ～「～に関しては、長所も短所も両方ある」という英文を使っています。あくまで主題は「ソーラーパネル」ですから、「従来の電気のこと」などに触れなくて構いません（字数にも余裕がありません）。

❷ 第2段落は、長所として「経済的、環境にやさしい、政府の補助もある」という3つの点に触れていますが、最後の「政府の補助」は結局はお金のことなので、ここでsave moneyとしてまとめると、かなり引き締まった要約になります。

❸ 「環境にやさしい」というメリットを追加します。追加表現のtooを文末で使っています。

❹ ここから、短所を述べることを明示するため、文頭にIn contrastを使っています。one disadvantage is that ～「1つの短所は～ということです」という形は、かなり便利な表現で重宝するはずです。

❺ また短所を続けるので、alsoを使っています。天気に「左右される」というのも悪くないのですが、ここでは短所ということをハッキリ伝えるため、reduces the amount of electricity producedと書いています。

❻ 最後の短所を挙げることを明示するため、Finally で文を始めています。「一軒家でないとソーラーパネルを設置できない」という短所を書いています。

指示文・課題文の和訳　→別冊p.90

　あなたは教師から、以下の文章を読んで、筆者がソーラーパネルについて述べていることを要約するよう言われました。およそ70語から成る1つのパラグラフで要約しなさい。

　電気を抜きにして現代の生活を想像するのは難しい。人々は、家庭の冷暖房だけでなく、冷蔵庫やテレビなどの電化製品の動力供給にも、電気を使用している。電気はまた、スマートフォンやノートパソコンなどの機器に使用されている電池にも蓄えられる。従来、電気は主に発電所で石油、石炭、天然ガスなどの燃料から作られていた。しかし、近年この状況は変わり始めている。現在、ソーラーパネルを使って自家発電をしている人もいるのだ。

　ソーラーパネルを使って発電することには多くの利点がある。たとえば、トッド・ラッセルは昨年、自宅の屋根にソーラーパネルを設置した。彼が言うには、現在の電気代は以前の半分に満たないとのことだ。レベッカ・モリスは、太陽エネルギーは環境にやさしいので、ソーラーパネルを買う予定だと言う。政府もソーラーパネルを購入する人々を支援している。多くの場所で、政府はその装置の費用の援助をしている。これによって人々は毎月の電気料金だけでなく装置の代金も節約できる。

　一方、誰もがソーラーパネルがよい考えだと賛同するわけではない。同意しない人々は、たとえ毎月電気代を節約できるとしても、パネルは高価すぎて購入できないと言う。彼らが指摘するもう1つの問題は、ソーラーパネルが作るエネルギー量は天候次第だということだ。雨や曇りの日には、パネルはごくわずかな電気しか作れない。雪が降れば、パネル上の雪が溶けてなくなるまで、まったく電気を作れない。ラリー・パーキンスは、ソーラーパネルを入手したいがアパート住まいなので不可能だと言う。彼は、もし一軒家に引っ越すことがあれば、いつかソーラーパネルを買いたいと望んでいる。

　ソーラーパネルには、長所も短所もある。将来、ますます多くの人々がパネルを購入するかどうか

を確かめるのは興味深いだろう。

重要語句 |||||||||||||||||||||||||||||||||||||||||||||||||||||||||||||||||||||||||||||||||||||||||||||||

語 appliance「電化製品」　device「機器」　traditionally「従来」　power plant「発電所」

句 environmentally friendly「環境にやさしい」　if 人 ever ～「もし 人 が～するなら」
point out ～「～を指摘する」

Task B

解答例

❶　Some people want to make improvements to the school libraries in Blue Mountain. <u>One problem is that</u> the budget for school libraries has been declining, so the improvements either must receive a new budget from the city, or need to be implemented without requiring more money.　(46 words)

❷　Brian Robertson, the Superintendent of Blue Mountain schools makes two suggestions. <u>His first idea is to</u> hire a fulltime qualified librarian at every school. He gave many reasons why this has a positive effect on students' learning. <u>His other suggestion is to</u> convert libraries into "learning commons." This can save the school money, and he thinks the students will like it.

(61 words)

❸　Phillip McKinney, a retired librarian, also has two suggestions about how to improve the school libraries. <u>First, he says that</u> keeping libraries open longer will encourage students to study there and make better use of the resources there. <u>Second, he suggests hiring</u> more qualified librarians, which is very similar to Mr. Robertson's suggestion.　(53 words)

❹　<u>In my opinion</u>, combining computer labs and libraries to make learning commons is the most realistic solution. This will provide students with a better learning environment, and save money. The Blue Mountain school library budget has been declining steadily, so I don't think it is realistic to expect that trend to change now. Hiring more librarians or keeping the library open longer both require money that the city doesn't have.　(70 words / 合計 230 words)

解答例の和訳

❶　一部の人々は、ブルー・マウンテンの学校図書館を改善したいと思っています。<u>問題の1つは</u>学校図書館の予算が減少している<u>こと</u>なので、市から新しい予算を受けるか、より多くの資金を必要とせずに改善を行う必要があります。

❷　ブルー・マウンテン学校教育長であるブライアン・ロバートソンは、2つの提案を

しています。彼の1つめの案は、各学校で常勤で資格のある司書を雇うことです。彼は、これが生徒の学習にプラスの影響を及ぼす多くの理由を提示しました。彼のもう1つの提案は、図書館を「ラーニング・コモンズ」に変えることです。これにより学校資金が節約できるうえに、彼は生徒がそれを気に入ると考えています。

❸　引退した司書であるフィリップ・マッキニーも、学校図書館を改善する方法について、2つの提案をしています。まず、彼は、図書館の開館時間をより長くすれば、生徒がそこで勉強したり、教材をもっと活用したりするのを促すと言っています。次に、彼は資格のある司書をより多く雇うことを提案しており、これはロバートソンさんの提案と非常に似通っています。

❹　私の考えでは、コンピュータ室と図書館を一体化してラーニング・コモンズを作ることが最も現実的な解決策です。これはよりよい学習環境を生徒に提供し、資金を節約します。ブルー・マウンテンの学校図書館予算は減少の一途をたどっているので、その傾向が今変わると期待するのは現実的ではないと思います。より多くの司書を雇ったり、図書館の開館時間を長くすると、どちらも今、市にはない資金が必要になります。

課題文の分析 🔍

【テーマ】　「ブルー・マウンテンの学校図書館」についてです。
【左のグラフ】　タイトルはBlue Mountain School Library Budget「ブルー・マウンテンの学校図書館の予算」です。2011年の170万ドルから、年々下がって、2015年には100万ドルになっています。
【右のグラフ】　タイトルはBlue Mountain School Library Spending (2015)「2015年のブルー・マウンテンの学校図書館の支出」です。支出の割合を示したもので、Qualified Librarians「資格のある司書」が15％で、Library Assistants「図書館のアシスタント」は25％になっています。ただし、働いている人の「人数」と「勤務時間」は示されていません。
【左の文章】(地元の新聞記事)　主張：学校図書館の改善が必要
　　　　提案①：有資格の図書館員を雇う（市議会の予算承認が必要）
　　　　提案②：図書館を学習のラーニング・コモンズにする（コンピュータ室と図書室をまとめることで節約可能）
【右の文章】(編集者への投書)　主張：学校図書館の改善が必要
　　　　提案①：図書館の開館時間を延ばす
　　　　提案②：有資格の図書館員を雇う（新聞記事と違って、fulltime「常勤」の図書館員とは言っていない）

解答作成の準備 📚

(1) 段落構成
　4段落構成（現状の描写・1人目の提案・2人目の提案・結論）で書くのがシンプルで書きやすいでしょう。約200語ということなので、各段落で40語・50語・50語・60語くらいをメドにするといいでしょう。
(2) 結論を書く準備
　【左の文章】に対する評価：もし予算が承認されるなら、1つめの提案（有資格者の雇用）が有効です。予算が認められなければ、2つめの提案（コンピューター室と図書室をまとめる）が、経費のかからない唯一の選択肢となると思われます。

【右の文章】に対する評価：現状、予算が一番使われているのが書籍の購入なので、これを最大限に活かすために、1つめの提案（開館時間を延ばす）がよいと思われます。また、2つめの提案（有資格者の雇用）に関して、いくつもの理由を挙げています。現状、アシスタントへの予算の割合が多い（25%）ので、これを有資格者に使うこともできると考えられます。

解答の作成 🖊

❶ **グラフや文章から読み取れる現状について説明します。** ブルー・マウンテンの学校の現状を中心に書きます。学校図書館への予算配分が年々減っていることを考慮し、予算の承認を受けるか、もしくは経費をあまり使わないですむ案を考えないといけない現状に触れます。One problem is that ～ はとても使い勝手のよい、便利な表現です。

❷ **Brian Robertsonの提案を書きます。** His first idea is to ～ という書き方は簡単で便利ですね。その後に、His other suggestion is to ～ として、英文にバリエーションを持たせています。

❸ **Phillip McKinneyの提案を書きます。** 今度は、FirstとSecondを使い、さらにhe says that と he suggests として、英文にバリエーションを持たせています。このくらいであれば受験生も簡単に書けるはずですから、ぜひ参考にしてください。
ちなみに、suggestの語法は、＜suggest that S (should) 原形＞、という形が有名ですが、今回のsuggests hiringのように、suggest –ingという形もあり、早稲田大学や慶應義塾大学の入試でも出題されています。

❹ **最後に自分の結論を書きます。** In my opinionで始めると、スッキリ表すことができます。両方の文章が「有資格の図書館員の採用」を挙げてはいますが、これは予算の関係で難しいと考え、learning commonsの案を推すことにします。特にこれが現実的なので、解答でもthe most realistic solutionと明示しました。
さらにダメ押しで、「さらに図書館員を雇うこと」と「開館時間の延長」はお金の面で難しいことを最後に付け加えました。もちろん、「有資格者の採用」を推す解答でもOKです。その場合は、If the city council approves additional budget for them, it seems like a good idea.「市議会がさらなる予算を認めた場合、それがよい案だと思える」のように付け足すといいでしょう。

指示文・課題文の和訳　→別冊p.92

あなたは教師から、下の情報を用いてクラスのためのエッセイを書くよう言われました。ブルー・マウンテンの学校図書館に関する状況を説明して、提案された解決策についての要点をまとめなさい。結論では、与えられた根拠に基づいて、どれが最善の解決策だと思うかを、およそ200語で述べなさい。

【左のグラフ】ブルー・マウンテンの学校図書館の予算

　　　　200万ドル　　　150万ドル　　　100万ドル　　　50万ドル

【右のグラフ】ブルー・マウンテンの学校図書館の支出（2015 年）

新しい書籍と雑誌	30%	デジタル書籍の定期購読	10%
資格のある司書	15%	図書館のアシスタント	25%
コンピュータ機器	20%		

【左の記事】　　　　　　　　　**ブルー・マウンテン日刊新聞**

　先日、市議会はブルー・マウンテンの学校図書館について話し合うための会議を開いた。ブルー・マウンテン学校教育長であるブライアン・ロバートソンは、彼が必要だと感じている、変更すべきいくつかの点について語った。「すべての学校に、最低 1 人は常勤で資格のある司書がいなければならない」と、ロバートソンは述べた。彼は、常勤で資格のある司書がいる学校の子供はより読書を楽しむという報告が調査で示されていると指摘した。ロバートソンによれば、これは英語の授業だけでなく、数学や科学の授業の成績向上にもつながっているという。彼は、資格のある司書を雇う予算が承認され次第、雇用を開始したいと思っている。

　ロバートソンが望むもう 1 つの変更は、図書館を「ラーニング・コモンズ」に作り変えることだ。「従来の学校図書館は、生徒が本を借りたり、自分だけで静かに勉強する場所です。ラーニング・コモンズとは、生徒が本と雑誌を見つけるだけでなく、共に創造的に勉強できる場所なのです」。彼は、学校がコンピュータ室を図書館内へ移動することで資金の節約もできると述べた。「教材と学習スペースとコンピュータがある 1 つの中心的な場所は、生徒の独立学習を促進する理想的な環境です」。ロバートソンは、生徒に勉強を楽しめる場所を提供することは、彼らの学習意欲を維持するために重要であると語った。

　市議会は来月、ロバートソンの提案について採決することになっている。

【右の記事】　　　　　　　　　**編集部への投書**

編集者様

学校図書館は、我々がここブルー・マウンテンで子供に提供する教育の非常に重要な部分です。引退した司書として、それらの改善方法について私の考えをお伝えしたいと思います。まず、図書館は開館時間を現在より長くすべきです。多くの生徒は、勉強するための静かな場所が自宅にないので、学校の図書館は最適な代替手段です。図書館を本や他の資料で満たしておきながら、毎日授業が終わった直後に閉館させるのは資金の浪費です。生徒が図書館でより多くの時間を過ごせるようになれば、彼らはこういった資源のすべてをもっと活用するようになるでしょう。

次に、我々はより多くの資格のある司書を雇う必要があります。図書館のアシスタントは親切で役立つ人々ですが、彼らは資格のある司書のような専門研修を受けていません。資格のある司書は、生徒が調査のためにオンライン・データベースを使用するのを手伝えます。彼らはまた、生徒が興味を持つ本の種類についても熟知しています。そのうえ、資格のある司書は、たとえば英語や歴史の授業の特別プロジェクトにおいて教師を手伝えます。小学校の段階では、司書は生徒が読書を楽しむ動機を与えることにおいても重要です。

敬具
フィリップ・マッキニー

重要語句

🈓 librarian「司書」 computer lab「コンピュータ室」 motivation「意欲」
　　alternative「代替手段」

🈔 vote on ～「～を採決する」 be key to ～「～において重要である」

 Speaking Section 🔊

＜入室から試験開始まで（Introduction）＞

解答例

👤 : Examiner 👤 : Examinee

👤 Come in, please. Good afternoon.

👤 Good afternoon.

👤 Please have a seat.

👤 Thank you.

👤 May I have your examinee form, please?

👤 Yes. Here you are.

👤 Thank you. My name is Rose Griffin.
May I ask your name please?

👤 My name is Kiyoshi Kaneko.

👤 Nice to meet you, Kiyoshi.

👤 Nice to meet you, too.

👤 Just a moment, please.

解答例の和訳

👤：試験官　👤：受験者

👤 どうぞお入り下さい。こんにちは。

👤 こんにちは。

👤 どうぞお座りください。

👤 ありがとうございます。

👤 あなたの受験票を渡していただけますか。

👤 はい。これです。

👤 ありがとうございます。私の名前はローズ・
グリフィンです。お名前をうかがえますか。

👤 私の名前はカネコ キヨシです。

👤 はじめまして、キヨシ。

👤 はじめまして。

👤 少々お待ちください。

⇒ p.125 のポイントを参照してください。

＜Part 1（Interview）＞

解答例

👤 : Examiner 👤 : Examinee

👤 Okay, let's begin. First, I'd like to learn some things about you.

Do you like to watch Television? ❶

👤 No, I don't.

👤 I see. Then what do you do in your free time?

👤 I like to play music. I play the drums in a band with my friends.

👤 I see.
What was your favorite subject in junior high school?

👤 My favorite subject in junior high ❷ school was … English.

👤 Why was that your favorite subject?

👤 Speaking to my classmates in English felt like a game to me.

👤 I see.
Where would you like to travel in the future?

👤 I think I would like to travel to Australia. I love animals, so I want to see wild ❸ kangaroos and koalas.

I see. Thank you. Let's go on to Part 2.

解答例の和訳　　　　　　　　　　　　　　　 ：試験官　：受験者

 では始めましょう。最初に、あなた自身について少々お聞かせください。
　❶あなたはテレビを見るのが好きですか。

 いいえ、好きではありません。

 なるほど。では、ひまな時間には何をしていますか。

 音楽を演奏するのが好きです。友人とのバンドで、ドラムを演奏しているのです。

 なるほど。
　中学校の頃、一番好きな教科は何でしたか。

 ❷中学校で一番好きな教科は…英語でした。

 なぜそれが一番好きな教科だったのですか。

 私にとって、英語で同級生に話すのはゲームのような感じだったのです。

 なるほど。
　将来、どこに旅行したいですか。

 オーストラリアに旅行したいと思います。
　❸動物が大好きなので、野生のカンガルーやコアラを見たいのです。

 なるほど。ありがとうございます。Part 2に進みましょう。

定番質問の回答は「事前に」用意しておく！

　今回、❶Do you like to watch Television? に対して、No, I don't. とだけ答えると、当然、その後にさらなる質問がきます。今回は、I see. Then what do you do in your free time? です。こういう違う角度からくる新たな質問はやっかいですから、p.126 でも述べた通り、できるだけ自分から何か情報を付け足すのがオススメです。ただし、今回のWhat do you do in your free time? は超定番の質問で、本番で聞かれることは十二分に考えられますので、事前に完璧な答えを各自用意しておきましょう。

❷favorite は「好きな・お気に入りの」と訳されることも多いのですが、正確には「一番好きな」という意味で、最上級の意味が含まれます。ˣmore favorite や、ˣmost favorite のような使い方をしないように注意してください。

❸animals のように、「the なし複数形」は「総称用法」でしたね（→p.126 参照）。

＜Part 2（Role Play）＞

解答例　　　　　　　　　　　　　　　　 : Examiner　: Examinee

 Now, I'd like *you* to interview *me*. Here are the instructions.
For a class report, you will interview a movie actress. And I am the movie actress, OK?

 Yes.

 You should ask me questions about the topics on this card. You have thirty

seconds to read the card and think about what to say. Here is the card.

 Thank you.

 Okay. Please begin the interview.

 Hello. May I ask you some questions?

 Go ahead.

 ❶What movies or TV shows have you appeared in?

I have appeared in many action films.

Thank you.

②How old were you when you started acting?

I started acting when I was fifteen.

I see.

③What is something that is difficult about acting?

Sometimes it is hard to remember all of my lines.

I see.

④Do you have any advice for future actors?

You should try to learn as much as possible from other actors.

Thank you.

What project are you working on right now?

I'm playing a detective in a science fiction movie.

Thank you very much.

Thank you. May I have the card back please?

Yes. Here you are.

Thank you.

解答例の和訳

試験官 / 受験者

では、次はあなたが私にインタビューをしてください。今から説明をします。
授業のレポートのために、あなたは映画女優をインタビューします。そして私がその映画女優です。よろしいですか。

はい。

このカードに書いてあるテーマについて、私に質問してください。30秒間でカードを読んで、何を言うかを考えてください。これがカードです。

ありがとうございます。

では、インタビューを始めてください。

こんにちは。いくつか質問をしてもよろしいでしょうか。

どうぞ。

①どんな映画やテレビ番組に出演なさったのですか。

たくさんのアクション映画に出演しました。

ありがとうございます。

②演技を始めたのは何歳のときですか。

15歳のときに演技を始めました。

そうですか。

③演技に関して難しいことは何ですか。

ときどきセリフを全部覚えるのが難しいことがあります。

そうですか。

④将来の俳優に何かアドバイスはありますか。

他の俳優からできるだけたくさん学ぶべきですね。

ありがとうございます。
現在どんなプロジェクトに取り組んでいますか。

SF映画で探偵を演じています。

ありがとうございました。

ありがとう。カードを返していただけますか。

はい。どうぞ。

ありがとうございます。

カードの和訳

「こんにちは、いくつか質問をしてもいいですか」という文で、インタビューを始めてください。

- ①彼または彼女が出演した映画、あるいはテレビ番組
- ②彼または彼女が演技を始めた年齢
- ③演技について何か難しいこと
- ④将来の俳優に向けてのアドバイス

（時間があまれば、もっと質問をしてもかまいません）

今後のTEAPのPart 2は難しくなると予想！

　カードに書いてある語句を、そのまま言うのではなく、正しい文法に従って質問することは、実戦問題①の解説で説明しました（→p.128参照）。しかし、このパートに関しては、公開されている問題よりも少し難しくなる場合も想定されます。受験者の「幅広い文法力」を問うものに変わると予想して、実戦問題②には、少し難しめのパターンも入れてみました。Something difficult about actingやAdvice for future actorsをどう尋ねたらいいかわからずに戸惑った人も多いでしょうが、この経験は必ず本番で活きてくるはずです。カードの質問をどのような疑問文で尋ねたらよいかを見ていきましょう。

❶ The movies or TV shows → What movies or TV shows
❷ The age → How old
❸ Something difficult about acting
　　　　　　　　　　　　→ What is something <u>that</u> is difficult about acting?
　　　　　　　　　　　　　　　　　※thatは関係代名詞

　これは以下の形でもOKです。　→ Is there anything difficult about acting?
❹ Advice for future actors → Do you have any advice for future actors?
　この英文の返答として、You should try to learn as much as possible from other actors. とありますが、この文のYouは「総称のyou」というもので、「世間一般の人みんな」を指すときに使われます。実は英語では、スピーキングに限らず、ライティング、リーディングでもよく出てくるのに、あまり知られていない用法です。

Speaking Section

Part 2

Part 3

＜Part 3（Monologue）＞

解答例

👤 Now, I'd like you to talk for about one minute about the topic on this card. You have thirty seconds to read the card and think about what to say. Here is the card. Please begin preparing now.
Okay, please begin speaking.

👤 I agree with the statement, "People these days do not get enough exercise." I think many adults don't play sports. ₍₁₎They may say that they don't have time, or that

👤 : Examiner 👤 : Examinee

it is inconvenient, but I don't think they can be healthy if they don't exercise. That is why I think people these days do not get enough exercise.

👤 I see. Is that everything?

👤 Yes.

👤 Okay, could I have the card back please?

👤 Here you are.

👤 Thank you.

解答例の和訳　　　　　　　　　　　　👤：試験官 👤：受験者

👤 では、このカードに書いてあるテーマについて、約1分間話していただきます。30秒間でカードを読んで、何を言うかを考えてください。これがカードです。では準備

を始めてください。
では、話し始めてください。

👤 私はここに書いてある「現代人は十分な運動をしていない」という意見に賛成です。

多くの大人はスポーツをしないと思います。❶彼らは時間がないとか都合が悪いと言うかもしれませんが、<u>運動をしなければ健康にはなれない</u>と思います。そういう理由で、私は現代人が十分な運動をしていないと思います。

🧑 なるほど。以上でしょうか。

🧑 はい。

🧑 結構です。カードを返していただけますか。

🧑 どうぞ。

🧑 ありがとうございます。

カードの和訳

「現代人は十分な運動をしていない」

この意見に賛成ですか。 賛成または反対の理由は何ですか。

「英文の型」をマスターしておく！

Part 3のポイントは実戦問題①とまったく同じです（→p.128参照）。とにかく「型」をマスターすることです。

ちなみに、実戦問題①のPart 4の解説でpeople today「現代の人々」をよく使うと説明しましたが、今回のカードにはほとんど同じ意味のpeople these days「最近の人々」が使われています。

❶orを使って、that節が2つ結ばれています。

【図解】

They may say
- <u>that</u> they don't have time,
- or
- <u>that</u> it is inconvenient,

orの後ろにあるthatは絶対に省略してはいけません。thatを省略しないことで、orによってthat節が2つ結ばれていることがわかるのです。全体は、They may say 〜, but ...「彼らは〜と言うかもしれない。しかし…」という、譲歩逆接構文です。

＜Part 4（Extended Interview）＞

解答例

🧑 : Examiner　🧑 : Examinee

🧑 Now, I'd like to ask you some questions about different topics.

First, let's talk about school. Should the number of students in high school classes be reduced?

🧑 That's an interesting question. Yes, I think so.

🧑 Why do you think so?

🧑 ❶Because there are too many students in my classes. With so many people, I don't feel comfortable asking the teacher questions.

🧑 I see.

Are there any advantages to studying in a group rather than alone?

🧑 I think so. ❷Some people are good at math and science and others are good at English and Japanese. So people can help the other people with the subjects they are good at. That's one advantage of studying in a group.

🧑 I see.

Okay. Now, let's talk about transportation. Do you think trains are more convenient than buses?

👤 I think so.

👤 Could you explain?

👤 For example, ③trains are faster than buses. Buses have to obey the speed limits on roads and are delayed if they are caught in a traffic jam. Also, trains don't have to stop for traffic lights like buses do. So I think trains are more convenient than buses.

👤 I see.

Has the Internet changed the way people shop?

👤 Yes, I think so. ④Now people can find out information about products online before they buy them. For example, they can read opinions of other people who already bought the product. In this way, I think the Internet has changed the way people shop.

👤 I see.

Okay, thank you. This is the end of the test.

👤 Thank you.

👤 You may go now. Here is your examinee form.

👤 Thank you.

👤 Have a good day.

👤 Thank you. You, too.

👤 Thanks.

解答例の和訳

👤:試験官 👤:受験者

👤 今度は、異なるテーマについて、いくつか質問をしたいと思います。
まず、学校について話しましょう。高校のクラスの生徒数は減らすべきだと思いますか。

👤 それはおもしろい質問ですね。はい、そう思います。

👤 なぜそう思いますか。

👤 ①なぜなら、私のクラスの生徒が多すぎるからです。あんなに人が多くては、先生に気軽に質問できません。

👤 なるほど。
グループ学習は、1人で勉強するよりも利点があると思いますか。

👤 そう思います。②数学や科学が得意な人もいれば、英語や国語が得意な人もいます。ですから、人々は自分の得意な教科で他の人を助けられると思います。それがグループ学習の1つの利点だと思います。

👤 なるほど。
では、今度は交通機関について話しましょう。電車はバスより便利だと思いますか。

👤 そう思います。

👤 説明していただけますか。

👤 たとえば、③電車はバスより速いです。バスは道路の速度制限に従わなくてはなりませんし、交通渋滞にはまると遅れます。また、電車はバスのように信号で止まる必要がありません。ですから電車はバスより便利だと思います。

👤 なるほど。
インターネットは人々が買い物をする方法を変えたでしょうか。

👤 はい、そう思います。④現在、人々は商品を購入する前に、オンラインで商品に関する情報を調べられます。たとえば、すでにその商品を購入した他の人々の意見を読むことができます。このようにして、インターネットは人々が買い物をする方法を変えたと思います。

👤 なるほど。
わかりました。ありがとうございます。これでテストは終了です。

👤 ありがとうございます。

👤 では、お帰りください。受験票をお返しします。

👤 ありがとうございます。

👤 よい一日をお過ごしください。

👤 ありがとうございます。よい一日を。

👤 ありがとうございます。

この実戦問題②を参考に、意見を準備しておこう！

　Part 3・Part 4の質問は、日本語で聞かれても答えに詰まってしまうようなものがたくさんあります。今回の問題を参考に、こういったことに対して、常に自分の意見を持つように普段から気をつけておきましょう。ただし、そんなに難しく考える必要もありません。TEAPのスピーキング試験は、理由を1つ挙げられる程度で十分なので。

❶ too manyのようにtooをつけると、「～すぎる」となります。簡単なことですが、スピーキングでは意外と出てこないので、しっかり練習しておきましょう。また、余裕がある人は❶に続けて、I think we could have better discussions with fewer students. That's why I think the number of students in high school classes should be reduced.「生徒数が少なければよりよい話し合いができると思います。そういう理由で、高校の生徒数を減らすべきだと思います」などを付け加えて言えれば、さらにポイントがアップするでしょう。

❷ あまり深く考えず、この解答例のように、メリットを1つ言うくらいで十分です。さらにこの解答例では、最後にThat's one advantage of studying in a group. と「あくまで1つですよ」と言っています。このように、1つでいいのでズバッと意見を言うのがTEAPのスピーキング試験でのポイントです。

❸ 「2つのうちどちら？」という質問はほぼ毎回出ると予想されます。当然その場合、「比較級」を使うわけですが、これがスピーキングになると、なかなか正しく使えないものです。何度も何度も口ずさんで練習しておきましょう。今回の解答例くらいを言えるようになるのが目標です。

❹ インターネットも超重要テーマですので、the Internetやonlineという言い方をしっかりマスターしておきましょう。onlineは形容詞と副詞の用法があります。今回の解答例では副詞として使われています。

実戦問題①

解答一覧

Reading Section					
(1)	2	(21)	2	(41)	4
(2)	1	(22)	3	(42)	4
(3)	2	(23)	3	(43)	3
(4)	2	(24)	1	(44)	1
(5)	1	(25)	4	(45)	2
(6)	2	(26)	1	(46)	2
(7)	4	(27)	4	(47)	4
(8)	3	(28)	3	(48)	2
(9)	4	(29)	2	(49)	3
(10)	2	(30)	1	(50)	4
(11)	3	(31)	3	(51)	4
(12)	4	(32)	2	(52)	2
(13)	1	(33)	2	(53)	2
(14)	3	(34)	4	(54)	4
(15)	3	(35)	1	(55)	2
(16)	2	(36)	4	(56)	4
(17)	3	(37)	3	(57)	1
(18)	2	(38)	1	(58)	3
(19)	3	(39)	3	(59)	2
(20)	2	(40)	1	(60)	4

Listening Section					
No. 1	3	No. 21	3	No. 41	1
No. 2	1	No. 22	1	No. 42	2
No. 3	4	No. 23	4	No. 43	3
No. 4	3	No. 24	2	No. 44	1
No. 5	4	No. 25	4	No. 45	4
No. 6	3	No. 26	3	No. 46	2
No. 7	4	No. 27	1	No. 47	4
No. 8	2	No. 28	2	No. 48	1
No. 9	4	No. 29	4	No. 49	2
No. 10	2	No. 30	3	No. 50	3
No. 11	3	No. 31	2		
No. 12	2	No. 32	3		
No. 13	3	No. 33	1		
No. 14	1	No. 34	4		
No. 15	2	No. 35	4		
No. 16	3	No. 36	1		
No. 17	1	No. 37	2		
No. 18	2	No. 38	1		
No. 19	4	No. 39	3		
No. 20	1	No. 40	4		

実戦問題 ②

解答一覧

Reading Section					
(1)	1	(21)	3	(41)	4
(2)	3	(22)	4	(42)	3
(3)	4	(23)	2	(43)	2
(4)	2	(24)	1	(44)	3
(5)	2	(25)	3	(45)	1
(6)	1	(26)	3	(46)	4
(7)	4	(27)	1	(47)	3
(8)	3	(28)	2	(48)	3
(9)	3	(29)	1	(49)	3
(10)	2	(30)	4	(50)	3
(11)	1	(31)	2	(51)	4
(12)	4	(32)	4	(52)	2
(13)	3	(33)	4	(53)	1
(14)	2	(34)	3	(54)	2
(15)	1	(35)	3	(55)	1
(16)	1	(36)	2	(56)	3
(17)	2	(37)	1	(57)	4
(18)	4	(38)	1	(58)	1
(19)	3	(39)	3	(59)	3
(20)	2	(40)	3	(60)	2

Listening Section					
No. 1	1	No. 21	2	No. 41	3
No. 2	3	No. 22	2	No. 42	1
No. 3	4	No. 23	4	No. 43	4
No. 4	3	No. 24	2	No. 44	3
No. 5	2	No. 25	1	No. 45	1
No. 6	1	No. 26	1	No. 46	2
No. 7	2	No. 27	2	No. 47	1
No. 8	4	No. 28	3	No. 48	1
No. 9	3	No. 29	4	No. 49	4
No. 10	2	No. 30	2	No. 50	2
No. 11	3	No. 31	1		
No. 12	4	No. 32	4		
No. 13	2	No. 33	1		
No. 14	4	No. 34	3		
No. 15	1	No. 35	1		
No. 16	4	No. 36	2		
No. 17	2	No. 37	3		
No. 18	3	No. 38	3		
No. 19	1	No. 39	2		
No. 20	2	No. 40	4		

TEAP
攻略問題集

［新装版］

別冊問題編

別冊目次

音声サイトのご案内

本書に掲載のリスニングテストおよびスピーキングテストの音声を、下記音声専用サイトにて配信しております。

▶ **以下からアクセス！**

PCで開く

https://akahon.net/akahon/teap-ls/
ブラウザのアドレスバーにURLを入力してください。

スマートフォンで開く

本書利用者のみの特典となります。それ以外のご利用はお控えください。
URLの共有は固く禁止いたします。

🔒 パスワード：p2A4Et

配信内容

実際の試験では、音声は1回のみ放送されますが、演習時は、音声サイトを活用し、繰り返して聞くなどして、耳を慣らしておきましょう。

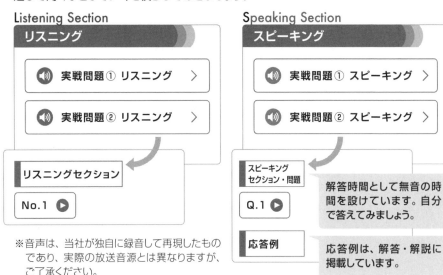

Listening Section

リスニング

🔊 実戦問題① リスニング ＞

🔊 実戦問題② リスニング ＞

リスニングセクション

No.1 ▶

Speaking Section

スピーキング

🔊 実戦問題① スピーキング ＞

🔊 実戦問題② スピーキング ＞

スピーキング
セクション・問題

Q.1 ▶

解答時間として無音の時間を設けています。自分で答えてみましょう。

応答例

応答例は、解答・解説に掲載しています。

※音声は、当社が独自に録音して再現したものであり、実際の放送音源とは異なりますが、ご了承ください。

パソコンはもちろん、**スマホやタブレット**でご利用いただけます。
ストリーミング再生 & ダウンロード対応（PC推奨）

音声の**再生スピードを4段階**で調整できます。

早送り・早戻し機能も充実!
聞きたい問題を**ピンポイントで再生**できます。

リピート機能で、
同じ問題を**繰り返し聞ける!**

色々なシーンで自由に使えます。

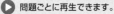

▶ 問題ごとに再生できます。

▶ 通学途中に聞くことも。

▶ 本番さながらに聞くことも。

| 対応ブラウザ | ▶**PC** …… Microsoft Edge※／ Google Chrome※／ Mozilla Firefox※／ Apple Safari※
▶**スマートフォン・タブレット** …… Android 4.4 以上／ iOS 9 以上　※最新版（2024年5月現在） |

* 音声はダウンロードすることも可能です。ファイルはzip形式のため、解凍ソフトにて解凍の上、ご使用ください。また、音声データは
　MP3形式です。ダウンロードした音声の再生にはMP3を再生できる機器をご使用ください。ご使用の機器や音声再生ソフト、イン
　ターネット環境などに関するご質問につきましては、当社では対応いたしかねます。各製品のメーカーまでお尋ねください。

* 専用サイトのご利用やダウンロードにかかる通信料は、お客様のご負担となります。

* 当サイトの内容やサービスは、予告なしに変更・中断・中止される場合があります。利用ができなかった場合に損害が生じたとしても、
　当社は一切の責任を負いかねます。あらかじめご了承ください。

実戦問題①

📖 Reading Section

Part 1

There are 20 very short reading texts below, and in each text there is a gap. Choose the best word or phrase from among the four choices to fill the gap. Mark your answer on your answer sheet.

(1) In geometry class, students learn how to measure and calculate the size of (　　) such as circles, squares, and rectangles.

    1 channels　　　**2** shapes　　　**3** positions　　　**4** views

(2) Although the subject of a sentence in spoken Japanese is often not clearly stated, it can be understood from the (　　) of the conversation.

    1 context　　　**2** environment　　　**3** pressure　　　**4** rhyme

(3) The philosopher Plato had a (　　) view of democracy. He did not believe that average people were wise enough to participate in politics.

    1 sympathetic　　　**2** critical　　　**3** courteous　　　**4** furious

(4) It is generally (　　) that dinosaurs became extinct about 65 million years ago. However, scientists still disagree about the reason for their disappearance.

    1 predicted　　　**2** acknowledged　　**3** omitted　　　**4** surveyed

(5) Students who need to contact their professors by e-mail are (　　) to include the title of the course in the subject line. This helps the professor respond more quickly.

    1 advised　　　**2** judged　　　**3** excused　　　**4** tempted

(6) The actress was famous for living a (　　) life. She was a kind and caring woman who spent her free time helping the poor.

    1 subtle　　　**2** virtuous　　　**3** sensible　　　**4** luxurious

(7) The data showed a (　　) increase in the number of monthly visitors to the museum, but this was short of the museum's goal of raising attendance by 5%.

    1 sharp　　　**2** harsh　　　**3** vast　　　**4** slight

(8) People with type A blood cannot be given type B blood because the two types are not ( ).

    1 acquainted   **2** distinct   **3** compatible   **4** coherent

(9) A study that ( ) the academic performance of elementary school girls and boys found that girls scored higher on language and math tests than boys did.

    1 provided   **2** formed   **3** served   **4** compared

(10) A passport is an official ( ) that travelers use to show who they are and which country they are from.

    1 symbol   **2** document   **3** operation   **4** model

(11) Although reading the news online is often easier and faster, many people still ( ) to purchase printed newspapers.

    1 pretend   **2** forget   **3** prefer   **4** hesitate

(12) The ( ) of women has changed greatly since the 1950s. Today, many women choose to work instead of staying at home to take care of their family.

    1 point   **2** term   **3** label   **4** role

(13) Cigarette packages carry warnings to make people ( ) of the health risks associated with smoking.

    1 aware   **2** suspicious   **3** impressed   **4** redundant

(14) Although the politician tried to ( ) the public that it was necessary to increase taxes, many people did not agree with him.

    1 remove   **2** accuse   **3** convince   **4** support

(15) Some creatures are so small that they are only ( ) through a microscope.

    1 existent   **2** practical   **3** visible   **4** active

(16) As part of the clothing company's marketing ( ), it advertises on websites that are popular among people aged 18 to 25.

    1 signal   **2** strategy   **3** occasion   **4** establishment

(17) Some members of the Environmental Action Committee are (　　) a plan to raise more money. When they have finished working on the plan, they will present it to the rest of the committee.

1 wearing out　**2** coming across　**3** putting together　**4** standing by

(18) After the disaster, the prime minister made a televised speech in which he (　　) people to remain calm and help each other.

1 raised up　**2** called on　**3** spoke of　**4** talked over

(19) Biologists are (　　) research in the Amazon rainforest. They hope to learn more about various rare animals that are found there.

1 taking apart　**2** leaning on　**3** carrying out　**4** holding up

(20) After much discussion, city officials (　　) building a new community center because the old one was still large enough to meet the city's needs.

1 dropped off　**2** decided against　**3** marked down　**4** pushed through

Part 2A

There are five graphs or charts below. Each graph or chart is followed by a question about it. For each question, choose the best answer from among the four choices and mark your answer on your answer sheet.

Reading Section

Part 1

Part 2A

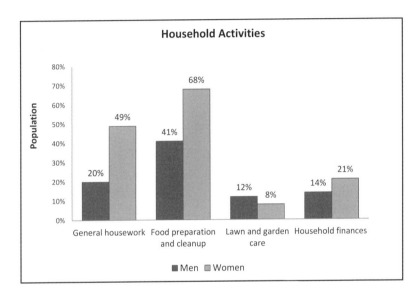

(21) For a case study in your business marketing class, you will recommend strategies to attract male customers who engage in household activities. Based on the above graph, which of the following seems to be the best recommendation?

   1 Launch a website for men who enjoy gardening.
   2 Target an advertising campaign at men who cook at home.
   3 Conduct market research on which laundry detergents men prefer.
   4 Design packaging for household cleaning supplies that appeals to men.

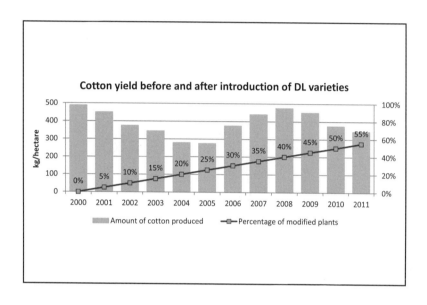

(22)　In an attempt to increase cotton production, scientists genetically modified some varieties of cotton plants to produce a chemical called DL, which kills insects. Which of the following statements is best supported by the graph above?

    1 As the percentage of DL in cotton increases, production increases at a similar rate.

    2 DL causes damage to cotton plants, leading to a decrease in production.

    3 There does not appear to be a direct relationship between DL and cotton production.

    4 DL increases cotton production when the percentage of modified plants is greater than 40%.

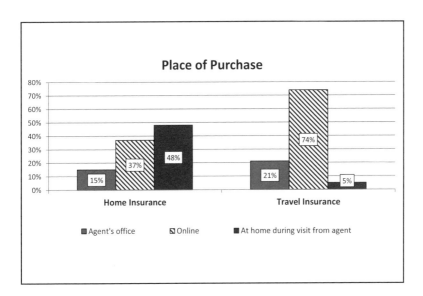

(23) You are studying consumer behavior in your marketing class. Which of the following statements is best supported by the graph above?

1 Before purchasing travel insurance, customers want to discuss details of the product with an agent.

2 Customers looking for home insurance are likely to visit several agents before deciding on a product.

3 Companies that plan to offer travel insurance should invest more in website development than in the design of printed materials.

4 Agents selling home insurance policies should understand that most customers do not like to receive sales visits at home.

Non-tourist visas granted for entry into the UK

(24) For a class on international relations, you are researching motivations for entering the U.K. Based on the graph above, which of the following statements is most likely to be true?

1 A 2003 revision to guest worker policies made it easier for residents of other EU countries to find jobs in the U.K.

2 In 2005, standards for university entrance in the U.K. were revised, making admission more difficult for international students.

3 From 2007 onward, steadily declining unemployment rates in the U.K. resulted in more job openings for foreigners.

4 Changes to immigration laws in 2006 made it easier for foreign U.K. residents to bring family members to live with them.

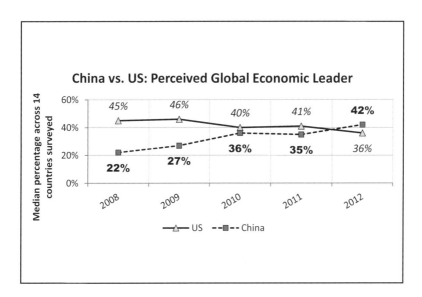

(25) For an economics class, you are studying how the economic strength of the U.S. and China is viewed by other countries. Which of the following statements is best supported by the graph above?

1 The 2008 economic crisis led to increased confidence in America's financial influence.

2 China's weaker performance in exports in 2009 lowered global perceptions of its leadership.

3 Media coverage of China's economic growth in 2010 boosted opinions of its status.

4 The period from 2011 to 2012 marked a change in the global view of U.S. economic power.

Part 2B

There are five short reading texts (notices, advertisements, posters, etc.) below. Each text is followed by a question. For each question, choose the best answer from among the four choices and mark your answer on your answer sheet.

PART-TIME POSITION FOR STUDENTS

The USC Library is looking for students to work a minimum of two evening shifts (6 p.m. to 9:30 p.m.) per week in the spring semester. Workers' primary responsibility will be updating the status of returned books in our inventory database. Some shelving work may be required. Applicants must be full-time students in generally good physical condition. Please visit the main reception desk to pick up an application form.

---

(26) Workers' main task will be to
   1 mark books as returned in a database.
   2 assist students at the library's main reception desk.
   3 catalog the condition of all USC library books.
   4 return books to the appropriate shelves.

Notice to Comparative Education (EDUC 220) students

Before the first class:
1) E-mail me from your student e-mail address. Include your full name followed by your student number in the subject.
2) Choose three topics from the tutorial schedule on which you'd be interested in giving a presentation. Do not e-mail me your selections; bring them with you to the first class.
3) Get the course textbook (*Comparative Education*, Kubum, 1st edition).

R. Johnson

---

(27) Before class starts, students should
   1 read the first chapter in the course textbook.
   2 send the instructor their presentation topic selections.
   3 prepare a presentation on a subject related to education.
   4 pick three topics on which they are willing to present.

Undergraduate and Graduate Students:

Do you know an exceptional professor who is worthy of recognition? The Ewing Excellence Award (EEA) is now accepting nominations. The award recognizes professors who exhibit a commitment to teaching and excellence in their graduate or undergraduate courses. The deadline for nominations is March 2. Forms can be found at http://www.ewingcollege.edu/faculty/learn/eea.

(28) | Students can fill out the form to
1 apply for an academic scholarship.
2 give feedback on a course.
3 recommend a professor for an award.
4 recognize the hard work of a classmate.

Jefferson Environmental Council (JEC) is a student-led organization that manages the use of the Jefferson Sustainability Fund. JEC meets twice a month to hear proposals for projects related to protecting the environment on campus. Students are encouraged to attend and contribute their ideas. The first meeting will be held on February 10th. For more information, visit http://www.jec.jefferson.edu.

(29) | What are students asked to do at meetings?
1 Donate to sustainability-related projects.
2 Make suggestions for projects.
3 Think of ways to raise money for the college.
4 Present new data on sustainability.

From: "Nancy Wright" <nwright@kenbridge.edu>
To: "Theology 250 Class"
Date: Saturday, February 13
Subject: Update

Students, I've updated the course website. In the Helpful Links section, you can now find a list of additional readings related to each topic covered in the course. You might find this useful, so please have a look. Also, for your homework assignment, please remember to read Unit 1 in the textbook for next class.

Nancy Wright

(30) What has the professor made available online?
  1 A list of optional reading materials.
  2 A list of the course's assignments.
  3 A link to the course textbook.
  4 A link to the homework.

Part 2C

There are 10 short reading passages below. Each passage is followed by a question. For each question, choose the best answer from among the four choices and mark your answer on your answer sheet.

Pacific University's computer science department is accepting applications for its competitive Research Experience for Undergraduates program. Participants work in teams during the 10-week summer program, conducting cutting-edge research and interacting with local scientists and engineers. Students also participate in field trips and weekly faculty-led research seminars. Student participants receive housing and a small sum of money for their work.

(31) What is one of the main benefits of the program described?
1 Students receive course credit.
2 Students earn a competitive salary.
3 Students learn by working with experts in the field.
4 Students can focus on their own research projects.

While we often think of bacteria as unhealthy, the world owes a great debt to cyanobacteria. These are the oldest of all bacteria, with fossils dating back 3.5 billion years. Commonly referred to as blue-green algae, cyanobacteria are responsible for our oxygen-rich atmosphere and the creation of plants. The ability of cyanobacteria to convert sunlight to energy may have a future application as well. Research suggests that the blue-green algae could serve as an effective source of clean energy.

(32) According to the passage, there is not yet conclusive evidence regarding
1 the actual age of cyanobacteria fossils.
2 the effectiveness of cyanobacteria as an energy source.
3 the ability of cyanobacteria to produce oxygen.
4 the role of cyanobacteria in the creation of plants.

The Campus Writers Guild is a student-led community of writers that meets weekly in the English department student lounge. Typical guild meetings are workshops in which students share copies of their current work and take turns giving and receiving feedback. Additionally, the guild holds special events several times a year, including an opportunity to hear from a published author and a spontaneous writing session, in which participants apply American author Jack Kerouac's methods.

(33) | Each week, the Campus Writers Guild provides an opportunity for students to
    1 discuss their writing with a published author.
    2 get comments and advice from fellow writers.
    3 apply principles used by famous writers.
    4 submit their current work for publication.

The path to university begins in the elementary years, according to educators who have established a tutoring partnership between an elementary school in a poor neighborhood and a nearby private university. Participating university students, many of them education majors, gain confidence in their teaching skills and insights into how children learn. The elementary school students benefit from the tutoring services they receive, as well as from visits to the university library, theater, and education department.

(34) | What do university students gain from the partnership described in the passage?
    1 Payment for their services.
    2 Help with their course work.
    3 Advice about child raising.
    4 Experience working with children.

On May 9th, 1950, the foreign minister of France, Robert Schuman, declared that an international European community should be created to act as a higher authority for European countries. He proposed that this community manage the production of the materials of war—coal and steel—to prevent conflicts between member countries. Schuman's declaration resulted in the creation of the European Coal and Steel Community, which later led to the foundation of the European Union.

(35) | What was one reason Schuman made his proposal?
   1 To organize the production of coal and steel.
   2 To improve trade between member countries.
   3 To monitor European imports and exports.
   4 To boost the European economy.

Content marketing, also called "permission marketing," involves delivering relevant information to attract potential customers. For example, a paint company might develop a digital magazine all about the use of color in interior design. The company establishes itself as an authority among interior designers by consistently providing high-quality, informative articles. Gradually, more designers read the magazine. Designers who read the magazine become familiar with the company's products and are therefore more likely to use or recommend them.

(36) | Based on the passage, what would be the ultimate goal of the magazine described?
   1 To provide relevant information.
   2 To attract a broad range of advertisers.
   3 To develop business partnerships.
   4 To promote the company's paint.

Reading Section

Part 2C

C. S. Lewis's best-known work is *The Chronicles of Narnia*, a series of seven fantasy novels. The world of magic in these stories appeals to children, but the stories also convey religious ideas. By using stories, Lewis entertains but also helps his readers grasp otherwise difficult concepts. One of the main characters in *The Chronicles of Narnia*, for example, is a lion that was described by Lewis as a representation of Christ.

(37) | According to the passage, what was one intended purpose of the author's stories?
  1 To encourage adults to think like children.
  2 To help readers understand magic.
  3 To explain religious concepts.
  4 To teach children to understand literature.

In American higher education, nontraditional students are typically defined as students over the age of 25. They usually do not live on campus and are less likely to be enrolled full-time. They often have work and family responsibilities that leave them with less time to devote to studying. Currently, 38 percent of students in the United States are nontraditional students. The National Center for Education Statistics expects this number to increase in the years to come.

(38) | Based on the passage, what is probably true of many nontraditional students?
  1 They take longer to finish their degree.
  2 They are less likely to be admitted to a university.
  3 Their grades are higher than traditional students.
  4 Their numbers will decrease in the future.

Author and translator Amara Lakhous writes in both Arabic and Italian. In his second novel, one of his characters is a translator who describes the work as thrilling, a view that might reflect the author's own opinion. Lakhous compares translation to a journey over the sea. He sometimes thinks of himself as a smuggler, "crossing the frontier of language" with his treasure of words, ideas, images, and metaphors.

(39) According to the passage, Amara Lakhous most likely feels that translation is

   1 an interesting hobby.

   2 a stressful job.

   3 an exciting adventure.

   4 a profitable activity.

New York City's MillionTreesNYC project was designed to help improve the quality of life for city residents. The benefits of trees in urban areas are numerous, ranging from lowered energy costs to added beauty. Trees create shade and block the wind, reducing the amounts of fossil fuels needed to heat and cool nearby buildings. Trees in cities also help improve air quality, as they capture carbon dioxide from the air and store it.

(40) Based on the passage, what is one result that New York City residents can expect from the project?

   1 Cleaner air.

   2 Better transportation.

   3 Fewer windy days.

   4 Higher heating bills.

Reading Section

Part 2C

Part 3A

There are two reading passages below. In each passage, there are four gaps. Choose the best word or phrase from among the four choices to fill each gap. Mark your answer on your answer sheet.

Emily Dickinson

Emily Dickinson is one of America's best-known poets. However, during her lifetime, people knew her for her (　41　) rather than her poems. Dickinson nearly always wore white clothing, and, apart from a brief time away at college, she rarely left her house. It was there that she wrote almost 2,000 poems.

Much has been made about Dickinson spending a lot of time at home. However, it is unfair to characterize her as someone who avoided (　42　). In fact, Dickinson wrote letters regularly to more than 100 friends and met with many more people who visited the house. Dickinson actually seemed to enjoy communicating with others, though on her own terms.

Since most of Dickinson's poems were not published until after she passed away, scholars have many questions about her work. Dickinson did not date her poems, and she wrote and rewrote them on just about anything she could find—for example, scraps of paper and the backs of envelopes. (　43　), many people disagree about which drafts of her poems should be considered the final versions.

Dickinson's poems are notable, in part, for their unusual punctuation and clever wordplay. After her death, her family helped to have her previously unseen work published. However, the editors who worked on these poems (　44　). This was to make them fit the traditional rules of punctuation. It was not until much later, in the 1950s, that a volume of her poems was released that presented them as they had been written. Now, people are even able to see the scraps of paper she wrote them on.

(41)　　1 academic lectures　　　　　　2 famous parents
　　　 3 nonfiction writing　　　　　　 4 unusual lifestyle

(42)　　1 writing on her own　　　　　　2 studying on her own
　　　 3 helping other people　　　　　 4 interacting with people

(43)　　1 Besides　　　　　　　　　　　2 Recently
　　　 3 As a result　　　　　　　　　　4 What is more

(44)　　1 changed her work significantly　2 discussed her work with scholars
　　　 3 published only a few poems　　　4 had never met Dickinson

Telerobotic Surgery

Telerobotic surgery allows doctors to help treat patients who are in hospitals far away. In the past, doctors have used this technology to observe and give advice to the surgeons who are physically present with these patients. The (45   ) of this technology, however, is changing. Now, remote doctors are able to directly take part in operations. This is particularly helpful if patients are in rural areas where there are few physicians.

Although the procedure is referred to as "robotic" surgery, the machines do not make any decisions on their own. All of the machines require (46   ). A surgeon controls the tools used to perform operations. The possibility of robots performing actual operations by themselves is still considered to be far off.

Some experts believe that robots should be used for surgeries even when the doctor is in the same room as the patient. These machines, it seems, allow surgeons to (47   ). For example, one study found that doctors performed surgery with greater accuracy when controlling a robot than when holding the surgical tools themselves. Accessing difficult-to-reach areas was easier when doctors used robots.

It takes a substantial amount of training for a doctor to become proficient in using these robots. When surgeons first use them on patients, they tend to complete tasks much more slowly. (48   ), operations using robots can take more time than traditional procedures. In some cases, this extra time leads to problems during or after surgery. However, with more training, surgeons become much more comfortable using the robots, and many experts believe that telerobotic surgery will become more common as time passes.

(45) | **1** cost | **2** scope
     | **3** understanding | **4** desire

(46) | **1** a designer | **2** human input
     | **3** multiple operators | **4** qualified patients

(47) | **1** cut expenses | **2** take more time off
     | **3** reduce pain | **4** be more precise

(48) | **1** Equally | **2** Consequently
     | **3** Conversely | **4** Finally

Reading Section

Part 3A

Part 3B

There are two long reading passages below. Each passage is followed by six questions. For each question, choose the best answer from among the four choices and mark your answer on your answer sheet.

The Photo-Secession Movement

What is the purpose of photography? Is it primarily to record reality? Or is it to create art? One could easily argue for either side and find plenty of supporting examples. Because it is a relatively new way of representing the world, at least in comparison to painting or drawing, photography has changed over time and continues to evolve. Today, professional photographers may scoff at amateurs with smartphones who consider themselves to be skilled. But the debate surrounding photography is not new. In fact, the introduction of the handheld camera near the end of the 1800s led to a similar reaction from serious photographers, giving rise to what came to be known as the Photo-Secession movement.

Photo-Secession grew out of a movement called "pictorialism," which began in the late 19th century and aimed to promote photography as a fine art. To distinguish their work from the snapshots taken with everyday handheld cameras, pictorialists used complicated photographic techniques, such as soft focus and the control of lighting and texture, to make their photos look like paintings. Sometimes they even changed the negatives by scratching or painting over them. Pictorialists were primarily interested in portrait photography and saw their work as an expression of romantic themes.

At the beginning of the 20th century, a pictorialist photographer named Alfred Stieglitz and several of his colleagues broke away from the New York Camera Club, a photography group of which they were members. They cited the club's traditional attitudes as their reason for branching out in a new, more pictorialist direction: the Photo-Secession movement. Stieglitz is quoted as saying that the name referred to "seceding from the accepted idea of what constitutes a photograph."

Stieglitz kept tight control over membership in the movement, which was by invitation only. Though it was an American group, some Europeans were included in exhibitions. And despite its exclusivity, the club was notable for its inclusion of many female artists—such as Gertrude Käsebier, who became one of the century's best-known portrait photographers—during an era when most avenues to success were closed to women. Stieglitz started a magazine called *Camera Work* and opened a gallery in New York City, both of which showcased members' work. The gallery was an important space and eventually displayed not just photos but the work of major painters, including Picasso's and Cezanne's first American exhibitions.

Eventually, the Photo-Secession movement broke up. Some members felt that altering negatives to make their work look more like paintings contradicted the art of photography itself. Though the movement was no more, the New York gallery remained open until 1917. Differences in members' aesthetic aims were not the only factor in the movement's breakup, however. There were many reports of problems relating to Stieglitz's temperament; he was seen as arrogant and overbearing.

Indeed, it is interesting that the "secession" referred to in the movement's name was meant to reject traditions and conventions, yet the pictorialists in the group actually adopted the traditions and conventions of portrait painting. They strictly enforced their own very narrow criteria for belonging to their movement. Though the group's definition may have been limiting, the movement itself was an important step in the evolution of photography as an art form, and it led to some remarkable work.

(49) What has been true since the invention of the handheld camera?
  1 Amateur photographers have been less able to afford the equipment they need.
  2 The skill of many amateur photographers has been comparable to that of professionals.
  3 Professional photographers have felt the need to distinguish themselves from amateurs.
  4 The focus of most professional photographers has been on recording reality.

(50) What do we learn about the pictorialists?
  1 They were the first photographers to attempt portraits.
  2 They encouraged everyday people to discover their artistic talent.
  3 Their views matched those of the New York Camera Club.
  4 Their aim was to promote photography as serious art.

(51) Why is Gertrude Käsebier mentioned?
  1 Her work influenced that of Alfred Stieglitz.
  2 She was refused membership at the New York Camera Club.
  3 To criticize the techniques that the pictorialists used.
  4 To emphasize the club's nontraditional view toward membership.

(52) | What was the purpose of *Camera Work*?
1 To explain pictorialist techniques.
2 To publish pictorialist photographs.
3 To advertise jobs relating to photography.
4 To list art galleries displaying photographs.

(53) | One factor contributing to the end of the Photo-Secession movement was
1 the lack of gallery space for exhibitions.
2 Stieglitz's difficult personality.
3 a greater demand for paintings over photographs.
4 its loose criteria for defining pictorial art.

(54) | What does the author conclude about the Photo-Secession movement?
1 It placed limits on artists that aided their success.
2 It was more traditional than European movements.
3 It was unable to represent the true spirit of the times.
4 It helped the development of photography as art.

Are Vaccinations Safe?

According to the World Health Organization, vaccinations have greatly reduced the amount of infectious diseases internationally. If measles vaccinations were no longer provided, as many as 2.7 million people would likely die annually from the disease. In fact, only clean drinking water prevents more diseases worldwide than vaccines. Countries in the developing world with high poverty rates often provide fewer vaccination programs than more economically developed countries. For example, many children die from measles in African countries, while in developed countries, measles was effectively eliminated by the 1990s due to the vaccine introduced in 1967. Figure 1 shows measles cases in England. However, the rise of an anti-vaccination movement that started in England in 1998 and spread to other developed countries in Europe and North America has led to a recent rise not only in measles but also in mumps, another disease prevented by vaccines.

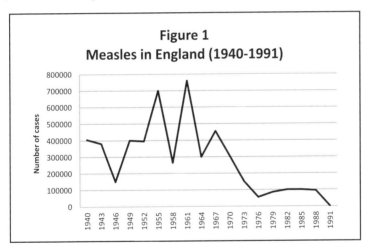

In 1998, a British physician named Andrew Wakefield published a study in The Lancet medical journal that claimed a connection between the MMR vaccine and autism, a mental disease, in children. MMR stands for the three diseases which the vaccine was developed to prevent: measles, mumps, and rubella. This article frightened parents in Europe and North America, and many began refusing to let their children receive the MMR vaccine. Some American celebrities publicized anti-vaccination views, giving the movement popularity and visibility. As vaccination rates fell, the reported cases of measles grew; more than 30 European countries recorded an increase in 2011. In early 2014, the United States had 554 confirmed measles cases across 20 states. Between 2008 and 2014, the United States, Canada, Germany, Ireland, Spain, and Portugal experienced more mumps outbreaks than in previous periods when vaccination rates were higher.

As it turns out, parents should not have feared the MMR vaccine. Wakefield's study was filled with false data and became widely discredited. In 2010, The Lancet fully withdrew the study and removed it from the public record. Much research was conducted to assess the safety of the MMR vaccine, all concluding no link between the vaccine and autism. But the anti-vaccination movement had taken root. Parents choosing not to vaccinate their children often think that the diseases are rare, and that the number of vaccinated people is sufficient to prevent such diseases from affecting their children. The term "herd immunity" is used to describe how diseases can be prevented from spreading simply by enough people being vaccinated. But herd immunity requires a vaccination rate of more than 80 percent of a population. Because of the antivaccination movement, some American and European communities do not reach such a high rate.

When asked why preventable diseases have risen recently in Western countries, some scientists point to additional contributing factors such as increased travel between the Western world and less developed countries, crowded urban living conditions, and the fact that some people with weakened immune systems cannot tolerate or receive vaccines. But most scientists agree that the anti-vaccination movement played a major role in increasing diseases because the movement caused less children to be vaccinated.

While some children can experience minor side effects from vaccines, serious side effects are rare, and autism is not one of them. In the United States, the ratio of serious negative effects to beneficial effects of vaccinations is about one serious side effect for every 40,000 lives protected. Another study found that routine childhood vaccinations given between 1994 and 2013 in the United States will save 732,000 lives and prevent 322 million cases of illness. These numbers present a strong argument for childhood vaccinations.

(55) Which statement best summarizes the passage?

    1 Vaccination programs are more common in developed countries than in poorer ones.

    2 False beliefs about vaccinations have led to an increase in diseases in developed countries.

    3 Less developed countries, where clean water access is limited, need more vaccinations.

    4 An anti-vaccination movement has led to a reduced supply of vaccines in poorer countries.

(56) The information in Figure 1 is used to illustrate

    1 the effects of the anti-vaccination movement.

    2 the link between poverty and measles.

    3 the need for further research into the use of vaccines.

    4 the effectiveness of vaccinations.

(57) According to the passage, Andrew Wakefield is significant because of

    1 an article he wrote.

    2 a journal he founded.

    3 an illness he discovered.

    4 a vaccine he developed.

(58) The author introduces the term "herd immunity" to describe

    1 one of the reasons the study in The Lancet received so much attention.

    2 one way of encouraging more people to receive vaccinations.

    3 a reason some parents give for not vaccinating their children.

    4 a recent discovery about the effects of vaccinations on Western countries.

(59) Which of the following statements is best supported by the fourth paragraph?

    1 In Western countries, the vaccination rate of the population is generally rising.

    2 Travel between developed countries and poorer countries contributes to the spread of diseases.

    3 Crowded urban living conditions make it easier for vaccinations to be distributed.

    4 Most scientists agree that vaccinations alone cannot reduce the spread of preventable illnesses.

Reading Section

Part 3B

(60)　In the conclusion, the author implies that

1 more studies need to be done to determine if childhood autism might still be connected to some vaccinations.

2 when governments make decisions about childhood vaccinations, they should give more consideration to the negative side effects than to the benefits.

3 parents do not have enough scientific information to make informed decisions about whether to vaccinate their children.

4 although there are some risks from receiving vaccinations, this is outweighed by the number of lives saved because of them.

This is the end of the reading section.
Do not turn this page before
the listening test begins.
You will be told when to turn the page
and start the listening test.

🎧 Listening Section 🔊

There are five parts to this listening test.			
Part 1A	**Short Conversations:**	1 question each	Multiple-choice
Part 1B	**Short Passages:**	1 question each	Multiple-choice
Part 1C	**Short Passages:**	1 question each	Multiple-choice (Graphs)
Part 2A	**Long Conversations:**	3 questions each	Multiple-choice
Part 2B	**Long Passages:**	4 questions each	Multiple-choice

※ Listen carefully to the instructions.

Part 1A

No. 1
1 Money to pay the participants.
2 Help from people they know.
3 People willing to volunteer.
4 Approval from their professor.

No. 2
1 Sign up for a group project.
2 Contact Rachel and Alan.
3 Form a list of topics.
4 Pass around her project report.

No. 3
1 Why the woman decided to become a diplomat.
2 How to get a job as a diplomat.
3 Where he can get information about Japan.
4 How Japan's foreign policy has developed.

No. 4
1 How to register for classes.
2 The benefits of community service.
3 A special requirement for some classes.
4 One way to improve computer skills.

No. 5 1 She should not focus on a widely known issue.
2 She needs to find a more important issue.
3 It was not covered in class discussions.
4 It is too broad for the assignment.

No. 6 1 It is the professor's favorite story.
2 It is the author's best work.
3 Finding materials about it will be easy.
4 No students in the class have read it yet.

No. 7 1 She should contact the local hospital.
2 She will need to take several courses.
3 It will require more research.
4 It would be a good choice for her.

No. 8 1 It taught her new vocabulary.
2 It helped her better understand the original text.
3 She did something similar in a past assignment.
4 She was able to finish it quickly.

No. 9 1 He thinks it is an easy language to learn.
2 His friend wants a study partner.
3 Many of her classmates speak it.
4 It would go well with her major.

No. 10 1 Studying abroad in Asia.
2 Conducting field research.
3 The structure of the course.
4 The results of an interview.

Part 1B

No. 11	1 Watch a class in the lecture hall.
	2 Do research for their classwork.
	3 Print out work for classes.
	4 Buy school supplies cheaply.

No. 12	1 How coral reefs can be protected.
	2 The economic value of coral reefs.
	3 The ecological benefits of coral reefs.
	4 Why coral reefs are dying around the world.

No. 13	1 A slowing local economy.
	2 Decreases in tuition fees.
	3 New job opportunities.
	4 A growing population.

No. 14	1 Submit all stories by the early evening.
	2 Meet with the managing editor.
	3 Suggest ideas to the news editor.
	4 Prepare a final version by midnight.

No. 15	1 There is too much sunlight.
	2 The soil is heavy.
	3 The water supply is limited.
	4 There is not enough open space.

No. 16	1 How people's personalities change over time.
	2 How Adler developed his theory.
	3 The effects of birth order on personality.
	4 Ways to resolve conflicts among children.

No. 17
1 To make maps available digitally.
2 To help students plan travel routes.
3 To print campus newspapers.
4 To issue student announcements.

No. 18
1 Attend all of the lectures in the series.
2 Study the three countries equally.
3 Choose the country they know most about.
4 Prepare carefully for each lecture.

No. 19
1 There are fewer of them than first thought.
2 Collecting them may help the environment.
3 Scientists do not think they can be reached.
4 People may soon begin digging for them.

No. 20
1 They viewed gold differently than most cultures do today.
2 They became less spiritual once they discovered gold.
3 Their society used gold as the main form of money.
4 Their wealth increased after trade in gold began.

Part 1C

No. 21

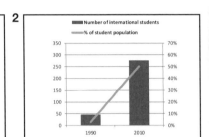

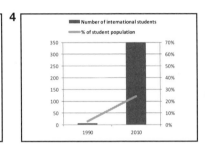

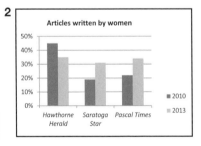

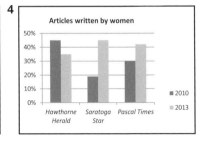

No. 22

1
Articles written by women

2
Articles written by women

3
Articles written by women

4
Articles written by women

No. 23

1
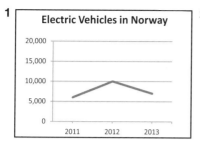

2
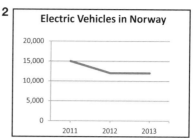

3
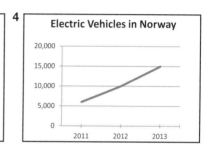

4
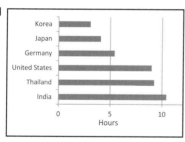

No. 24

1
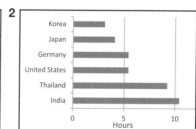

2
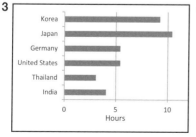

3
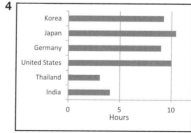

4

36   実戦問題①

No. 25

1

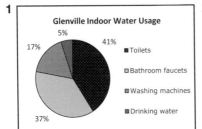

2

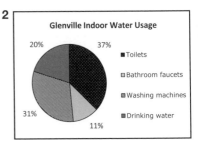

3

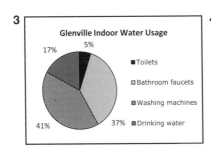

4

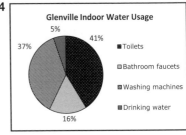

Part 2A

A

Situation: A student is talking to her Portuguese-language professor.

No. 26 | What does the student want permission to do?
1 Take a semester off.
2 Join a trip to Brazil.
3 Study in Portugal.
4 Turn in a report late.

No. 27 | What does the professor think about the student's idea?
1 It might be possible.
2 It might be too expensive.
3 It would be too difficult.
4 It would be good for all students.

No. 28 | What does the professor promise that he will do?
1 E-mail the student an application form.
2 Discuss the student's idea with the department head.
3 Arrange a visit to a well-known art museum.
4 Meet with the student again next week.

 MEMO

Listening Section

Part 1C

Part 2A

B

Situation: A student is talking to her advisor.

No. 29 | How did the student hear about the scholarship?
1 From the financial aid office.
2 From a website.
3 From another student.
4 From a professor.

No. 30 | What does the advisor say that the student should do?
1 Look for a job in a school.
2 Take more science classes.
3 Participate in a student group.
4 Apply as early as possible.

No. 31 | Why will the student come back to see the advisor again?
1 To participate in a club activity.
2 To get help writing her essay.
3 To pick up a recommendation letter.
4 To do volunteer work in his office.

 MEMO

C

Situation: Two students are talking to a professor about an upcoming event.

No. 32 | What are the students interested in?
　　　　　1 An event explaining volunteer opportunities.
　　　　　2 An event for first-year university students.
　　　　　3 An event featuring scientific research.
　　　　　4 An event for students who will graduate soon.

No. 33 | What will the students probably do next week?
　　　　　1 Attend a training session.
　　　　　2 Go to the professor's lecture.
　　　　　3 Apply for a summer internship.
　　　　　4 Put up posters around campus.

No. 34 | According to the professor, what can the students see at the exposition?
　　　　　1 Presentations about student research.
　　　　　2 Companies hiring students.
　　　　　3 Talks by famous scientists.
　　　　　4 Some new products.

MEMO

Listening Section

Part 2A

Part 2B

D

Situation: You will listen to an instructor discuss multitasking.

No. 35 | What is the main theme of this lecture?
1 How to multitask more effectively.
2 How multitasking became popular.
3 The role of technology in multitasking.
4 The pros and cons of multitasking.

No. 36 | What are multitaskers good at doing?
1 Locating new information quickly.
2 Ignoring irrelevant information.
3 Blending old and new information.
4 Switching between tasks.

No. 37 | What does research indicate about multitasking?
1 It is promoted by the media.
2 It makes people less efficient.
3 It can lead to health problems.
4 It encourages problem solving.

No. 38 | What does the speaker propose doing for multitaskers?
1 Helping them learn how to process information.
2 Giving them opportunities to discuss their problems.
3 Exposing them to a wider variety of information.
4 Encouraging them to focus on one task at a time.

E

Situation: You will hear part of a lecture from an English literature class.

No. 39 | What is the main topic of this passage?
1 Poets influenced by E. E. Cummings.
2 Critics' opinions of E. E. Cummings.
3 The poetry of E. E. Cummings.
4 A famous poem by E. E. Cummings.

No. 40 | What is one thing the speaker says about E. E. Cummings?
1 He wrote to please the critics.
2 He avoided punctuation.
3 He used a column format.
4 He used words in unusual ways.

No. 41 | What does the speaker ask the students to do?
1 Compose a poem.
2 Add a verse to a poem.
3 Write a critical review of a poem.
4 Describe a poem they like.

No. 42 | What contribution does the speaker think Cummings made to poetry?
1 His approach is now considered to be the standard.
2 He introduced a new style of poetry.
3 He changed the way poetry is taught.
4 His work was available for free.

Listening Section

Part 2B

 MEMO

F

Situation: You will hear a professor talking about a major construction project.

No. 43 | What is one thing we learn about the Channel Tunnel?
1 The British public were not told about the project.
2 It only became possible because of modern technology.
3 It was first proposed over 200 years ago.
4 The French government suggested the idea.

No. 44 | Why was construction of the tunnel stopped in the 1880s?
1 There were concerns about Britain's security.
2 French workers went on strike.
3 The cost was too high.
4 Technical problems occurred after 3 kilometers.

No. 45 | What does the speaker say about construction of the tunnel?
1 Engineers from all over the world were hired.
2 The first 50 meters were the most expensive.
3 It involved pumping millions of gallons of water.
4 Some of the machines were left underground.

No. 46 | In what way was the tunnel a success?
1 The final cost was close to the original budget.
2 The two sides met almost exactly as planned.
3 Millions of people showed approval in a survey.
4 Most travelers to France now use the tunnel.

 MEMO

G

Situation: You will hear part of a lecture on economics.

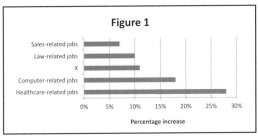

No. 47 | What is the lecture mainly about?
1 The most competitive job fields.
2 A comparison of salaries in different industries.
3 Job popularity rankings.
4 Future job growth in different industries.

No. 48 | What does the speaker say about jobs in healthcare?
1 Their availability is affected by the aging population.
2 The government regulates them strictly.
3 The figures given may not be reliable.
4 They are popular with young professionals.

No. 49 | Please look at the graph. Which of the following is represented by the letter X?
1 Farming-related jobs.
2 Education-related jobs.
3 Transportation-related jobs.
4 Food-related jobs.

No. 50 | What does the speaker say about sales positions?
1 They pay low wages overall.
2 Workers do not stay in them for long.
3 They are quickly influenced by a poor economy.
4 Workers from many sectors are attracted to them.

Listening Section

Part 2B

✐ Writing Section

Task A

Your teacher has asked you to read the following passage and summarize what the writer says about electronic books. Your summary should be one paragraph of about 70 words.

There are many different kinds of books. Some books give factual information about various topics, such as history or nature. Other books tell interesting stories that are fun to read and help people to relax. Traditionally, people have read books printed on paper. But this situation has started to change. Nowadays, more and more people read electronic books on e-book readers.

There are several reasons people prefer electronic books. John Wallace, for example, likes to travel. In the past, he could only take one or two books in his bag when he went on trips, as books are heavy and take up space. Now, he can take many electronic books in one e-book reader. There is another reason electronic books are popular. Many people don't have enough free time to go to bookstores. Even if they buy books online, they have to wait for them to be delivered. Electronic books can be downloaded from the Internet, which only takes a few seconds.

However, electronic books also have some disadvantages. Carol Brock used to read electronic books, but then she dropped her e-book reader and it stopped working. Even though she had bought lots of electronic books, she couldn't read them. Now, she reads paper books again. Also, some people use a pen or pencil to underline key words or sentences in a text. Jim Field is studying English literature at university. He often makes handwritten notes in his books while he reads. He wouldn't be able to do this with electronic books.

There are advantages and disadvantages for both kinds of book. People should decide for themselves which kind is better for them.

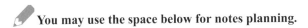 **You may use the space below for notes planning.**

Task B is on the next page.

Task B

Your teacher has asked you to write an essay for class using the information below. Describe the situation concerning art classes at schools in Greenhill and summarize the main points about the solutions that have been suggested. In your conclusion, say which of the solutions you think would work the best based on the reasons given. You should write about 200 words.

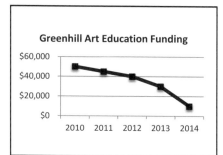

Greenhill Art Education Funding

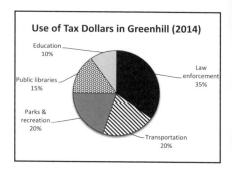

Use of Tax Dollars in Greenhill (2014)

Education 10%
Law enforcement 35%
Public libraries 15%
Parks & recreation 20%
Transportation 20%

GREENHILL DAILY NEWS

At a recent school-board meeting, Mary Jones, Chairperson of Greenhill High School PTA, spoke about a current problem at the school. She explained that art education was important for students and that there were many ways to make the arts program a success. "Students must have access to a broad education, including art education," she said.

Specifically, Jones suggested that local businesses donate materials for art classes. She went on to explain that this would not even cost businesses much. "In fact," she said, "many of the things we could use in class, businesses simply throw away. Cardboard boxes and packing material, for example, are useful for all kinds of projects."

Jones also suggested approaching people in the local community who are artistic or have experience in the art world. She said that she had already spoken to Charles Anderson, a well-known local sculptor. Anderson is willing to visit the school and talk to the students about his work for free. "If we can't afford to pay art teachers," Jones said, "why not make use of people like Charles instead?"

The school board will consider these suggestions and report back at a future meeting.

LETTER TO THE EDITOR

Dear Editor,

My name is Frank Smith, and I am the director of the Greenhill Arts Council. I would like to suggest a number of ways to address the current problem at Greenhill schools. Most importantly, the local government needs to reconsider how our tax money is used. Greenhill has many needs, and of course it is necessary to maintain roads and take care of parks. However, education is our most important investment, so we should make sure that educational programs, including art classes, are properly funded. Then we can think about how to pay for other programs in the city.

In addition, we can invite local artists to get involved. They could volunteer to teach art classes at schools. This would give students the opportunity to meet people who have made art their career. I am sure that the artists would also enjoy the chance to share their talents with young people. As members of this community, we should not just complain about the way things are, we should take direct action to try and improve education for our youth.

Best regards,
Frank Smith

You may use the space below for notes planning.

# Speaking Section

※実際の試験はすべて口頭で行われます。
　問題の音声に続いて自分で答えてみましょう。

Introduction

Part 1

Part 2

トピック・カード

> **Begin your interview with this sentence: "Hello, may I ask you some questions?"**
>
> Ask questions about:
> - **The number of classes he/she teaches in a week**
> - **The year he/she started teaching**
> - **The things he/she likes about his/her job**
> - **His/her most memorable experience as a professor**
> - *(If you have time, you may ask more questions.)*

Part 3

トピック・カード

> **TOPIC**
>
> "There should be more security cameras in public places."
>
> Do you agree with this statement? Why or why not?

Part 4

実戦問題②

📖 Reading Section

Part 1

There are 20 very short reading texts below, and in each text there is a gap. Choose the best word or phrase from among the four choices to fill the gap. Mark your answer on your answer sheet.

(1) Students can visit the Office of Financial Aid to receive (　　) with filling out applications for any scholarships they might be eligible for.

    1 assistance   **2** questionnaire   **3** capacity   **4** perspective

(2) Salem University has recently announced that it is planning to start construction of a new recreation (　　) in May.

    1 program   **2** scenery   **3** facility   **4** leisure

(3) "Today's class is divided into two parts," the professor announced. "First, I will give a short (　　) about health insurance systems, and then I'd like you to discuss their advantages and disadvantages in groups."

    1 article   **2** trait   **3** characteristic   **4** lecture

(4) Researchers have recently discovered (　　) of a previously unknown species of humans on the island of Flores in Indonesia.

    1 information   **2** evidence   **3** anatomy   **4** demonstration

(5) While many universities have programs for students who want to pursue a degree part-time, the number of people interested in these programs is (　　).

    1 surpassing   **2** declining   **3** remaining   **4** opposing

(6) Students who wish to commute to campus by car must bring their student ID to the parking office and purchase an (　　) permit. Permits are valid from September to the following August.

    1 annual   **2** invaluable   **3** essential   **4** overdue

(7) It is not uncommon for students to feel culture shock when studying abroad, but knowing what to expect in advance often helps them (　　) more quickly.

    1 join   **2** transact   **3** yield   **4** adjust

(8) The mayor has promised that the issue of air pollution will be (   ) as soon as he has spoken with environmental experts.

    1 treated   **2** prevented   **3** addressed   **4** impaired

(9) Even though Professor Spencer is busy with teaching classes, conducting research and preparing papers for publication, he always (   ) to find time to speak with his students.

    1 urges   **2** distributes   **3** manages   **4** escalates

(10) Anyone who wishes to withdraw from a course must do so before the withdrawal deadline. (   ), they risk receiving a failing grade for the course.

    1 Unless   **2** Otherwise   **3** Accordingly   **4** Similarly

(11) The library board's decision to extend library hours during the summer is (   ) due to a staff shortage.

    1 pending   **2** fragile   **3** modest   **4** remote

(12) Sales of smart watches have increased (   ) compared with last year, but this is still short of manufacturers' expectations.

    1 hopefully   **2** surprisingly   **3** initially   **4** significantly

(13) One cause of the bone disease osteoporosis is not getting (   ) calcium and vitamin D.

    1 generous   **2** estimated   **3** enough   **4** widespread

(14) Psychiatrists have several (   ) for treating patients with mental disorders. Among these are drugs which alter brain function, and therapy in which the doctor talks with the patient.

    1 decisions   **2** options   **3** motives   **4** interpretations

(15) The presidential candidate (   ) her opponent's support of a proposal to increase taxes, saying higher taxes would only cause more hardship for voters.

    1 denounced   **2** offended   **3** integrated   **4** contaminated

(16) The automobile manufacturer (   ) components from all over Asia, but assembles its vehicles in Japan.

    1 imports   **2** searches   **3** maintains   **4** connects

(17) Students are responsible for (　　) their class registration information in the university's database. Students can check this information at any time by logging in to the university's website.

    1 reconsidering   **2** verifying   **3** covering   **4** charging

(18) All novels involve some kind of conflict. In the category called "man against nature" the main character (　　) forces of nature, such as a storm at sea.

    1 hangs on   **2** bumps into   **3** takes over   **4** struggles against

(19) The retired basketball player spent much of his time (　　) children in the poor neighborhood where he grew up.

    1 counting on   **2** comparing to   **3** helping out   **4** pointing out

(20) Biologists in Fiji warn that if local fishermen do not (　　) on the number of fish they catch, certain species may disappear completely.

    1 make up   **2** cut back   **3** drop off   **4** think over

Part 2A

There are five graphs or charts below. Each graph or chart is followed by a question about it. For each question, choose the best answer from among the four choices and mark your answer on your answer sheet.

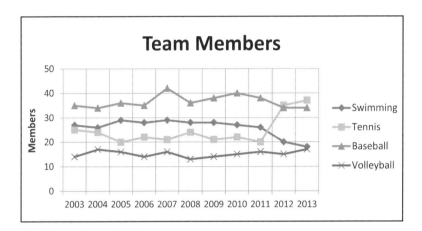

(21) The number of students belonging to various sports teams at Hickory Grove High School changes every year. Based on the graph above, which of the following statements is most likely to be true?

1 Construction of a new swimming pool was completed in 2008.

2 The overall popularity of baseball has been declining steadily since 2005.

3 At the beginning of 2012, a professional tennis player gave an inspiring talk about his career to students.

4 The popular coach of the volleyball team was transferred to another school in 2010.

(22) For a case study in your business marketing class, you must recommend a new product for a luggage company to produce. Based on the graph above, which product would be the most successful?

　1 A brightly colored suitcase for going on vacation.

　2 An inexpensive backpack that is convenient for sightseeing.

　3 A lightweight carry-on bag for professionals.

　4 A briefcase for work with a sturdy handle and zippers.

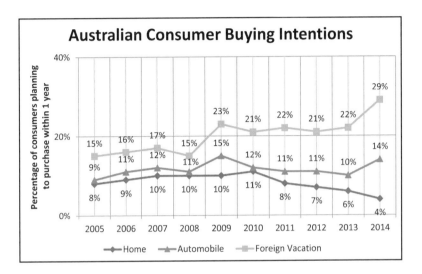

(23) In your economics course, you are discussing the results of a survey of Australian consumer buying intentions. Which of the following statements is best supported by the above graph?

  1 A new low-cost airline started operations, increasing competition and making foreign travel cheaper from 2008.

  2 Gasoline prices dropped in 2009, leading consumers to buy more large vehicles.

  3 Foreign investors' purchases of new homes drove up prices, making it more difficult for Australians to afford to buy houses from 2007.

  4 The value of the Australian dollar against most foreign currencies was particularly high between 2010 and 2013.

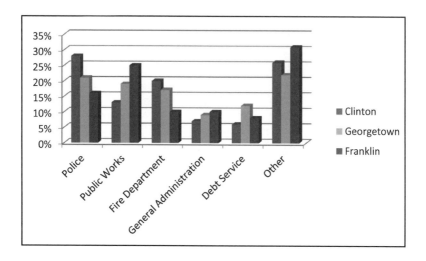

(24) Which of the following is most likely the title of the webpage that included the above graph?

　　1 How Your City Spends the Taxes it Collects
　　2 Why We Need Greater Spending on Public Works
　　3 How to Lower your Property Tax Bill
　　4 Changes to Georgetown's Annual Budget

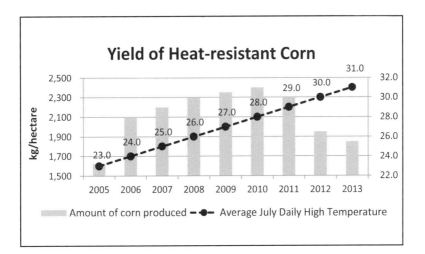

(25) Researchers conducted a long-term study on a new variety of corn designed to be resistant to hot weather. Which of the following statements is best supported by the above graph?

1 Yield of the heat-resistant corn is best when temperatures are the hottest.

2 Temperature does not seem to affect the yield of heat-resistant corn.

3 Heat-resistant corn appears to grow best when temperatures are between 24 and 29 degrees.

4 Temperatures in August have a bigger influence on yields than temperatures in July.

Part 2B

There are five short reading texts (notices, advertisements, posters, etc.) below. Each text is followed by a question. For each question, choose the best answer from among the four choices and mark your answer on your answer sheet.

Five-Kilometer Charity Run!

The Boles University Student Activities Council is sponsoring a five-kilometer run for charity. All money raised will be donated to cancer research.

The race starts in front of Dewey Hall at 10:00 a.m. on October 8th. Roads will be closed to vehicle traffic during the event.

All participants must pre-register, so to sign up, visit the event website at www.boles-u.edu/charityrun. We are also looking for volunteers to help set up and hand out refreshments.

See you there!

---

(26) What are runners required to do before the event?

1 Attend a meeting to learn about traffic safety.

2 Help set up refreshment stands.

3 Register for the run on the event website.

4 Visit the university hospital to make a donation.

Work Opportunity

The Montclair College Art Gallery would like to hire an undergraduate student for a part-time web developer position starting immediately. The successful candidate will update the gallery's exhibit webpages and perform routine database maintenance. Candidates must have experience building and maintaining websites. To apply, submit an application from the employment link on the gallery's website. Candidates who pass the initial screening will be contacted to come to the gallery to meet the staff and present examples of their work.

---

(27) All applicants for the position are required to

1 have created at least one website in the past.

2 submit an application in person.

3 be an undergraduate student in the art history program.

4 make a presentation to gallery staff members.

To: Timothy Logan
From: Stacey Watson
Date: September 17
Subject: Independent Study

Dear Timothy,

I'm writing about your plans to conduct an independent study research project next semester. You will be happy to know that the head of the sociology department has approved your proposal. I am happy to be your sponsor for the project.

The next step is for you and I to sign a contract that clearly defines the scope and objectives of your research. Could you come to my office hours on Thursday so we can discuss it?

Sincerely,
Stacey Watson
Associate Professor, Department of Sociology

Reading Section

Part 2B

(28) According to the e-mail, Timothy
   1 can start the research project right away.
   2 is being asked to meet with a professor.
   3 has taken Professor Watson's class before.
   4 should revise his proposal before it can be approved.

From: "Narayanan Raj" <nraj@blt-u.edu>
To: "Comparative Religion Class (PHIL 219)"
Date: November 25
Subject: Help with research projects

Dear Students,
Many of you have approached me about difficulties you are having with your research projects. To give you extra time to work on your projects I am cancelling this week's regular class. In addition I will be available in my office every evening this week. If you bring a draft of your report I can give you feedback and point out areas that need improvement.

Good luck!
Narayanan Raj

(29) What should students bring to the professor's office?
1 A partially completed version of their reports.
2 Their homework assignments due this week.
3 A list of questions for the professor.
4 An outline of a presentation.

Student Counseling Center

The Murphy College Student Counseling Center provides a variety of services to help university students cope with emotional and academic concerns that can result from a stressful campus life. Students can schedule an appointment to meet privately with one of our professional counselors, attend one of our many group workshops for dealing with common problems, or post and receive messages anonymously in our online forums. Call or stop by the Center for more information.

(30) What is NOT one of the ways that students can receive help?
1 Meeting with a professional counselor.
2 Discussing their issues online.
3 Attending a workshop with other students.
4 Speaking with a counselor by telephone.

Part 2C

There are 10 short reading passages below. Each passage is followed by a question. For each question, choose the best answer from among the four choices and mark your answer on your answer sheet.

The Central College Summer Undergraduate Research Program offers numerous opportunities for undergraduate students to work directly with university faculty and researchers. No other university in the country offers as many paid and unpaid positions. This is an excellent way for young scholars to experience first hand what working as a researcher is like. Applications for most positions are due in January, so visit the program office as soon as possible to find out what opportunities match your interests.

(31) What is unique about the program?

  1 It is the only program that accepts undergraduate students.
  2 It offers more research positions than any other university in the country.
  3 The deadline to apply for the program is earlier than other programs.
  4 Some students are offered permanent research positions at the end of the summer.

It seems that almost all university students use social media websites such as Facebook and Twitter these days. Recently, some professors use social media in their courses, too. Advocates of using social media for education say that when educators and students share comments openly online, it encourages students to think about discussion topics beforehand, and leads to a more thoughtful interaction in class. Some students also say that commenting online gives them more time to think about what to say.

(32) What is one reason some students like to use social media for their classes?

  1 It allows them to contact their professor more easily.
  2 It makes arranging study groups more convenient.
  3 It forces them to express their opinions more clearly in class.
  4 It lets them think more carefully before commenting.

Reading Section

Part 2B

Part 2C

The first functioning laser was created in 1960. Initially, scientists tried to use lasers to improve the ability of radar to detect faraway objects. While this initial work did not achieve its objective, scientists modified the design in a number of ways to develop a variety of lasers for different applications. Now lasers are used everywhere, from barcode scanners used in supermarkets, to compact disc readers, to lasers used by doctors to perform surgery.

(33) The word "applications" in the passage refers to
    1 lasers to be used in a new type of radar.
    2 requests by scientists for money to continue researching laser technology.
    3 the software used to control devices which contain lasers.
    4 the various ways that lasers are used in modern technology.

Open source software (OSS) is software for which the program code can be viewed, modified or distributed by anyone. The software itself is typically free, and developers are usually volunteers or paid by a company that wants to modify existing OSS. Formerly, companies worried about the security and quality of OSS, but many now say that OSS is superior in these respects. Even the operators of the International Space Station switched from commercial software to OSS after a virus was discovered on some of its computers.

(34) Based on the passage, what can companies expect if they adopt OSS?
    1 Higher overall costs.
    2 Greater concerns about security.
    3 Fewer quality issues.
    4 Free use of commercial anti-virus software.

The Rosetta Stone, discovered in Egypt in 1799, is a large stone tablet which has inscriptions written in ancient Greek, hieroglyphs and another ancient Egyptian script called demotic. This discovery marked a major turning point in the study of ancient Egypt because it was the first time that a message written in hieroglyphs had been found together with a Greek translation. With the knowledge of hieroglyphs gained from the Rosetta Stone, scholars could start to read other writings left by the ancient Egyptians.

(35) | According to the passage, the Rosetta Stone

    1 was larger than similar stones which were discovered before it.

    2 was most likely written by the ancient Greeks.

    3 helped scholars understand other texts written by the ancient Egyptians.

    4 is the oldest example of hieroglyphs ever found.

An extremophile is an organism that thrives in physically or chemically extreme conditions at which most life on Earth cannot survive. Extremophiles are classified by the conditions they can survive in, such as high acidity, absence of oxygen, the inside of rocks, or at very high or low temperatures. Astrobiologists are particularly interested in extremophiles because their existence shows the range of conditions under which life is possible. This knowledge, in turn, provides clues in the search for life on other planets.

(36) | One reason given for astrobiologists' interest in extremophiles is that

    1 they produce rare chemicals as a part of their life processes.

    2 they may help scientists find life in space.

    3 they have been found inside rocks on other planets.

    4 they can be used to help humans survive in places with no oxygen.

Reading Section

Part 2C

British author Rudyard Kipling was born in Mumbai, India in 1865, at a time when India was ruled as a colony of Britain. Kipling's writings were very popular, especially his stories and poems set in India, such as *The Jungle Book*. Today, however, the people of India have mixed feelings about Kipling. Because he wrote about India before it was modernized, his writings are nostalgic to them. In contrast, he is also seen as a supporter of British imperialism, and therefore against independence for India.

(37) | What is the main point of the passage?
    1 Kipling was a controversial literary figure as viewed by modern Indians.
    2 Kipling was one of the most popular British authors of the 19th and 20th centuries.
    3 Kipling loved India and fought for its independence from Britain.
    4 The majority of Indians have positive feelings about Kipling.

Renowned French diver and filmmaker Jacques Cousteau made his first underwater documentary film, *Eighteen Meters Deep*, in 1943. Because the divers didn't use special underwater breathing equipment, they could only stay underwater as long as they could hold their breath. Cousteau felt this limited what he could film. Later the same year, Cousteau made a second film, *Shipwrecks*, but this time he used new equipment that he had helped to design that allowed divers to breathe continuously underwater.

(38) | What most likely was the purpose of using new equipment in Cousteau's second film?
    1 To shoot for longer periods of time.
    2 To increase the safety of the cameramen.
    3 To allow more than one film to be made each year.
    4 To reduce production costs.

The Highland College Philosophy Club provides a forum for students to gather to discuss life's big questions. One member is selected each week to lead a discussion on a topic announced the week before. Unlike most philosophy courses, which often focus on classical texts, our discussions focus on current issues in modern society. All students are welcome, both philosophy majors and non-majors alike.

(39) Which of the following is true according to the passage?
   1 The first meeting of the club was held one week ago.
   2 Each week the club president leads a discussion about an important issue.
   3 Discussions at club meetings are about up-to-date topics.
   4 Only philosophy majors are eligible to join the club.

This year, all third year students in Heartland University's architecture program will participate in a design competition for the city of West Madison. Working in small groups, architecture students will design a new youth center based on input from local high school students. At the end of the school year, students from West Madison High School will select a winner from among the groups. Professors say the project gives students excellent experience managing a large project and working for clients.

(40) How will the winning design be determined?
   1 A committee of professors will choose the winner.
   2 Representatives from the West Madison city government will judge the designs.
   3 High school students will pick the best design.
   4 The groups will decide by voting for each other's projects.

Reading Section

Part 2C

Part 3A

There are two reading passages below. In each passage, there are four gaps. Choose the best word or phrase from among the four choices to fill each gap. Mark your answer on your answer sheet.

Vera Brittain

Vera Brittain was a writer, a feminist, and a peace activist in Britain in the early 20th century. Growing up, she felt it was unfair that her parents treated her brother Edward differently than her. (41   ), in 1913 she was accepted to Oxford University to study English literature, and her parents ultimately approved. Edward was also accepted at Oxford, and the two planned to study there together.

Not long after she arrived at Oxford, World War I broke out. Edward and some of their friends joined the British army to fight in Europe, and Brittain joined the VAD, a volunteer organization of women who supported the army. Tragically, Brittain's brother and many of their friends were killed in the war. Brittain later wrote about this (42   ) in her most famous book, *Testament of Youth*.

After returning to England, Brittain completed her degree and started a career as a journalist, but her experiences had made her feel strongly against war. She gave public lectures supporting the League of Nations, the organization that would later become the United Nations. However, she (43   ) due to a lack of progress of the organization, and in 1937 she left to join the Peace Pledge Union, an organization that rejected war completely.

Brittain spent the next thirty years of her life writing and (44   ). For example, she supported banning nuclear weapons, independence for colonies of European countries, and equality for blacks and whites in South Africa. Today, more than one hundred years after the start of World War I, people have not forgotten Brittain. Her work – especially her book *Testament of Youth* – is still popular today.

(41)
1 By coincidence,　　2 In addition
3 For example　　4 Luckily

(42)
1 project　　2 journey　　3 loss　　4 idea

(43)
1 moved to America　　2 grew frustrated
3 became its chairperson　　4 rejected peace

(44)
1 selling her books　　2 traveling the world
3 promoting peace　　4 speaking in public

The Mindfulness Movement

Mindfulness is a state of mind in which a person intentionally focuses his attention on the sensations and thoughts that are occurring at the present moment. Mindfulness has its roots in Buddhist meditation practice, but these days there is a mindfulness movement in which mindfulness is increasingly practiced for its benefits, without any connection to religion. (45   ), it is being recommended by doctors to help patients with medical conditions such as chronic depression and stress.

One common method of teaching mindfulness is having a patient sit or lie down and simply focus his attention on his breath. When the patient notices that his mind has wandered, he refocuses his attention on his breath again. Another technique is called "(46   )." In this technique, the patient slowly moves his attention from one area of his body to another.

Because these techniques are now being proposed as part of medical treatment, researchers (47   ) to measure their effectiveness, just like any other types of treatment. Some research shows that they help people with depression and stress. However, when mindfulness training is prescribed to cancer patients, there is no evidence that it helps to cure the disease itself.

Some critics say that mindfulness taught without an ethical foundation is a bad idea. They say some "mindfulness experts" are motivated by money, and (48   ) their techniques' effectiveness. The critics also say that the techniques should be practiced in groups to benefit society as a whole, not just individuals. There is no denying the popularity of the mindfulness movement. What we don't know yet, however, is if this movement will develop, or whether it will be just another passing fad.

(45) | **1** More and more | **2** Ironically
| **3** Therefore | **4** Finally

(46) | **1** walking meditation | **2** chanting
| **3** balancing | **4** body scanning

(47) | **1** talk with their patients | **2** try the techniques for themselves
| **3** conduct scientific studies | **4** use machines

(48) | **1** intentionally hide | **2** underestimate
| **3** greatly exaggerate | **4** cannot explain

Reading Section

Part 3A

Part 3B

There are two long reading passages below. Each passage is followed by six questions. For each question, choose the best answer from among the four choices and mark your answer on your answer sheet.

Support between Generations in Aging Society

The average age of populations around the world is rising. Contributing to this trend are rising life expectancy and declining birth rates. These changes impact people's standard of living as well as how parents and children support one another as they grow older. A 2015 report published by the Pew Research Center (PRC), based in Washington, D.C., looked at relationships between generations within families. Surveys conducted in the United States, Germany and Italy provided the data for the report. Twenty-one percent of the populations of Germany and Italy were ages 65 and older in 2015. Only Japan had a higher percentage. For the same period, the figure for the United States was 15%, but is expected to rise to 21% by 2050.

In all three countries, at least half of people surveyed said that parents have a responsibility to support their adult children financially when necessary. This trend was strongest in Italy, where over three quarters of survey respondents who have an adult child said so. Parents were asked whether providing that help was rewarding or stressful. In each country roughly nine in ten responded that helping an adult child was rewarding. On the other hand, only 30%, 15% and 12% in the United States, Germany and Italy respectively, said that it was stressful.

Another major theme that the report examined is the lifestyle of aging parents and how that lifestyle is funded. All three countries have social welfare programs that provide pensions for the aged. However in all three countries, of respondents who are still working, roughly three-quarters believed they would receive reduced benefits compared with current levels, or none at all. Some, but not all people are saving for retirement. Fifty-six percent of Americans and 61% of Germans who have not retired are setting aside savings for retirement. Seventy-six percent of Italians, on the other hand, say that they are not.

One factor that may explain the difference in savings rates is a difference of opinion about who is responsible for supporting people in old age. Of respondents ages 65 and older, 45% of Americans and 53% of Germans said that the individual should bear the greatest responsibility, compared with only 6% of Italians who felt the same way. In contrast, 55% of Italians in the same age group felt that the government should bear the greatest responsibility for supporting people in old age, compared with 26% and 17% for Germany and the United States respectively.

While many people feel that the government or the individual should bear the most responsibility for supporting people in old age, a majority of people in each country said that adult children should bear at least some responsibility for supporting aging parents financially. Eighty-seven percent of Italians, 76% of Americans and 58% of Germans said so. It is interesting to note that in all countries a majority of respondents with a parent age 65 or older said they provided help with errands, housework or home repairs. This is higher than the percentage who said they helped such a parent financially, which was between 18% and 28% depending on the country.

The average age of the world population is higher now than ever before. Families and individuals have to figure out how to live their lives and how to support themselves given these new circumstances. With its survey data from the United States, Germany and Italy, the PRC report is a rich source of information for planning for the future.

(49) Which of the following is true about the percentage of the population which is ages 65 and older?

1 The percentage in the United States will be the same as that in Germany in 2050.

2 The percentage in Italy was higher than that in Japan in 2015.

3 The percentages in Germany and Italy were the same in 2015.

4 The percentage in the United States is expected to decline in the future.

(50) What did the respondents of the PRC survey say about parents helping their adult children financially?

1 Most responded that it is a responsibility, but that it is stressful.

2 A minority responded that it is a responsibility, but that it is rewarding.

3 Most responded that it is a responsibility, but that it is also rewarding.

4 A majority in Italy said it is a responsibility, but a majority in the United States said that it is stressful.

(51) According to the third paragraph, what is true of a majority of workers in each country?

1 They are saving money for retirement.

2 They plan to reduce their spending after they retire.

3 They plan to keep working after they reach age 65.

4 They don't think their country's pension program can continue unchanged.

Reading Section

Part 3B

(52) German and Italian respondents disagree about
    1 the kinds of support adult children should provide to aging parents.
    2 an individual's responsibility to support themselves in old age.
    3 the best way to invest for retirement.
    4 the ideal age at which to retire.

(53) The percentage of respondents who helped an aging parent financially
    1 was lower than the percentage who helped with tasks.
    2 is expected to increase in the future.
    3 was higher in Italy than in the United States.
    4 was over 50% in each country in the survey.

(54) The conclusion of the passage suggests that
    1 the information in the PRC report benefits wealthy individuals the most.
    2 people must adapt their lifestyles to changes resulting from an aging population.
    3 governments will most likely use the PRC report to improve their social welfare systems.
    4 the survey should be repeated regularly to record changes in people's opinions.

The Earth's Forests

According to a 2006 report published by the Food and Agriculture Organization of the United Nations (FAO), forest covers approximately 4 billion hectares of land, or roughly 30 percent of the world's land area. Forests take the form of northern pine forests, temperate forests, sub-tropical forests, and tropical forests. Northern pine forests and tropical forests together account for 80 percent of the total. In recent decades, forested areas have undergone deforestation, degrading and fragmentation. It is estimated that 13 million hectares of forest — an area the size of Greece — are lost every year. This is a serious problem because forests provide a variety of environmental, economic and social services to nature and humans.

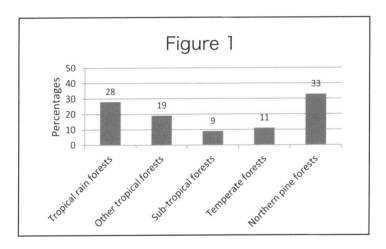

The benefits of forested areas can be divided into three categories: benefits from forests' continued existence, products obtained by cutting down the forest, and benefits obtained by using the cleared land for a different purpose. Living trees, like all other plants, combine carbon dioxide from the air with water to produce carbohydrates in the process of photosynthesis. By trapping carbon in their bodies they reduce the amount of carbon in the atmosphere, thereby slowing down global warming. Large natural forests also provide homes for a great variety of animal species and other plants. Moreover, forests also help reduce erosion and offer protection from storms and flooding.

On the other hand, there are numerous benefits derived from cutting down forests as well. The wood itself can be used as building material or burned as fuel. Clearing away forests may also provide easier access to areas that are rich in minerals or fossil fuels. Finally, cleared forest land can be converted to farms to grow crops, or ranches on which to raise livestock. In Indonesia and Malaysia, for example, natural forests are being cut down and oil palm plantations planted in their place. In Brazil, the rain forest is being cleared for growing crops such as soybeans and sugar cane, and to provide grazing land for cattle.

When forests are cut down or not managed in sustainable ways, there can be a number of undesirable results. When trees are cut down, not only do they stop capturing new carbon, they also release the carbon back into the atmosphere when they decompose or are burned, accelerating global warming. When roads are built through forests to give access to resources, illegal hunters can also use the roads. With easy access to new areas of forest, hunters can quickly hunt a species to extinction in that area. In Central Africa, this has been the fate of animals such as elephants, rhinos and gorillas. Finally, when governments allow farmers to replace natural forests with plantations, the animals living there lose their homes and die. This is happening to species such as the orangutan in Indonesia.

How can people continue to benefit from forests, but minimize the negative effects on the environment, wild animals, and the atmosphere? Eighty percent of forests worldwide are publicly owned. Therefore, the establishment of good government policies is critical. For example, the government of Brazil enacted a law that allows landowners to clear only 20 percent of their land, and the rest must remain as forest. This has succeeded in slowing deforestation in the Amazon. Cooperation is needed on the international level as well. While the entire world benefits from forests' ability to reduce greenhouse gasses, at present there is no universally accepted system to compensate countries for benefits provided by their forests. Establishing a fair system for paying countries to look after their forests would encourage governments to take actions that benefit everyone.

(55) Which statement best summarizes the passage?

    1 Governments around the world must work to protect and benefit from the earth's forests.

    2 Some of the earth's forests are growing while others are shrinking.

    3 Illegal activities are permanently damaging the earth's forests.

    4 Global warming can be reversed if people around the world plant more forests.

(56) Which of the following is the most appropriate title for Figure 1?

    1 Percentages of the earth's forests lost by 2006

    2 Percentages of revenue generated by the world's forests

    3 Percentages of the world's forests by type

    4 Percentages of forests which are privately owned

(57) According to the passage, one benefit forests provide is

    1 capturing carbon from the atmosphere when trees decompose.

    2 food that can be given to livestock.

    3 a sustainable source of meat from wild animals.

    4 safeguarding against damage from severe weather.

(58) Why does the author mention oil palm plantations in paragraph 3?

    1 To illustrate how crops can be grown on cleared forest land.

    2 To show that trees can be environmentally friendly sources of fuel.

    3 To give an example of how plantations provide homes for wild animals.

    4 To demonstrate how plantations improve the condition of nearby natural forests.

(59) Which of the following statements is best supported by the fourth paragraph?

    1 Allowing trees to rot is less harmful to the environment than burning wood.

    2 Building good infrastructure in natural forests helps governments limit illegal activities there.

    3 Both legal and illegal human activity can endanger wild animals living in forests.

    4 More species in Indonesia and Central Africa have become extinct than in any other place on Earth.

Reading Section

Part 3B

(60) In the conclusion, the author implies that

   1 governments around the world should adopt Brazil's restrictions on clearing land.

   2 payments from one government to another may allow people throughout the world to benefit from forests.

   3 private landowners should give control of their forest lands back to the government.

   4 it is unlikely that governments will be able to agree on ways to stop deforestation.

This is the end of the reading section.
Do not turn this page before
the listening test begins.
You will be told when to turn the page
and start the listening test.

🎧 Listening Section 🔊

There are five parts to this listening test.

Part 1A	**Short Conversations:**	1 question each	Multiple-choice
Part 1B	**Short Passages:**	1 question each	Multiple-choice
Part 1C	**Short Passages:**	1 question each	Multiple-choice (Graphs)
Part 2A	**Long Conversations:**	3 questions each	Multiple-choice
Part 2B	**Long Passages:**	4 questions each	Multiple-choice

※ Listen carefully to the instructions.

Part 1A

No. 1
1 Go hiking with a group.
2 Read a psychology textbook.
3 Take a tour of a college campus.
4 Write an e-mail to her parents.

No. 2
1 Learn a new language.
2 Meet some of Raymond's friends.
3 Study about language and society.
4 Travel around the countryside.

No. 3
1 Start studying earlier.
2 Retake the test.
3 Review by himself.
4 Join a group.

No. 4
1 She got injured on her way to school.
2 She was taking a test for another course.
3 She woke up too late.
4 She had to go to her part time job.

No. 5
  1 The computer lab is closed.
  2 The homework is only accepted online.
  3 She has already handed in her assignment.
  4 She doesn't have time to talk to the man.

No. 6
  1 Directions to a dormitory.
  2 The name of a building.
  3 A place to park his vehicle.
  4 Study advice for his daughter.

No. 7
  1 The course is already full.
  2 He will be taking a trip in the near future.
  3 He didn't sign up before the semester started.
  4 He has taken the course once before.

No. 8
  1 Choose a different topic.
  2 Analyze her data on a computer.
  3 List more books in the references section.
  4 Modify how she presents her data.

No. 9
  1 Write a report about her internship experience.
  2 Reschedule a counseling appointment.
  3 Obtain a signature from a professor.
  4 Send an e-mail to Mr. Radcliff.

No. 10
  1 Visit an office to submit a request.
  2 Access a website.
  3 Mail a form to the university.
  4 Make a telephone call.

Part 1B

No. 11
1 Payment for their work.
2 Fulltime employment upon graduation.
3 The chance to earn academic credit.
4 The opportunity to work overseas.

No. 12
1 Global climate change.
2 Choosing a career.
3 How to become a popular author.
4 The writing process.

No. 13
1 They make up one-third of students' grades.
2 They are optional.
3 They will not be accepted if they are late.
4 They are worth the same as the exams.

No. 14
1 Students who want to learn a new sport.
2 Students who work in the school cafeteria.
3 Students who are members of any a university sports teams.
4 Students who want help staying fit.

No. 15
1 Meet with an advisor one-on-one.
2 Practice job interviewing skills.
3 Compare a variety of résumé formats.
4 Get advice from counselors over the phone.

No. 16
1 More effort should have been made to reduce costs.
2 In the future faster airplanes will be developed.
3 It was safer than traditional airplanes.
4 It was unlike any other commercial airplane.

No. 17 | **1** Fewer universities now offer foreign language classes than previously.
2 Lack of funds is one cause of the reduced number of classes.
3 New technology has already made studying foreign language more popular.
4 Many foreign language teachers are having difficulties finding employment.

No. 18 | **1** To earn money from advertising.
2 To enable people to share information with speakers of other languages.
3 To collect information to be used on another website.
4 To provide a forum for new business ideas.

No. 19 | **1** Economists say they benefit consumers in member countries.
2 They help some industries but hurt others.
3 Not all governments support them.
4 They are usually made between more than two countries.

No. 20 | **1** Encouraging students to participate in club activities.
2 Describing how students can increase their employability.
3 Recommending that freshmen select specific majors.
4 Giving information about a study abroad program.

Part 1C

No. 21

1

Transportation in Sugar Hill

Daily Passengers
100,000
80,000
60,000
40,000
20,000
-

1995　2005　2015

■ Tram
■ Bus

2

Transportation in Sugar Hill

Daily Passengers
100,000
80,000
60,000
40,000
20,000
-

1995　2005　2015

■ Tram
■ Bus

3

Transportation in Sugar Hill

Daily Passengers
100,000
80,000
60,000
40,000
20,000
-

1995　2005　2015

■ Tram
■ Bus

4

Transportation in Sugar Hill

Daily Passengers
100,000
80,000
60,000
40,000
20,000
-

1995　2005　2015

■ Tram
■ Bus

No. 22

1

Final
20%

Quizzes
25%

Midterm
20%

Homework
35%

2

Final 20%

Quizzes
35%

Midterm
20%

Homework
25%

3

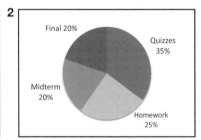

Quizzes
20%

Final 35%

Homework
20%

Midterm
25%

4

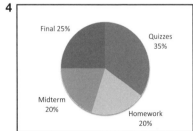

Final 25%

Quizzes
35%

Midterm
20%

Homework
20%

No. 23

1
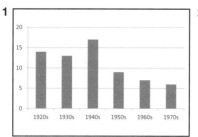

2
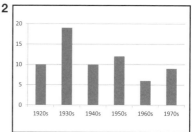

3
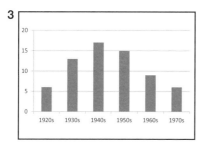

4
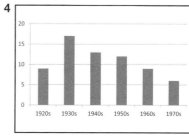

No. 24

1
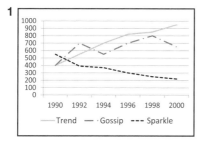

2
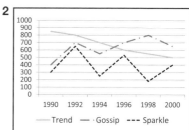

3
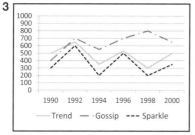

4
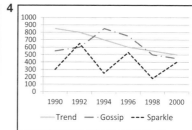

No. 25

1
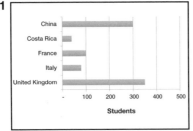

2
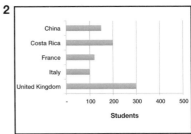

3
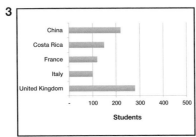

4
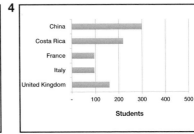

Part 2A

A

Situation: Ayako and Johnny are talking about campus activities.

No. 26 | What does Ayako say about playing basketball?
1 It is a good way to get exercise.
2 It looks good on a résumé.
3 It is fun to watch.
4 It is a good way to meet people.

No. 27 | What is true about the center for public service?
1 Professor Iverson works there.
2 It offers advice about jobs.
3 Ayako teaches Japanese there for free.
4 It is run by students.

No. 28 | What will Johnny do next?
1 Go to basketball practice.
2 Rewrite his résumé.
3 Visit the center for public service.
4 Sign up for help with Japanese.

 MEMO

Listening Section

Part 1C

Part 2A

B

Situation: A student is talking with a tutor in the campus computing lab.

No. 29 | How did the student complete her previous assignments?
1 She got help from some classmates.
2 She got help from her professor.
3 She calculated the numbers in her head.
4 She used different software.

No. 30 | According to the tutor, why should the student visit the computing lab again after Thursday?
1 To attend a group lesson.
2 To ask some questions.
3 To watch a video lesson.
4 To copy some data.

No. 31 | What does the tutor suggest the student do?
1 Watch some videos over the Internet.
2 Ask her professor to change the due date.
3 Choose an easier topic for her report.
4 Make a backup of her data.

 MEMO

Situation: Two students are talking to their professor in his office.

No. 32 | Why did the students come to see the professor?
  1 To ask questions about a summer internship.
  2 To ask for a letter of recommendation.
  3 To discuss changing their majors.
  4 To talk about study abroad programs.

No. 33 | What are the students concerned about?
  1 Finding a permanent job after they graduate.
  2 Their graduation date might be delayed.
  3 The United Nations doesn't offer internships in Japan.
  4 They must write applications in English.

No. 34 | What will the students probably do next?
  1 Write their résumés.
  2 Complete an application.
  3 Visit a university office.
  4 Send an e-mail.

Part 2B

D

Situation: A professor is speaking to her students on the first day of class.

No. 35 | What is the topic of the course?
　　　　| **1** Methods of teaching throughout history.
　　　　| **2** Techniques for teaching history courses.
　　　　| **3** The history of universities.
　　　　| **4** Famous teachers from ancient times.

No. 36 | Why was the classroom changed?
　　　　| **1** The original room was too large.
　　　　| **2** The original room was too small.
　　　　| **3** To be closer to the professor's office.
　　　　| **4** To accommodate the professor request.

No. 37 | What does the professor say about the textbook?
　　　　| **1** It was written by the professor.
　　　　| **2** Some students have purchased it already.
　　　　| **3** It is currently unavailable.
　　　　| **4** It describes modern teaching methods.

No. 38 | What should students do by next week?
　　　　| **1** Read one book on the supplementary reading list.
　　　　| **2** Speak to Clara at the bookstore.
　　　　| **3** Read a part of the course textbook.
　　　　| **4** Prepare a presentation for the class.

E

Situation: You will hear part of a lecture from an English literature class.

No. 39 What is the main theme of this lecture?
  1 The poetry of Jack Kerouac.
  2 Jack Kerouac's writing style.
  3 Jack Kerouac's influence on society.
  4 The characters in Jack Kerouac's novels.

No. 40 What is one thing the speaker mentions about Jack Kerouac?
  1 He had difficulties publishing his first book.
  2 He wrote a novel about his brother.
  3 He listened to music while he wrote.
  4 He wrote both novels and poetry.

No. 41 According to the speaker, what is Kerouac's best-known work?
  1 *Big Sur*
  2 *Desolation Angels*
  3 *On the Road*
  4 *The Dharma Bums*

No. 42 Why were characters' names changed?
  1 Kerouac's publishers required it.
  2 To sound more exotic.
  3 To reflect Kerouac's religious influences.
  4 Kerouac's friends requested it.

Listening Section

Part 2B

 MEMO

F

Situation: You will listen to an instructor discussing a university's plagiarism policy.

No. 43 | Why is the instructor giving this talk today?
　1 To explain how to use some software.
　2 Because some students violated a university policy.
　3 He was asked to do so by students.
　4 It is a university requirement.

No. 44 | What does the instructor say about plagiarism?
　1 It is considered a crime.
　2 Students have been expelled for it.
　3 It is unacceptable.
　4 Copying very short passages is not plagiarism.

No. 45 | How will the instructor check students' papers for plagiarism?
　1 By using an online checker.
　2 By comparing students' papers.
　3 By consulting with other professors.
　4 By reading the papers' references.

No. 46 | What does the instructor request that the students do?
　1 Review each other's papers for plagiarism.
　2 Hand in a signed form.
　3 Give him a draft of their papers.
　4 Do some research on the Internet.

 MEMO

G

Situation: A professor is giving a lecture on consumer behavior.

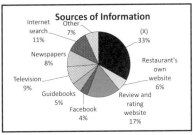

No. 47 What is the purpose of the lecture?
1 To help students plan a strategy.
2 To explain why the Internet is so popular.
3 To encourage consumers to read more.
4 To compare the cost of different kinds of advertising.

No. 48 What does the speaker say about guidebooks?
1 Information in them becomes old rapidly.
2 Their reviews are the most reliable.
3 They are published frequently.
4 They are very comprehensive.

No. 49 Please look at the chart. Which of the following is represented by the letter X?
1 Magazine reviews.
2 Advice from coworkers.
3 E-mail advertising.
4 Recommendations from friends.

No. 50 Why will information obtained on smartphones be more important in the future?
1 Fewer consumers will own a PC.
2 Websites will give advice based on location.
3 More guidebooks will be published as e-books.
4 Restaurants will deliver coupons to them.

Listening Section

Part 2B

✏ Writing Section

Task A

Your teacher has asked you to read the following passage and summarize what the writer says about solar panels. Your summary should be one paragraph of about 70 words.

It is hard to imagine modern life without electricity. People use electricity for heating and cooling their homes, as well as for powering appliances such as refrigerators and televisions. Electricity is also stored in batteries that are used in devices such as smartphones and laptop computers. Traditionally, electricity has mostly been generated from fuels such as oil, coal and natural gas at power plants. However, in recent years, this situation has started to change. Now some people create electricity in their own homes using solar panels.

There are many advantages to using solar panels to produce electricity. For example, Todd Russell installed solar panels on his roof last year. He says that his current electric bill is less than half of what it used to be. Rebecca Morris says she plans to buy solar panels because solar energy is environmentally friendly. Governments support people who purchase solar panels, too. In many places, governments will help to pay for the cost of the equipment. This lets the people save money on the equipment as well as on their monthly bills.

On the other hand, not everyone agrees that solar panels are a good idea. They say that the panels are too expensive to buy, even if people can save money on electricity each month. Another problem they point out is that the amount of energy solar panels produce depends on the weather. On rainy or cloudy days they produce very little electricity. When it snows, they don't produce any electricity at all until the snow melts off them. Larry Perkins says he would like to get solar panels, but he can't because he lives in an apartment. He hopes to buy solar panels someday if he ever moves into a house.

There are advantages and disadvantages to solar panels. It will be interesting to see if more people buy them in the future.

You may use the space below for notes planning.

Task B is on the next page.

Task B

Your teacher has asked you to write an essay for class using the information below. Describe the situation concerning school libraries in Blue Mountain and summarize the main points about the solutions that have been suggested. In your conclusion, say which of the solutions you think would work the best based on the reasons given. You should write about 200 words.

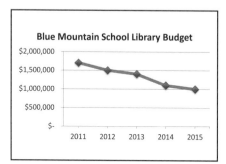

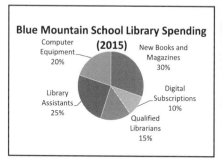

BLUE MOUNTAIN DAILY NEWS

Recently, city council held a meeting to discuss the libraries at Blue Mountain schools. Brian Robertson, the superintendent of Blue Mountain schools, spoke about some changes he thinks are necessary. "All schools should have at least one fulltime qualified librarian," Robertson said. He pointed out that surveys show that children at schools with a fulltime qualified librarian report enjoying reading more. This also leads to improved performance not only in English classes, but in math and science classes as well, according to Robertson. He wants to start hiring qualified librarians as soon as a budget to hire them is approved.

Another change Robertson wants to make is to convert libraries to "learning commons." "Traditional school libraries are places for students to borrow books and study quietly on their own. Learning commons are places where students can work together creatively as well as find books and magazines." He said that schools could also save money by moving school computer labs into the libraries. "One central location with resources, space to work, and computers is an ideal environment to promote students' independent learning." Robertson said providing students with a place they enjoy studying is critical to maintaining their motivation.

City council is expected to vote on Robertson's proposals next month.

LETTER TO THE EDITOR

Dear Editor,

School libraries are a very important part of the education we provide our children here in Blue Mountain. As a retired librarian, I would like to share my ideas about how to improve them. First, the libraries should be open longer than they currently are. Many students do not have a quiet place at home to study, so the school library is a perfect alternative. It is a waste of money for libraries to be filled with books and other resources but to close shortly after classes finish each day. The more time students can spend in the library, the more likely they are to take advantage of all of these resources.

Second, we need to hire more qualified librarians. Library assistants are kind and helpful people, but they do not have the specialized training that qualified librarians do. Qualified librarians can help students use online databases for their research. They are also knowledgeable about the kinds of books students are interested in. In addition, qualified librarians can help teachers with special projects in English and history classes, for example. At the elementary school level, librarians are key to motivating students to enjoy reading, too.

Sincerely yours,
Phillip McKinney

You may use the space below for notes planning.

Speaking Section 🔊

※実際の試験はすべて口頭で行われます。
　問題の音声に続いて自分で答えてみましょう。

Introduction

Part 1

Part 2

トピック・カード

> **Begin your interview with this sentence: "Hello, may I ask you some questions?"**
>
> Ask questions about:
> * **The movies or TV shows he/she has appeared in**
> * **The age he/she started acting**
> * **Something difficult about acting**
> * **Advice for future actors**
> * *(If you have time, you may ask more questions.)*

Part 3

トピック・カード

> **TOPIC**
>
> **"People these days do not get enough exercise."**
>
> **Do you agree with this statement? Why or why not?**

Part 4

実戦問題 ① • ② 演習用解答用紙 (A面)

※演習用解答用紙は切り離し、コピーしてご活用ください。

Reading Section

問題番号	1	2	3	4
(1)	①	②	③	④
(2)	①	②	③	④
(3)	①	②	③	④
(4)	①	②	③	④
(5)	①	②	③	④
(6)	①	②	③	④
(7)	①	②	③	④
(8)	①	②	③	④
(9)	①	②	③	④
(10)	①	②	③	④
(11)	①	②	③	④
(12)	①	②	③	④
(13)	①	②	③	④
(14)	①	②	③	④
Part 1 (15)	①	②	③	④
(16)	①	②	③	④
(17)	①	②	③	④
(18)	①	②	③	④
(19)	①	②	③	④
(20)	①	②	③	④

問題番号	1	2	3	4
(21)	①	②	③	④
(22)	①	②	③	④
Part 2A (23)	①	②	③	④
(24)	①	②	③	④
(25)	①	②	③	④
(26)	①	②	③	④
(27)	①	②	③	④
Part 2B (28)	①	②	③	④
(29)	①	②	③	④
(30)	①	②	③	④
(31)	①	②	③	④
(32)	①	②	③	④
(33)	①	②	③	④
(34)	①	②	③	④
(35)	①	②	③	④
Part 2C (36)	①	②	③	④
(37)	①	②	③	④
(38)	①	②	③	④
(39)	①	②	③	④
(40)	①	②	③	④

問題番号	1	2	3	4
(41)	①	②	③	④
(42)	①	②	③	④
(43)	①	②	③	④
Part 3A (44)	①	②	③	④
(45)	①	②	③	④
(46)	①	②	③	④
(47)	①	②	③	④
(48)	①	②	③	④
(49)	①	②	③	④
(50)	①	②	③	④
(51)	①	②	③	④
(52)	①	②	③	④
(53)	①	②	③	④
Part 3B (54)	①	②	③	④
(55)	①	②	③	④
(56)	①	②	③	④
(57)	①	②	③	④
(58)	①	②	③	④
(59)	①	②	③	④
(60)	①	②	③	④

Listening Section

問題番号	1	2	3	4
No. 1	①	②	③	④
No. 2	①	②	③	④
No. 3	①	②	③	④
No. 4	①	②	③	④
No. 5	①	②	③	④
No. 6	①	②	③	④
Part 1A No. 7	①	②	③	④
No. 8	①	②	③	④
No. 9	①	②	③	④
No. 10	①	②	③	④
No. 11	①	②	③	④
No. 12	①	②	③	④
No. 13	①	②	③	④
No. 14	①	②	③	④
Part 1B No. 15	①	②	③	④
No. 16	①	②	③	④
No. 17	①	②	③	④
No. 18	①	②	③	④
No. 19	①	②	③	④
No. 20	①	②	③	④

問題番号	1	2	3	4
No. 21	①	②	③	④
No. 22	①	②	③	④
Part 1C No. 23	①	②	③	④
No. 24	①	②	③	④
No. 25	①	②	③	④
No. 26	①	②	③	④
No. 27	①	②	③	④
No. 28	①	②	③	④
No. 29	①	②	③	④
Part 2A No. 30	①	②	③	④
No. 31	①	②	③	④
No. 32	①	②	③	④
No. 33	①	②	③	④
No. 34	①	②	③	④

問題番号	1	2	3	4
No. 35	①	②	③	④
No. 36	①	②	③	④
No. 37	①	②	③	④
No. 38	①	②	③	④
No. 39	①	②	③	④
No. 40	①	②	③	④
No. 41	①	②	③	④
Part 2B No. 42	①	②	③	④
No. 43	①	②	③	④
No. 44	①	②	③	④
No. 45	①	②	③	④
No. 46	①	②	③	④
No. 47	①	②	③	④
No. 48	①	②	③	④
No. 49	①	②	③	④
No. 50	①	②	③	④

Task A　Write your summary for Task A in the space below.

Task B　Write your essay for Task B in the space below.

Reading   Listening   Writing   Speaking